本书为江西理工大学2022年教材建设项目"行政法案例研习"(XZG-21-05-43)的最终成果

行政法与行政诉讼法学典型案例研析

张　奇　张锡汪　晏露宇　编著

XINGZHENGFA YU XINGZHENG SUSONG FAXUE
DIANXING ANLI YANXI

知识产权出版社
全国百佳图书出版单位
—北京—

图书在版编目（CIP）数据

行政法与行政诉讼法学典型案例研析/张奇，张锡汪，晏露宇编著. —北京：知识产权出版社，2023.12
ISBN 978-7-5130-9064-3

Ⅰ.①行… Ⅱ.①张…②张…③晏… Ⅲ.①行政法学—案例—中国②行政诉讼法—案例—中国 Ⅳ.①D922.105②D925.305

中国国家版本馆 CIP 数据核字（2023）第 232196 号

责任编辑：邓 莹　　　　　　　　责任校对：谷 洋
封面设计：乾达文化　　　　　　　责任印制：孙婷婷

行政法与行政诉讼法学典型案例研析

张　奇　张锡汪　晏露宇　编著

出版发行：知识产权出版社有限责任公司	网　　址：http://www.ipph.cn
社　　址：北京市海淀区气象路 50 号院	邮　　编：100081
责编电话：010-82000860 转 8346	责编邮箱：dengying@cnipr.com
发行电话：010-82000860 转 8101/8102	发行传真：010-82000893/82005070/82000270
印　　刷：北京建宏印刷有限公司	经　　销：新华书店、各大网上书店及相关专业书店
开　　本：720mm×1000mm　1/16	印　　张：16
版　　次：2023 年 12 月第 1 版	印　　次：2023 年 12 月第 1 次印刷
字　　数：270 千字	定　　价：78.00 元
ISBN 978-7-5130-9064-3	

出版权专有　　侵权必究
如有印装质量问题，本社负责调换。

目 录

一、行政法基本原则 ……………………………………………… 001

案例1 王某等41人诉辽宁省某市人民政府履行会议纪要职
责检察监督案 …………………………………………… 003

案例2 广州某发房产建设有限公司诉广州市地方税务局第
一稽查局税务处理决定案 ……………………………… 023

二、行政强制 ……………………………………………………… 037

案例3 安徽省某县自然资源和规划局申请执行强制拆除违
法占用土地上的建筑物行政处罚决定检察监督案 …… 039

三、行政许可 ……………………………………………………… 053

案例4 北京市原宣武区建设委员会等与郭某某行政许可纠
纷上诉案 ………………………………………………… 055

四、行政允诺
案例 5　崔某某诉丰县人民政府行政允诺案 …………………… 069

五、行政协议
案例 6　某国际有限公司、湖北某高速公路有限公司诉湖北省荆州市人民政府、湖北省人民政府解除特许权协议及行政复议一案 ……………………………………………… 085

案例 7　卡某米公司诉福建省莆田市荔城区人民政府请求撤销征收补偿安置协议案 ………………………………… 100

六、行政确认
案例 8　上海温和足部保健服务部诉普陀区人保局工伤认定案 …………………………………………………………… 117

七、行政程序
案例 9　郝某诉平定县公安局交通警察大队行政处罚及行政复议案 ……………………………………………………… 131

八、行政诉讼
案例 10　焦某某诉河南省新乡市卫滨区人民政府行政征收管理案 ……………………………………………………… 145

案例 11　何某某诉华中科技大学拒绝授予学位案 ……………… 159

案例 12　余姚市某兴气体分滤厂与余姚市住房和城乡建设局燃气经营许可纠纷案 …………………………………… 172

案例 13　郑某某诉浙江省温岭市人民政府土地行政批准案 …… 185

案例 14　确认违法判决的适用条件 ……………………………… 200

九、国家赔偿 ………………………………………………………… 213

案例 15　周某某诉湖州经济技术开发区管理委员会拆迁行政
　　　　　赔偿案 ………………………………………………… 215

十、行政公益诉讼 ……………………………………………… 227

案例 16　海南省人民检察院第一分院督促履行自然保护区监
　　　　　管职责行政公益诉讼起诉案 ………………………… 229

案例 17　云南省剑川县人民检察院诉剑川县森林公安局怠于
　　　　　履行法定职责环境行政公益诉讼案 ………………… 241

一、行政法基本原则

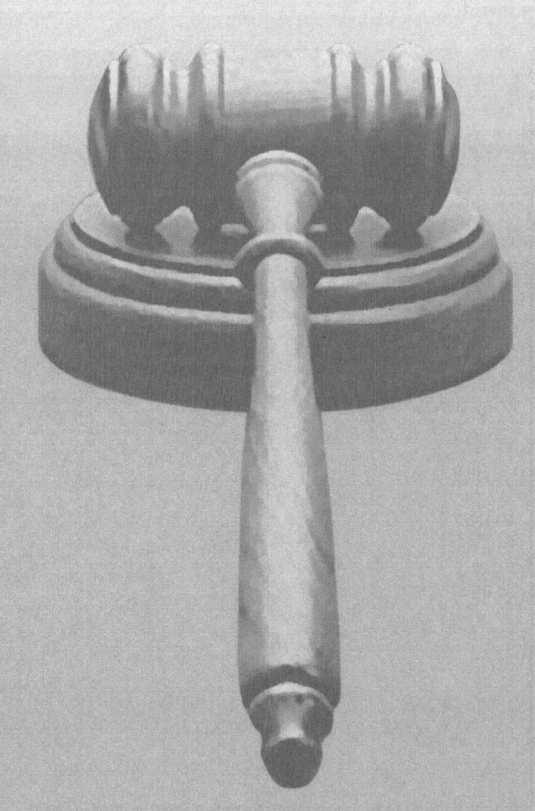

案例 1

王某等 41 人诉辽宁省某市人民政府
履行会议纪要职责检察监督案*

基本案情

王某等 41 名申请人系某小区居民，与某单位因新建建筑影响采光产生纠纷。2011 年 8 月 19 日，某市人民政府为解决纠纷作出《关于解决某单位干部住宅挡光信访问题的会议纪要》（以下简称《会议纪要》），主要内容为：对受挡光影响的三栋楼 141 户房屋进行回购作为政府公共租赁住房，同时为某单位办理《建设工程规划许可证》。后该建筑建设完成，但有关部门对案涉房屋一直未予回购。2014 年 4 月 26 日，某市人民政府作出《关于解决某小区有关问题的会议纪要》，主要内容为：由于某单位住宅不属于公益项目，市政府决定取消对某小区被遮挡住宅回购的决定。

2014 年 5 月 11 日，王某等 41 名申请人诉至某市中级人民法院，请求判令某市人民政府履行《会议纪要》规定的回购职责。某市中级人民法院判决确认某市人民政府不履行《会议纪要》的行为违法。王某等人不服，提起上诉，辽宁省高级人民法院判决责令某市人民政府履行房屋回购的义务或依法对被遮光房屋的损失给予合理补偿。该判决未能执行。王某等 41 人向辽宁省人民检察院申请监督，要求某市人民政府履行回购义务。

检察机关审查后认为，案涉《会议纪要》是某市人民政府为解决居民房屋遮光问题作出的行政允诺，构成某市政府的法定职责，法院依据诚实

---

* 此案例选自 2021 年 10 月 25 日最高人民检察院发布的"检察为民办实事"——行政检察与民同行系列典型案例（第二批）；另见最高人民法院（2018）最高法行申 1589 号行政裁定书。

信用原则判决政府履行回购义务或对被遮光房屋损失给予合理补偿并无不当。因判决未能得到执行，案涉小区居民的合法权益历经多年未能解决，群体性信访风险较大。辽宁省人民检察院决定组成由检察长包案、分管副检察长负责，省、市、县三级检察机关共同参与的化解专班，开展行政争议实质性化解。检察长先后7次与市、区政府开展磋商，推动某市政府成立了由主管副市长负责的工作小组专门负责本案。最终促使争议双方同意以补偿方式解决争议。

本案涉及的理论问题

本案中涉及诚实信用原则，该原则作为行政法的基本原则，是道德原则的法律化，其基本内涵主要包括诚实守信和信赖利益保护两个方面。

一、诚实守信

诚实是指真实无伪，守信是指不欺骗人，诚实守信原本为民法中债法领域上的一项原则，而后扩充至私法全领域并逐渐被行政法领域所援用，其基本含义在于行使权利、履行义务，应当遵守诚实及守信之方法。[1] 行政法中的诚实信用原则包括五个方面的要求：不得恶意欺骗、不得随意决策、不得任意反悔、不得朝令夕改、不得虚假错误。[2]

第一，行政主体不得恶意欺骗。在行政执法活动中，行政主体为了满足自身利益，违反法律、法规、政策的初衷和目的，采取一些不正当的手段开展执法活动，俗称"钓鱼执法"，这显然与诚实信用原则背道而驰。行政主体"钓鱼执法"的缘由还得追溯到其为了谋求自身利益的目的上，行政相对人原本并没有违法的意图，是在执法人员的引诱下才从事违法活动，这种引诱实质上就是恶意欺骗。行政主体的恶意欺骗在手段和目的之间具有明显的不合法性和不正当性，因此，纵容行政主体的恶意欺骗，不仅会导致法律秩序遭受破坏，还易使政府陷入一种失信的状态。

第二，行政主体不得随意决策。这也就是要求行政主体应当在慎重考

---

[1] 杨解君. 行政法与行政诉讼法（上）[M]. 北京：清华大学出版社，2009：64.
[2] 《行政法与行政诉讼法学》编写组. 行政法与行政诉讼法学 [M]. 2版. 北京：高等教育出版社，2018：36.

虑的基础上作出行政决定。行政决定是行政主体基于行政管理的需要，制定相关政策或法规，以维持社会稳定、促进社会发展的行政活动。也正因如此，行政主体在作出相关决策或决定时，必须充分考虑相关因素，邀请相关专家进行评估论证，征求多方意见，适当举行听证会，确保行政决定的可执行性。特别是涉及重大行政决定时，关系到社会公共利益的维护和公民个人权益的保障，必须采取慎重的态度来对待。随意草率作出行政决定，不遵循社会发展的实际情况，不考虑行政决定的必要性、可行性，未进行相应的风险评估论证，必然导致行政的恣意和行政权的滥用，从而违背了诚实信用原则的精神。

第三，行政主体不得任意反悔。反悔就是行政主体违背自己先前的意思表示，对自己的行为出尔反尔。例如，在行政协议的场合中，行政机关享有行政优益权，在一定条件下可以行使单方变更权或单方解除权，变更或解除行政机关与公民、法人或非法人组织订立的行政协议。但这种行政优益权也不得任意行使，必须满足一定的条件。具体而言，就是行政机关必须基于公共利益的需要或其他法定理由才能行使行政优益权，当然这也会导致公民、法人或其他组织的合法权益受到侵害，行政机关对此应当予以适当补偿。如果不是基于公共利益需要和其他法定理由的考虑，行政机关任意反悔进而行使了行政优益权，必然会使公民、法人或其他组织对行政机关产生偏见，损害法治政府的形象。

第四，行政规范不得朝令夕改。在行政立法活动中，行政规范在本质上属于法的范畴，也应当具备法的特征，那就是稳定性和可预测性。行政法上的规范始终与行政管理政策紧密联系，但行政规范却不能完全像政策一样。政策更多的是站在管理者角度来考量，以提高行政管理的效率、维持社会的稳定、促进经济的快速发展为主要目标，但也经常可以被决策者一言以立、一言以废，具有显著的时效性，因而较少体现程序的独立价值。与之相比较，行政规范具有很强的程序独立价值，例如行政法规、部门规章、地方政府规章等行政规范的制定，都具有非常严格的法定程序，包括立项、起草、征求并听取意见、审查、决定和公布等主要程序。纵使如此，由于行政机关遵循的是行政首长负责制，行政规范的制定过程也难免会受到行政首长的意志这一因素所影响，体现为行政规范的朝令夕改，随意撤销、废止或变更，这显然不仅违背了依法行政的精神，也违背了诚实守信的原则，让公民、法人或非法人组织陷入行政规范不明确的境地，甚至因此产生不利影响，令人无所适从。

第五，行政行为不得虚假错误。根据行政行为效力理论可知，行政行为一经作出即具备确定力，未经法定理由和法定程序不得随意撤销、更改或废止。因此，行政机关应当真实准确地作出行政行为，否则将承担相应的法律责任。例如，在行政信息公开制度中，行政机关公布的信息应当具备完整、准确、真实的要求。法谚有云，"阳光是最好的防腐剂，路灯是最好的警察"，完整、准确和真实的行政信息公开是预防行政主体恣意、滥权和腐败的有效手段，也是促进社会公平正义的基本要求。虚假错误的行政信息不仅会误导广大公民、法人或其他组织，还可能会给他们的合法权益造成一定损害，对此行政机关必须承担行政赔偿责任。

二、信赖利益保护

信赖保护原则中的信赖，常用的表达方式有正当信赖、具有保护价值的信赖、值得保护的信赖，不同表达方式指向基本相同的内涵，主要区别在于具体语境与表述习惯的不同，难以确定相互之间的优劣之分。[1] 信赖利益保护原则是指"当公民、法人或其他组织对行政机关及其管理活动已经产生信赖利益，并且这种信赖利益因其具有正当性而应当得到保护时，行政机关不得随意变更这种行为，如果变更必须补偿相对方的信赖损失"[2]。"在德国行政法中，信赖利益保护原则最先源于法治国理念，并逐渐从一种朴素的法律理念发展成公法规范体系中的法律原则，进而成为具体的法律规则见诸法律规范中。"[3] 除了社会法治国原则，信赖利益保护原则的法理基础还包括法律安定性原则、诚实信用原则、基本权利保障理论等，其中以法律安定性原则是其主要理论依据。[4]

（一）信赖利益保护原则与法的安定性原则

追求建立持续、稳定的秩序一直都是法的内在理念和价值之一。人类

---

[1] 刘飞. 行政法中信赖利益保护原则的适用要件 [J]. 比较法研究，2022（4）：129.
[2] 张树义，张力. 行政法与行政诉讼法学 [M]. 4版. 北京：高等教育出版社，2020：33.
[3] 赵宏. 行政法案例研习：第二辑 [M]. 北京：中国政法大学出版社，2020：34.
[4] 赵宏. 行政法案例研习：第二辑 [M]. 北京：中国政法大学出版社，2020：113.

在面对不规则和不可预知的未来时，本能上都会怀着无限的恐惧，而建立秩序与要求秩序安定，就成为人类的根本需求。"安定思想是所有人类能力和现代文明发展的源泉。即使是国家建立的起源与目的也应当回溯到安定性思想中。"❶ 从人治到法治，当人类的生活秩序主要由法律所构筑的秩序组成时，人们对于秩序安定的需要，便演变成对法律安定性的要求。法定的安定性要求法律除使人们的现实生活获得保障外，更通过提供对未来预见的可能，避免新的事物关系突然冲击造成的不利益。❷

1. 法的安定性基本内涵

对法的安定性的理解，一种理解认为法的安定性是借由法律所达成的安定性，法应通过具有拘束力的规则促成一个稳定的、值得信赖的秩序的产生，并进而达成市民社会与国家领域、公民与国家之间以及国家内部的安定性；另一种理解认为法的安定性是法律本身的安定性，法律不仅在内容上应该是明确的，还应具有一定的存续性。前者是法律规范功能所欲维持的社会秩序的稳定状态，后者则是法律本身的安定状态的维持。❸ 前者表现为法律关系的稳定、法律秩序的稳定性、社会秩序的稳定性；后者表现为法律自身的稳定性、存续性、明确性等。

法律是立法者意志的表达，是一种国家行为。国家行为作为权威意志的表达，是法律秩序的内在组成部分。法治发展至今，对国家行为的理解不再局限于立法。作为国家行为其他表现形式的司法判决和行政行为虽然不是严格的由立法者颁布的法律，但是只要我们不是简单拘泥于对法律的这种静态认为，而是将法律视为一种活生生的规范性秩序，将司法判决和行政行为视为"关于法律解释和法律适用的一种权威性宣告"，司法判决和行政行为在一定程度上就具有与立法者创制之法类似的品质。❹

行政行为具有在个案中明确国家与人民关系的个体化与明确化功能，服务于限定国家权力、维护法秩序安定的法治国目标，而这一功能也使行政行为从一开始就着眼于秩序的安定与维护，并由此成为法秩序的重要构

---

❶ 赵宏. 法治国下的行政行为存续力 [M]. 北京：法律出版社，2007：114.
❷ 赵宏. 法治国下的行政行为存续力 [M]. 北京：法律出版社，2007：115.
❸ 赵宏. 法治国下的行政行为存续力 [M]. 北京：法律出版社，2007：116.
❹ 赵宏. 法治国下的行政行为存续力 [M]. 北京：法律出版社，2007：117.

成。[1] 因此，行政行为也要符合法的安定性要求。

首先，对于制定法而言，其生效需要签署和公布，这些程序使得人们无须经过无法忍受的困难，就可准确获知法律确定内容的要求。同样，对行政行为而言，告知是行政行为生效的必要前提。

其次，对于制定法而言，法规范在内容上应尽可能清楚和精确，由此才能使得公民确知法律对于其具体要求，也使得法律规范是可预见和可计算的，公民可以据此采取相应的行动。同样，对行政行为而言，行政行为的内容必须能被相对人所理解，并具有一定的可操作性。

最后，对于制定法而言，法的安定性要求法规范必须具备一定的持续性或存续性。如果法律时刻存在变动的可能与危险，生活在法秩序下的每一个分子无法对未来作出预见，因此，法的安定性要求法律除使人们的现实生活获得保障外，更通过提供对未来预见的可能性，来避免新的事物关系冲击造成的不利益，法的存续性价值在此被凸显出来，并逐渐成为法安定性的核心要素。同样，对行政行为而言，行政行为应当具有存续性。如果允许对行政行为毫无限制地更改，其结果只能与制定法和司法判决的朝令夕改一样，严重破坏法律秩序本身的稳定状态。[2]

2. 法的安定性是信赖利益保护原则的理论基础

只有基于法的安定性要求，对国家行为撤销或改变的可能性予以排除，相应的信赖才能产生。信赖保护原则是法的安定性原则对公民的反射性作用，换言之，信赖保护是法安定性原则的作用而非起因。[3] 如在1956年的"寡妇抚恤金案"中，法院认为基于个人决定存续的个人利益的形成根源在于，在不考虑合法抑或违法的情形下，仅就法律属性而言，每个行政决定实质上都是国家权力的行使，因此，每个对行政决定的存续产生信任的个人，都有获得保护的权利。[4]

（二）信赖利益保护原则的适用条件

一般认为，信赖利益保护原则需要具备三个条件：信赖基础、信赖表

---

[1] 赵宏. 法治国下的行政行为存续力 [M]. 北京：法律出版社，2007：118.
[2] 赵宏. 法治国下的行政行为存续力 [M]. 北京：法律出版社，2007：119-124.
[3] 赵宏. 法治国下的行政行为存续力 [M]. 北京：法律出版社，2007：131.
[4] 何源. 德国联邦行政法院典型判例研究（行政决定篇）[M]. 北京：法律出版社，2020：184.

现、值得保护的信赖。❶

1. 信赖基础

信赖基础是信赖利益保护原则的前提条件。在公法范畴内，信赖基础可以是国家作出的任何行为与意思表示。有学者认为，信赖基础为"足使人民遵循信赖之国家行为"，其范围则"包括具体指行政行为即抽象之法律状态，例如行政处分、行政计划、国家承诺之表示及法规命令等"，且"不问系合法或违法均足当之"。❷ 其原因在于，个人原则上应当可以信赖国家作出的各种意思表示，并在此基础上作出符合其利益取向的相应安排。从国家行为的具体方式来看，可以具体表现为国家制定的法律、司法机关作出的裁判与行政机关作出的决定等不同形式。❸

本部分限于案例研究的目的，仅就授益行政行为这一适用对象来阐述信赖保护原则，因为负担行政行为的改变只能有利于行政相对人。在信赖保护原则可能适用的所有领域中，通常认为授益行为撤销与废止、法不溯及既往是两个最为典型的领域。就授益行为撤销与废止而言，该原则要对行政机关的撤销权进行限制。❹ 对于法不溯及既往而言，则主要涉及如何对立法权进行限制的问题。本案涉及的是信赖保护原则对授益行政行为的撤销与废止的限制问题。对授益行为的撤销排除首先以受益人信赖行政行为的存续为前提，即信赖利益的保护必须要有信赖事实的真实存在，或者依照一般人的合理判断可知，受益人对行政行为的存续存有正当的期待和确信，并据此安排其行为。如果受益人根本不了解行政行为的内容，或是因为对期限的错误计算而误认为一个事实上已生效力的行政行为并未成立，则缺少这种信赖事实的存在。❺

2. 信赖表现

信赖表现是一种内心意思的外化。当行政机关作出相应的行政行为时，行政相对人基于该行政行为而作出具体的行为，此时可以说行政相对人把内心对该行政行为产生的信赖已经外部化为具体的行为，这种外部化的具体行为就是信赖表现。例如，已经使用授益行为所授予之给付，即已

---

❶ 杨解君. 行政法与行政诉讼法（上）[M]. 北京：清华大学出版社，2009：65.
❷ 许庆源. 法规变动下信赖保护原则适用之研究 [D]. 台北：东吴大学，2006：14.
❸ 刘飞. 行政法中信赖利益保护原则的适用要件 [J]. 比较法研究，2022（4）：132.
❹ 刘飞. 行政法中信赖利益保护原则的适用要件 [J]. 比较法研究，2022（4）：129.
❺ 赵宏. 法治国下的行政行为存续力 [M]. 北京：法律出版社，2007：166.

经进行消费或是财产支出，或做成不能回复或只能在遭受不合理的不利之下才能回复原状的财产处置或生活安排；在行政许可的场合中，行政机关发布了行政许可办理的条件和流程的相关公告，于是行政相对人在这种情况下申请了相应的营业执照、经营许可证等行政许可，而行政相对人的申请行为就属于信赖表现，表现在对行政机关发布的行政许可公告产生了信赖而作出申请行政许可的行为；之后行政机关为符合条件的行政相对人发放相应的营业执照、经营许可证等行政许可证，行政相对人持这些行政许可证进行生产经营等具体活动，这也是行政相对人的一种信赖表现，表现在对行政机关发放的行政许可证产生了信赖而作出具体生产经营等活动。如果相对人已经作出上述信赖行为，通常已经足以证实或表明其信赖的存在。有学者还指出，确定信赖表现时还需要考虑两个前提性问题：一是考虑具体处置行为（信赖表现）和信赖基础之间是否存在因果关系；二是区分信赖表现是否具备合理性。❶

3. 值得保护的信赖

所谓值得保护的信赖，指该信赖或信赖利益被保护是正当的、有必要、有价值的，不允许被侵害。判断行政相对人的信赖利益是否值得保护，面临维持授益行为的受益人利益与纠正违法、恢复合法状态的公共利益之间的比较和平衡。学者赵宏对《行政程序法》第 48 条第 2 款第 3 句和第 2 款第 2 句进行分析后认为，判定相对人的信赖是否值得保护，有三个方面内容。❷

首先在于受益人须无法律特别的排除信赖的原因。如果受益人以欺诈、胁迫或行贿取得行政行为，或者以严重不正确或不完整的陈述取得行政行为，或者明知或因重大过失而不知该行政行为的违法性等客观上可归责于受益人，或者受益人在行为作出时就知悉行为的违法并可以预见到行为被撤销的可能性，而导致行政行为的违法，则这些利益不受法律保护。

其次在于受益人是否符合法律特别列举的信赖应受保护的情形。受益人已经进行消费或是给付使用或做成不能回复或只能在遭受不合理的不利

---

❶ 刘飞. 行政法中信赖保护原则的适用要件——以授益行为的撤销与废止为基点的考察 [J]. 比较法研究, 2022 (4).

❷ 赵宏. 法治国下的行政行为存续力 [M]. 北京：法律出版社，2007：167 – 170.

之下回复原状的财产处置可以清楚认知的程度。

最后还要看受益人的信赖利益是否明显大于撤销该行政行为所欲维护的公共利益。在行政相对人的信赖利益与社会公共利益相冲突时，如果以保护行政相对人的信赖利益为代价而给公共利益造成不可逆转或者巨大的损失，则不能仅仅考虑保护行政相对人的信赖利益，还要兼顾维护公共利益。能够影响相对人利益的因素包括：（1）行政行为的持续性，如果行政行为中附有废止保留，相对人对行政行为存续的信赖就会受到限制，其信赖利益在被权衡时分量也会很轻；（2）行政行为的作出程序，相比较通过正式程序作出的行政行为，相对人会更有理由信赖那些通过正式程序作出的行政行为的存续性；（3）行政行为违法程度的轻重和行政行为作出后的时间长短也会对相对人信赖利益存在的程度产生影响；（4）对于具有第三人效力的行政行为，相对人的信赖通常不能或只能在法律规定的例外情形下受到保护，因为相对人应该能够估计到第三人诉请撤销该行为的可能性。例如，行政机关给行政相对人违法发放了采矿行政许可证需要予以撤销的，或者该采矿行政许可证的存续会给公共利益带来不可逆或者巨大的损失时，行政相对人的信赖利益就不值得保护了。但是，行政相对人基于行政允诺所产生的合法利益期待，包括直接损失和预期利益都符合信赖利益保护原则，都应当予以保护。❶ 可见，值得保护的信赖是信赖利益保护原则的适用前提。

（三）信赖利益保护的方式

信赖利益保护原则的保护方式一般可以分为存续保护和财产保护。❷

有学者还将存续保护称为"存续性保障"或"事实保障"，将财产保护称为"价值保障"，并认为应当以"事实保障"为原则，以"价值保障"为例外。❸

所谓存续保护，是指让行政相对人因信赖基础而产生的值得保护的信赖利益持续地存在，不予以撤销行政行为，行政行为继续存续而不被中

---

❶ 李继红，王宁. 行政相对人的利益期待依法应予保护 [M] //行政执法与行政审判（总第82集），北京：中国法制出版社，2021：171.

❷ 《行政法与行政诉讼法学》编写组. 行政法与行政诉讼法学 [M]. 2版. 北京：高等教育出版社，2018：37.

❸ 胡建淼，江利红. 行政法学 [M]. 2版. 北京：中国人民大学出版社，2014：68.

断。例如，行政机关给行政相对人违法发放建筑工程施工许可，行政相对人基于该施工许可业已建成了房屋，对此行政机关考虑到撤销该施工许可必然导致房屋也应当被撤销，那将对公共利益造成重大损失，因此只能对该施工许可形成的房屋这一信赖利益予以存续保护，不得撤销，但法院可以确认行政机关发放建筑工程施工许可证的行政行为违法。

所谓财产保护，又称补偿保护，是指由于撤销或废止了作为信赖基础的行政行为，而给行政相对人带来信赖利益上的损失，需要对行政相对人进行补偿。财产保护以下列要素为前提：其一，行政机关经过合义务性的裁量决定撤销授益行政行为；其二，受益人因行政行为的撤销而遭受财产上的不利；其三，受益人信赖行政行为的存续且其信赖值得保护；其四，相对人应在法律规定的期限内向行政机关提出要求补偿其财产不利的申请。在德国，财产补偿的法律依据是《行政程序法》第48条第3款的规定，即财产补偿不得超过相对人在行政行为时所具有的利益值。对其范围的确定受两个因素影响：一是受益人的信赖利益，又被称为消极利益，对信赖利益的补偿意味着将受益人的法律状态恢复到该授益行政行为未作出时的状态，对于消极利益行政机关在补偿时应予确认；二是受益人的积极利益，积极利益为受益人在行政行为继续存续的状态下可能会获得的利益，对于这种利益行政行为受益人原则不能要求进行补偿。❶

我国行政许可法也有类似规定。《行政许可法》第8条第2款规定："行政许可所依据的法律、法规、规章修改或者废止，或者准予行政许可所依据的客观情况发生重大变化的，为了公共利益的需要，行政机关可以依法变更或者撤回已经生效的行政许可。由此给公民、法人或者其他组织造成财产损失的，行政机关应当依法给予补偿。"这是关于变更或撤回行政许可对行政相对人造成了信赖利益的损失时需要予以补偿的规定，可见我国对于信赖利益保护原则的保护方式已法定化。

（四）小　　结

本案中，辽宁省某市人民政府通过会议纪要的形式，作出对受挡光影响的三栋楼141户房屋进行回购的承诺，即行政允诺行为，"是指行政主

---

❶ 赵宏. 法治国下的行政行为存续力 [M]. 北京：法律出版社，2007：172.

体为实现行政管理目标,在其职权范围内依法作出的为自身设定公法上的义务而使相对人获得公法上权利的单方意思表示"❶。但事后辽宁省某市人民政府并未履行该行政允诺行为,并且后来又通过会议纪要的形式决定取消该回购。该市人民政府的这种出尔反尔的作风,已然违背了诚实信用原则,给法治政府的形象抹黑。如前所述,诚实信用原则要求行政机关不得任意反悔,行政规范不得朝令夕改。但本案中的该市人民政府先承诺回购房屋,之后又拒绝回购,显然是任意反悔的表现;同时该市人民政府先前发布的会议纪要和后来发布的会议纪要意思表示完全相反,这种行为就是行政规范的朝令夕改,因此辽宁省某市中级人民法院判决市政府不履行先前发布的会议纪要行为违法。

对于具体履行该会议纪要中的行政允诺行为,王某等当事人认为只有通过政府回购房屋才是对其采光权受损的唯一救济途径。该市人民政府则认为王某等当事人的房屋并不符合回购政策,理由是"案涉房屋不符合作为公共租赁住房的条件,会议纪要依法不能履行"❷,同时该市人民政府认为可以通过合理补偿的方式来解决王某等当事人采光权受损的问题。至于到底是采取回购方式还是采取补偿方式来对王某等当事人的采光权受损提供救济,都无法否认该市人民政府的履行会议纪要的义务,只是在采取何种具体的履行方式上要综合考量公共利益和王某等当事人合法权益之间的利益衡量,确定一个合情合理的履行方式。本案中,最高人民法院在再审申请行政裁定书中指出,回购方式并不是解决王某等当事人采光权受损的唯一途径,若不进行回购,该市人民政府应当依照信赖利益保护原则,对王某等当事人的损失予以合理补偿。❸ 可见,法院在最大化地保护行政相对人的合法权益上,不是仅仅关注案涉会议纪要中行政机关的行政允诺行为,而是从行政相对人的具体合法权益出发,结合利益衡量来选择合理的行政相对人信赖利益保护方式。

三、如何判断会议纪要的可诉性

会议纪要是指"行政机关通过会议方式就特定事项形成的内部意见或

---

❶ 闫尔宝. 行政允诺行为详论 [J]. 山东审判, 2001 (2): 24.
❷ 最高人民法院 (2018) 最高法行申 1589 号行政裁定书.
❸ 最高人民法院 (2018) 最高法行申 1589 号行政裁定书.

工作安排"❶的公文。这种行政机关集体内部开会讨论而形成的能够体现集体意志的行政公文,具有显著的决策性和过程性。❷那会议纪要是属于内部行政行为还是程序性行政行为呢?是否具有可诉性呢?这都是值得研究的问题。

(一)内部行政行为

1. 内部行政行为的含义

内部行政行为是指"行政主体基于行政隶属关系针对内部相对人而实施的行政行为"❸。由此可知,内部行政行为最为基本的特征就是内部性,包括工作方面上的行政内部工作安排、计划等,人事方面上的内部行政人员奖惩、调动和任免等,并不涉及行政机关及其工作人员以外的公民、法人或者其他组织相关权利和义务。此外,内部行政行为的行为基础是行政隶属关系,行政隶属关系在我国一般表现为中央、省级、市县级和乡镇级等层级。外部行政行为的重要特征是,"必须是行政机关所为直接对外发生法律效果的行为。行政处分(即行政行为)即是借此外部法的特征而与仅发生内部法效果的行政内部行为作出明显区隔"❹。因此,必须是基于上下级之间领导与被领导的关系而作出的行政行为才属于内部行政行为的范畴。

2. 内部行政行为的可诉性

内部行政行为是否具有可诉性,一般都认为不具有可诉性,原因在于:内部行政行为不直接对外发生法律效力,对行政相对人的权利义务也不产生实际的影响。❺这实际上是源于德国、日本特别权力关系理论,内部行政行为是基于行政机关的特别权力而作出的,行政机关内部的争议纠纷不能通过提起行政诉讼来解决,而只能诉诸行政机关内部的特殊处理机

---

❶ 最高人民法院(2019)最高法行申 5463 号行政裁定书。
❷ 最高人民法院(2017)最高法行申 1310 号行政裁定书。
❸ 最高人民法院案例指导与参考丛书编选组. 最高人民法院行政案例指导与参考[M]. 北京:人民法院出版社,2018:44.
❹ 翁岳生. 行政法(上册)[M]. 北京:中国法制出版社,2009:619.
❺ 最高人民法院案例指导与参考丛书编选组. 最高人民法院行政案例指导与参考[M]. 北京:人民法院出版社,2018:45.

制，例如复议、复核等方式。❶

(1) 特别权力关系。

特别权力关系是相对于一般人民对国家所负有之一般的公法义务而言，是特定人民基于特别关系而与国家及其他机关产生特别的权力服从关系。这些特别关系产生的原因有因法律规定，如公民依据法律规定而服兵役，成为士兵；有因个人自愿，如自愿被录取为公务员；还有其他原因，如因法院判决而服刑成为犯人的。❷ 前述的士兵与国家之间的关系、公务员与主管部门之间的关系、犯人与监狱之间的关系，一般成立特别权力关系。

特别权力关系有以下特征：首先，义务的不确定性。特别关系中，特别权力人对相对人享有概括的下命权，只要是在达成行政目的的范围内，就尽可赋予对方相当的义务，如：命令军人赴任何地方及执行任何任务；为医疗及行政管理目的，限制公立医院病人之行动自由；对公立学校学生所为各种不同的纪律处分；公务员对上级命令有服从的义务。

其次，无法律保留原则的适用。依照古典的特别权力关系学说，对相对人的权利的限制无须依照法律保留原则，即使在无法律授权的情况下，仍可许可行政主体来限制相对人的基本权利。

最后，法律救济途径缺乏。特别权力关系理论认为行政主体之为特别权力人，可以依照特别规则来限制相对人的基本权利。这种限制的方式不同于行政主体在一般权力关系对相对人权利的限制。如前所述，特别权力关系对相对人基本权利的限制不能提起司法救济，只能通过内部救济来解决纠纷。

但是随着现代法治国家和人权理论的发展，特别权力关系也受到挑战甚至被废弃。在1971年德国的"犯人通信案"中，德国联邦宪法法院顺应时代潮流，扬弃了特别权力关系学说，其认为，特别权力关系理论通过排除法律保留，使得犯人的基本权利经由某种令人难以忍受的不确定而被相对化了。其论证道，基本权利确立了一种与价值相关的法秩序，这一秩序确认对权利自由和人性尊严的保护是所有法律最高的目的。在刑罚执行

---

❶ 胡建淼，江利红. 行政法学 [M]. 2 版. 北京：中国人民大学出版社，2014：79；另见杨海坤，章志远. 行政法学基本论 [M]. 北京：中国政法大学出版社，2004：81 - 91.

❷ 陈新民. 行政法学总论 [M]. 台北：三民书局，2000：127.

过程中，对基本权利进行恣意或是按照行政机关的裁量予以限制，与基本权利对公权力的广泛约束并不相符。对基本权利的限制，只有符合基本权利的价值秩序所追求的且与共同体密切相关的目标才是必要的，而且这种限制也必须经由宪法所规定的方式进行。据此，德国联邦宪法法院认为："犯人的基本权利也只能由法律或是基于法律而受到限制，而法律绝不能放弃通过尽可能严格限定的一般规则对这一领域进行规范。"❶ 自该案开始，作为法外空间的特别权力理论退出历史舞台。

（2）法国的越权之诉。

反观法国的越权之诉理论，行政机关内部的争议纠纷是可以提起行政诉讼的，例如，公务员受到内部行政行为侵害时有权获得司法救济，可以提起行政诉讼，这也体现了"有权利必有救济"的精神。❷ 由于存在普通法院和行政法院两个法院体系且行政法院主要负责解决行政纠纷，公务员因不服行政机关对其作出的纪律惩戒决定而提起的诉讼就由行政法院管辖。从20世纪初，法国行政法院就开始受理有关公务员录用、任免、奖惩的诉讼请求。❸

（3）我国的相关规定与司法实践。

我国奉行的是内部行政行为不可诉的立场。例如，《行政诉讼法》第13条规定："人民法院不受理公民、法人或者其他组织对下列事项提起的诉讼：……（三）行政机关对行政机关工作人员的奖惩、任免等决定；……"又如，《最高人民法院关于适用〈中华人民共和国行政诉讼法〉的解释》（法释〔2018〕1号，以下简称《行诉解释》）第2条第3款进一步规定，该类奖惩、任免等决定"是指行政机关作出的涉及行政机关工作人员公务员权利义务的决定"。再如，《行诉解释》第1条第2款第5项的规定，"行政机关作出的不产生外部法律效力的行为"，不属于人民法院行政诉讼的受案范围。故而，行政机关内部行政行为属于自身建设问题，我国对于内部行政行为也存在内部救济机制，例如，公职人员对内部的政务处分不服可以在行政机关内部进行复审或复核。❹

---

❶ 张翔编. 德国宪法案例选释（第一辑）[M]. 北京：法律出版社，2012：75-76.
❷ 王名扬. 法国行政法 [M]. 北京：北京大学出版社，2016：221-531.
❸ 张莉. 公务员纪律惩戒及其司法救济 [J]. 行政法论丛，2011，13：280.
❹ 梁凤云. 行政诉讼讲义 [M]. 北京：人民法院出版社，2022：127.

随着对公民权利救济制度的不断完善，司法实践中对内部行政行为不可诉的立场也有所松动。

胡建淼教授就指出，有人将《行政诉讼法》第 13 条第 3 项规范内容解读成"内部行政行为不可诉"，完全是擅自扩大解释，这是因为行政机关的内部行政行为显然只限于该条规范的内容。❶

另外，在 2013 年最高人民法院发布的指导性案例 22 号"魏某某、陈某某诉来安县人民政府收回土地使用权批复案"中，最高人民法院肯定了内部行政行为在外部化的情形下具有可诉性。在该指导性案例中，根据县国土资源行政主管部门报送的收回土地使用权的请示，县政府作出了同意该请示的批复，此时县政府的批复应属于内部行政行为，不能直接对外发生法律效力，因此县国土资源行政主管部门应当根据该"批复"另行制作并送达对外发生效力的法律文书。但县国土资源行政主管部门并没有这样做，而是直接转给县土地储备中心根据该"批复"实施拆迁补偿安置行为。法院认为，这种直接将上级行政机关的批复付诸实施的做法，实际上已经直接影响了当事人的权利义务，构成内部行政行为的外部化，具有可诉性。❷ 一般而言，下级行政机关就某事项请示上级行政机关后，下级行政机关应当根据上级行政机关就此事项作出的内部行政决定（如批复），再另行"作出一个对外发生法律效力的决定，但下级行政机关担心作被告，就直接依据上级的内部行政决定实施了，如果相对人对内部行政行为不服提起行政诉讼但不予受理的话，就很难得到权利救济"❸。

还有如"田某诉北京科技大学拒发毕业证和学位证案"和"刘某诉北京大学不授予博士学位案"等案件，在相关法律没有对学生权利予以充分保障的情形下（如学生被开除学籍、被拒发毕业证学位证等没有规定说明理由、听取学生陈述和申辩等程序制度，更没有规定明确的救济），受诉法院均受理、审理了两个案件，而且都判决学校因违反法定程序败诉。❹

---

❶ 胡建淼. 行政诉讼法学［M］. 北京：法律出版社，2019：145.
❷ 参见 2013 年最高人民法院发布的指导性案例 22 号："魏某某、陈某某诉来安县人民政府收回土地使用权批复案".
❸ 最高人民法院案例指导与参考丛书编选组. 最高人民法院行政案例指导与参考［M］. 北京：人民法院出版社，2018：50.
❹ 张翔. 德国宪法案例选释（第一辑）［M］. 北京：法律出版社，2012：92.

（二）程序性行政行为

程序性行政行为，也称为过程性行政行为，是指在作出一个可以影响行政相对人实体性权利义务的行政行为的完整过程中，所出现的并不影响行政相对人实体性权利义务的阶段性、准备性的行政行为。这种具有阶段性、准备性的行政行为就是程序性行政行为，例如，行政机关作出某项行政决定前进行的请示报告、走访调研、开会讨论、专家评估论证等程序；在行政许可授予过程中，由于行政相对人缺少相关的申请材料，行政机关给行政相对人送达申请材料补正通知的行为；在行政机关给行政相对人作出行政处罚决定前，告知行政相对人具有陈述申辩权的行为；在行政强制中对违法建筑物等执行拆除决定前的催告行为；等等。界定程序性行政行为需要从两个方面的要素来看：一是观念表示要素，二是间接法律效果要素。❶ 具体而言，观念表示要素是指行政机关主观上并没有作出特定行政行为的意愿，而是对于客观事实的一种表示，间接法律效果要素是指程序性行为并不直接产生法律效果，而是间接的、将来的、或然性的产生间接法律效果。

程序性行政行为通常不具有可诉性。根据《行诉解释》第1条第2款第6项的规定，"行政机关为作出行政行为而实施的准备、论证、研究、层报、咨询等过程性行为"不属于人民法院行政诉讼的受案范围。至于缘由，主要是考虑到司法机关不应过早干预行政行为，应当待行政机关作出行政行为的程序成熟时，才能予以司法审查，这就是源于美国行政法上的司法成熟原则❷。一方面是避免让法院过早地进行裁判而陷入抽象的行政政策争论中，另一方面也是出于保护行政机关对行政事务的专业知识和经验的判断权。作为国家权力的行政权和司法权是存在边界的，司法权的目的在于解决纠纷，而行政权的目的则在于更好地对国家进行有效管理，在进行国家管理的过程中难免会出现行政权的滥用，此时就需要司法权介入来监督行政权的依法行使。但对于行政机关尚处于过程性、准备性的行为，司法权还是需要尊重行政机关的行政权，司法权的监督不能毫无边

---

❶ 许鹏. 阶段性行为可诉性的认定标准 [J].《行政执法与行政审判》（总第84集），2021：132.

❷ 王名扬. 美国行政法 [M]. 北京：北京大学出版社，2016：479.

界,这也是防止司法权成为"行政权上的行政权",避免两种国家权力之间混同。❶ 另外,行政机关对行政事务专业性知识和经验的判断也是司法尊让的另一因素。在行政领域日益扩大的背景下,现代行政具有极强的复杂性、技术性和专门性,行政机关工作人员在从事某一领域的行政事务时已经逐渐形成了比其他国家机关工作人员还较为专业的知识、经验和处理能力,如税务行政、环境行政、城乡规划行政等方面。❷ 再者,行政机关作出的程序性行政行为之违法性也被后续实体性行政行为所吸收,行政相对人完全可以采取对后续实体性行政行为提起诉讼的方式来一并解决前面的程序性行政行为之违法性救济问题。❸

然而,程序性行政行为并非完全不可诉。成熟原则认为,当程序性行政行为满足成熟性条件时就具有可诉性,可以进入司法审查范畴。成熟原则要求行政程序必须发展到适宜由法院处理的阶段,而其判断标准就是"问题是否适宜司法裁判"和"推迟法院审查对当事人造成的困难"。❹ 有时程序性行政行为"也可以具有事实上的最终性,并影响公民、法人或者其他组织的合法权益,如果坚持让其等待行政机关作出最终决定后再起诉,则可能使司法救济丧失有利时机,甚至失去意义"。❺《最高人民法院关于审理行政许可案件若干问题的规定》(法释〔2009〕20号)第3条明确了对行政许可领域的程序性行政行为终局化具有可诉性:"公民、法人或者其他组织仅就行政许可过程中的告知补正申请材料、听证等通知行为提起行政诉讼的,人民法院不予受理,但导致许可程序对上述主体事实上终止的除外。"同样,在2016年最高人民法院发布的指导性案例69号"王某某诉乐山市人力资源和社会保障局工伤认定案"中,最高人民法院进一步肯定了过程性行政行为的终局化具有可诉性。在该指导性案例中,人力资源和社会保障局(以下简称人保局)在第三人申请认定工

---

❶ 黄永维,郭修江. 司法兼抑原则在行政诉讼中的适用 [M]//行政执法与行政审判(总第79集),2020:3.
❷ 黄先雄. 行政首次判断权理论及其适用 [J]. 行政法学研究,2017(5):118.
❸ 最高人民法院案例指导与参考丛书编选组. 最高人民法院行政案例指导与参考 [M]. 北京:人民法院出版社,2018:242.
❹ 王名扬. 法国行政法 [M]. 北京:北京大学出版社,2016:481.
❺ 赵大光,杨临萍,马永欣.《关于审理行政许可案件若干问题的规定》的理解与适用 [N]. 人民法院报,2010-01-06(3).

伤时已经提交了公安机关作出的《道路交通事故证明》等相关证据的情况下，人保局却认为《道路交通事故证明》等证据不是对交通事故作出的"交通事故认定书"，无法查清交通事故成因，并以此理由作出《工伤认定时限中止通知书》，拒绝启动对交通事故中公司职工死亡是否属于工伤的认定程序。法院认为，人保局作出的《工伤认定时限中止通知书》虽然是工伤认定中的一种程序性行政行为，但该程序性行政行为的存在将会导致当事人的合法权益"长期，乃至永久得不到依法救济"，这也就直接影响了当事人的合法权益，对当事人权利义务产生了实质影响，并且当事人也无法通过对相关实体性行政行为提起诉讼以获得救济，因此《工伤认定时限中止通知书》这一程序性行政行为已然终局化，具备了可诉性。❶

（三）小　　结

会议纪要到底是内部行政行为还是程序性行政行为呢？有观点认为，程序性行政行为与内部行政行为有所不同的是，程序性行政行为有外部性，但它们没有法律效力。❷ 最高人民法院则指出："会议纪要作为行政机关通过会议方式就特定事项形成的内部意见或工作安排，通常情况下其效力限于行政机关内部，并不对行政相对人的权利和义务产生直接影响，如要落实会议纪要的内容或精神，一般仍需相关行政机关另行作出行政行为，对当事人合法权益产生实际影响的是后续的行政行为而非会议纪要。但会议纪要的内容对相关当事人的权利义务作出了具体规定且直接对外发生了法律效力，可认定该会议纪要对当事人的合法权益已产生了实际影响，具有可诉性。"❸ 从该段论述中可以看出，会议纪要一般表现为内部性行政行为，会议纪要的落实需要后续另行作出对外发生法律效力的行政行为。

笔者认为，实践中会议纪要这类公文往往是兼具二者的性质。当会议纪要是针对行政机关内部行政事务进行决策时而作出的，就体现为内部行

---

❶ 参见2016年最高人民法院发布的指导性案例69号："王某某诉乐山市人力资源和社会保障局工伤认定案"。
❷ 章志远. 行政法学总论［M］. 北京：北京大学出版社，2014：415.
❸ 最高人民法院（2019）最高法行申5463号行政裁定书。该案中的会议纪要不具有可诉性。

政行为，如行政内部工作安排、计划或内部行政人员奖惩、调动和任免等，此种情况下的会议纪要不能够直接对外发生法律效力，必须由行政机关根据会议纪要的精神，另行制作一个对外产生效力的法律文书才行（会议纪要的外部化）；会议纪要若是针对行政机关以外的公民、法人或其他组织等行政相对人或行政相关人进行行政事务上的决策时而作出的，就体现为程序性行政行为或过程性行政行为，此种情况下的会议纪要不能够直接对公民、法人或其他组织的权利和义务产生影响，必须由行政机关根据会议纪要的精神，待后续全部的行政程序履行完毕后，另行作出具有直接影响实体性权利义务的决定（会议纪要的终局化）。不过，无论是内部行政行为还是程序性行政行为，法院在审查会议纪要的可诉性时都坚持一个共同的标准，那就是判断"其是否对行政相对人的权利和义务产生直接影响"❶。至于会议纪要可诉性的必备条件，最高人民法院认为："会议纪要对外发生法律效力应满足两个条件：一是会议纪要的内容直接涉及公民、法人或其他组织的具体权利义务；二是会议纪要通过一定方式外化。外化的方式包括行政机关将会议纪要作为行政决定送达或告知当事人，或行政机关将会议纪要直接予以执行，当事人在执行过程中知晓会议纪要内容等，否则会议纪要不发生外化效果。会议纪要外化的途径应当限于正当途径，如果通过私人告知等非正常途径知晓会议纪要内容的，不属于以法定途径的正式发布，会议纪要没有对外产生法律效力，也不具有强制执行力，不属于行政诉讼受案范围。会议纪要如果转化为其他对外发生法律效力的行政行为，当事人可对其他发生法律效力的行政行为起诉，会议纪要对当事人不直接产生权利义务影响。"❷

具体到本案，辽宁省某市人民政府先后作出两份会议纪要，第一份纪要规定了政府行政允诺的职责，第二份纪要则否定了政府的行政允诺职责，王某等当事人因此对前一会议纪要向法院提起诉讼。本案中，法院并不是按照程序性行政行为终局化的标准来判断会议纪要是否可诉，而是按照内部行政行为外部化的标准来判断的。法院认为，会议纪要涉及房屋回购和规划审批等具体明确的事项，同时会议纪要又被相关单位

---

❶ 最高人民法院（2018）最高法行申3853号行政裁定书。该案中的会议纪要具有可诉性。
❷ 最高人民法院（2019）最高法行申458号行政裁定书。

作为依据而开展了相关工作，王某等当事人也因会议纪要的作出而停止上访和阻碍施工行为。综合来看，会议纪要已经对王某等当事人的权利义务产生直接的影响，已然外部化了，能够对外发生法律效力，故而具有可诉性。❶

---

❶ 最高人民法院（2018）最高法行申 1589 号行政裁定书。

案例 2

广州某发房产建设有限公司诉广州市地方税务局第一稽查局税务处理决定案*

基本案情

2005年1月,广州某发房产建设有限公司(以下简称某发公司)委托拍卖行将其自有的位于广州市人民中路555号"某某中心"的房产拍卖后,按1.38255亿元的拍卖成交价格,向税务部门缴付了营业税6 912 750元及堤围防护费124 429.5元,并取得了相应的完税凭证。2006年,广州市地方税务局第一稽查局(以下简称广州税稽一局)在检查某发公司2004—2005年地方税费的缴纳情况时,认为某发公司的上述房产拍卖成交单价为2300元/m²,不及市场价的一半,价格严重偏低,遂于2009年9月,作出穗地税稽一处〔2009〕66号税务处理决定,核定某发公司委托拍卖的上述房产的交易价格为311 678 775元,并以311 678 775元为标准核定应缴纳营业税及堤围防护费,决定追缴某发公司未缴纳的营业税8 671 188.75元,加收营业税滞纳金2 805 129.56元;决定追缴堤围防护费156 081.40元,加收滞纳金堤围防护费48 619.36元。某发公司不服该决定,提起行政诉讼。

本案一审、二审均判决某发公司败诉。最高人民法院再审后撤销一审、二审判决,并撤销被诉处理决定中加收营业税滞纳金和堤围防护费滞纳金的部分。

最高人民法院再审认为,税务机关行使《税收征收管理法》(以下简

---
* 选自《最高人民法院发布行政审判十大典型案例(第一批)》第2号(2017年6月13日)。

称《税收征管法》）第35条第1款第6项应纳税额核定权时，应当受到严格限制。纳税义务人以拍卖不动产的拍卖价格作为计税依据依法纳税后，在该拍卖行为未被有权机关依法认定为无效或者认定存在违反拍卖法的行为并影响拍卖价格的情况下，税务机关原则上不能根据《税收征管法》第35条第1款第6项的规定行使应纳税额核定权，但如果拍卖行为中存在影响充分竞价的因素导致拍卖价格过低，如本案中的一人竞拍时，税务机关基于国家税收利益的考虑，有权行使应纳税额核定权。

本案涉及的理论问题

一、如何理解依法行政原则的内涵

依法行政原则是行政法的基本原则之一，其渊源可追溯至德国行政法学鼻祖奥托·迈耶提出的"法律支配三原则"，即"法律的法规创造力""法律优位""法律保留"。❶ 依法行政原则要求任何行政主体在开展行政活动的各个环节中都要依法进行，禁止任何违反法律、法规等法规范的行政活动。依法行政原则主要解决的是行政活动的依据、规范问题。从活动依据层面，还可以引出一个重要问题："依法行政"中的"法"该如何界定？可以肯定的是，"依法行政"中的"法"是指广义的法律，包括法律、法规、规章等，但具体到"法律优先"和"法律保留"时，应当明确为狭义的法律，即仅指国家立法机关制定的法律。总体上，对依法行政原则的认识经历着从形式法治到实质法治的演变和发展。依法行政原则也称合法行政原则，是形式法治下的行政法基本原则之一。依法行政原则的构成要素存在两要素说、三要素说、四要素说和五要素说。❷ 以上观点都是有其侧重或考虑的角度，但目前在我国基本共识是依法行政原则具体包括三个方面：职权法定、法律优先和法律保留。❸

---

❶ 胡建淼, 江利红. 行政法学 [M]. 2版. 北京：中国人民大学出版社, 2014：49, 123-127.
❷ 关保英. 行政法学 [M]. 2版. 北京：法律出版社, 2018：152-153.
❸ 《行政法与行政诉讼法学》编写组. 行政法与行政诉讼法学 [M]. 2版. 北京：高等教育出版社, 2018：29.

(一) 职权法定

职权法定的含义是"法无授权不可为",即行政机关履行行政管理职权来源于法律的明文规定或授予。就职权法定的具体含义而言,周佑勇教授认为,职权法定具体包括三层含义:一是行政职权来源于法,二是行政职权受制于法,三是越权无效并应承担法律责任。❶ 如若没有法律明文规定,则禁止相关职权行使,"任何法外的行政都不具有合法性"❷,即"无法律则无行政""法律产生行政"。这也表明:行政机关的行政权不是固有的,行政权的设定必须是法。为了防止行政机关在没有法定职权的情况下"无法行政"或"自授权力、超越职权",法律通过"授权性规定"予以限制。与公民权利是"法无禁止即自由"特征有所不同,行政机关的公权力是"法无授权不可为"。在法律没有规定的情况下,公民权利即处于自由状态,而行政机关的公权力则是处于禁止状态。也就是说,法律约束公民权利与行政权力的方式是截然相反的。政府有限的权力是职权法定导致的逻辑结果,在此意义上,政府也应当是严格控制的"有限政府",而非肆无忌惮的"无限政府"。❸

值得注意的是,职权法定中的"法"是指广义的法律,包括法律、法规、规章等。

职权法定一般有两种情形:一是根据组织法来规定行政机关的职权范围。行政组织法是指调整国家行政机关、公共团体等行政主体的法律地位、职能范围和运行机制等行政组织关系的法律规范总称。行政组织法上的行政组织具体包括中央和地方各级人民政府及其职能部门、基层自治组织、公立学校和医院等公益事业单位、律协等行业协会及基金会等财团组织。根据宪法的精神,行政权是由行政机关来行使。我国《宪法》第三章第三节、第五节还规定了中央人民政府和地方各级人民政府的组织和职权。《国务院组织法》第 3 条规定,"国务院行使宪法第八十九条规定的职权"。《地方各级人民代表大会和地方各级人民政府组织法》第 69 条第 3 款规定,"地方各级人民政府必须依法行使行政职权"。第 73 条、第 76 条

---

❶ 周佑勇. 行政法原论 [M]. 3 版. 北京:北京大学出版社,2018:59.
❷ 章志远. 行政法学总论 [M]. 北京:北京大学出版社,2014:49.
❸ 何海波. 实质法治:寻找行政判决的合法性 [M]. 北京:法律出版社,2020:24.

则列举了地方政府的职权。《立法法》第 72 条、第 91 条、第 93 条规定了国务院及其职能部门和省级、设区的市级地方政府具有立法职权。由此，依照《宪法》而制定的《国务院组织法》《地方组织法》《立法法》等法律皆为行政组织法的重要渊源。当然还包括一些行政法规和地方性法规中对行政组织的规定，例如《公务员法》《国务院行政机构设置和编制管理条例》《地方各级人民政府机构设置和编制管理条例》等。

二是根据行政单行法来规定行政机关的职权范围。根据《行政诉讼法》第 2 条第 2 款规定，"前款所称行政行为，包括法律、法规、规章授权的组织作出的行政行为"。从该款来看，《行政诉讼法》实际上承认规章作为行政行为授权依据的合法性。当然《行政诉讼法》只是从一般的角度概括规定行政行为合法性的职权依据，在判断职权依据时还需要根据特别规定来认定。如《行政强制法》第 17 条第 1 款规定："行政强制措施由法律、法规规定的行政机关在法定职权范围内实施。行政强制措施权不得委托。"根据该条规定，行政强制措施不能仅仅由规章来授权作出，规章不能作为强制措施合法授权的依据。

本案中，行政机关广州税稽一局进行税务执法必须要有法律的依据，不能超越法定职权。最高人民法院认为，2001 年修正后的《税收征管法》第 14 条规定，税务机关包括"按照国务院规定设立的并向社会公告的税务机构"；2002 年施行的《税收征管法实施细则》第 9 条进一步明确规定，"按照国务院规定设立的并向社会公告的税务机构，是指省以下税务局的稽查局"。由此可见，法律法规已将省以下税务局所属稽查局的法律地位予以法定化，根据依法行政原则的精神，行政机关的职权必须法定，必须应当按照法律、法规和规章的规定进行，广州税稽一局作为广州市地方税务局所属的稽查局，具有行政主体资格，因此某发公司不能认为广州税稽一局不具有独立执法资格，无权作出税务处理决定。❶

此外，本案中行政机关广州税稽一局进行核定应纳税款后又向行政相对人追征税款和加征滞纳金，这是否合法呢？对此，最高人民法院认为，针对追征税款而言，广州税稽一局根据《税收征管法》依法启动的三年多调查程序期间应当予以扣除，故追征税款是合法行为；针对加征滞纳金而

---

❶ 最高人民法院（2015）行提字第 13 号再审行政判决书。

言，某发公司不符合《税收征管法》第32条、第52条第2款和第3款关于适用加收滞纳金的法定情形，广州税稽一局也未能证明某发公司存在违法责任。根据依法行政原则的精神，行政机关必须职权法定，不得超越职权，行政机关应当按照法律、法规和规章的规定进行，在没有法律、法规、规章的规定时不得作出影响公民、法人或其他组织合法权益或者增加公民、法人或其他组织义务的决定。因此，广州税稽一局应当适用《税收征管法》第52条第1款关于"因税务机关的责任，致使纳税人、扣缴义务人未缴或者少缴税款的，税务机关在三年内可以要求纳税人、扣缴义务人补缴税款，但是不得加收滞纳金"的规定，作出对行政相对人某发公司有利的处理方式，故本案中的加征滞纳金行为没有法律依据，是违法的，应予撤销。❶

（二）法律优先

1. 法律优先的基本概念和由来

法律优先即消极的依法行政，其含义是"法律在行政的活动中具有优越地位，行政的一切活动均不得违反现行的法律"❷。值得注意的是，法律优先中的"法律"是指狭义的法律，仅指国家立法机关制定的法律。

法律优先的缘由，从控制行政的视角来看，"依法律行政原理是权力分立和民主原则的产物"❸。作为依法律行政原理重要组成部分的法律优先也固然是从权力分立中产生的。

首先，从专制社会到民主社会。在国家政权组织形式中，一般可分为君主制和共和制，在君主制中国家权力专属于君主一人，然而随着民主运动的发展也开始对君主享有的国家权力予以限制，最显著的就是君主立宪主义；在共和制中国家权力属于人民并由国家民意代表机关代为行使国家权力，具体形式包括资本主义国家中的总统制、议会内阁制、半总统制和委员会制等。❹ 社会主义国家一般有公社制、苏维埃制和人民代表会议制，

---

❶ 最高人民法院（2015）行提字第13号再审行政判决书。
❷ 王贵松. 论行政法上的法律优位［J］. 法学评论，2019（1）：36.
❸ 王贵松. 论行政法上的法律优位［J］. 法学评论，2019（1）：38.
❹ 林来梵. 宪法学讲义［M］. 3版. 北京：清华大学出版社，2018：216-220.

由于我国是社会主义国家，因此采取的是人民代表会议制。❶ 人民代表会议制在我国具体体现为人民代表大会制度，这是不同于西方国家"三权分立"模式的单一制国家结构形式。

其次，从滥用权力到权力制约。美国法治原则或法律最高原则认为，法治和人治的意义相反，只表示政府的权力来源于法律，法律独立于政府之外，政府权力必须受法律的限制。❷ 洛克在《政府论》中也指出，立法权属于国家唯一的最高权力，是人民授予议会的权力，其他一切权力都从属于立法权。❸ 孟德斯鸠也指出，"任何具有权力的人都倾向于滥用权力，直到他遇到限制时为止"，因此防止权力滥用的有效办法就是"以权力制约权力"，即著名的分权学说。❹ 西方国家的"三权分立"是以议会、政府和法院三方主体分别代行国家立法权、行政权和司法权，三者之间相互制约、相互监督。我国人民代表大会统一行使国家权力，政府和其他国家机关都是由人大产生，对人大负责，受人大监督，这同时是分权原则和民主集中原则在我国的统一。

最后，从控制行政到法律优先。国家和人民的意志通过民意代表机关来表达权利诉求是民主原则的基本要求，但随着市场经济的快速发展，政府行政职能的日益扩张已经导致了对公民权利的侵犯。因此，代表着国家和人民集体意志的议会等民意代表机关需要对行政进行控制，即以民意代表机关通过的法律来严格限制政府的行政活动，因此形成了如今"法律优先"的格局。

2. 法律优先的含义

法律优先的具体含义如下：

第一，"法律在行政的活动中具有优越地位"，即法律优先于行政，解决的是法律与行政的上下位关系。从法源位阶来看，法源位阶是解决"法制统一"的必要手段，成文法、习惯法、判例法等都是法的来源或根据，当这些法的渊源发生效力上的冲突时就需要建立一定位阶次序来适用，即

---

❶《宪法学》编写组. 宪法学 [M]. 北京：高等教育出版社，人民出版社，2018：118.
❷ 王名扬. 美国行政法（上）[M]. 北京：北京大学出版社，2016：83.
❸ 洛克. 政府论 [M]. 赵伯英，译. 西安：陕西人民出版社，2004：215.
❹ 王名扬. 美国行政法（上）[M]. 北京：北京大学出版社，2016：66.

"法规范的层级结构"❶，以便于维护法制秩序和统一。因此，《立法法》第88条第1款规定，"法律的效力高于行政法规、地方性法规、规章"。"作为依法行政的'法'的规范有种种不同来源，对同一事件，法律秩序内可能同时存在不同的决定"❷，当法律规范和行政规范发生冲突时，就必须确立法律规范和行政规范的效力位阶，即法律规范是上位法，行政规范是下位法，在遵循"上位法优于下位法"的规则下，法律规范优于行政规范。

第二，"行政的一切活动均不得违反现行的法律"，即行政不得与法律相抵触，否则将承担相应的违法责任。"法律优位作为依法律行政原理的组成部分，其中的'法律'自然是指代议制机关所制定的法律。"❸ 在我国，法律是由全国人大及其常委会来制定、补充和修改的。根据《宪法》第62条第（3）项、第64条第2款、第67条第（2）~（4）项以及《立法法》第10条的规定，制定和修改基本法律的职权由全国人大行使，制定和修改基本法律以外的其他法律、部分补充和修改法律、解释法律的职权由全国人大常委会行使，并且法律由全国人大以全体代表的过半数通过。如果行政与法律相抵触的话，行政机关实施的行政行为或决定即为违法行为，依法应当予以撤销。根据《宪法》第67条第（7）项和《立法法》第108条第（2）项的规定，全国人大常委会有权撤销国务院制定的同法律相抵触的行政法规、决定和命令。

（三）法律保留

法律保留即积极的依法行政，其含义是"法无授权即禁止"，具体而言是指"只有在法律明确授权的情况下才可以实施某种行政行为"❹。我国台湾地区学者也指出，法律保留系指"行政权之行为，仅于法律有授权之情形，始得为之，换言之，行政欲为特定之行为，必须有法律之授权依

---

❶ 王名扬先生将此称为"法律规范的层级结构"，此处的"法律"是就广义的法律而言，包括成文法和不成文法在内的全部国家法律。王名扬. 法国行政法 [M]. 北京：北京大学出版社，2016：160.

❷ 余凌云. 行政法讲义 [M]. 3版. 北京：清华大学出版社，2019：79.

❸ 王贵松. 论行政法上的法律优位 [J]. 法学评论，2019（1）：38.

❹ 余凌云. 行政法讲义 [M]. 3版. 北京：清华大学出版社，2019：79.

据"❶。立法权、行政权、司法权中就数行政权最活跃和最难以控制,因此法律保留原则的主要目的也就是防御行政权。❷ 由此可见,"保留"是指宪法或宪法性法律将某些立法事项保留给立法机关来设定,而不能由行政机关来设定,对于行政机关而言,只能根据立法机关事先设定好的事项进行细化规定,禁止另行设定新的事项。值得注意的是,法律保留中的"法律"是指狭义的法律,仅指国家立法机关制定的法律。

　　法律保留和职权法定的关系。有学者认为法律保留原则包括宪法意义上的法律保留(立法保留)和行政法意义上的法律保留(职权法定)。❸ 宪法上的法律保留也是基本权利限制领域的法律保留,行政法上的法律保留也是行政组织或活动领域中的法律保留。因此,可以说法律保留包含立法保留和职权法定,而职权法定只是法律保留在行政组织或活动领域的具体体现。不过,应当认为职权法定有其独立的价值,职权法定侧重的是行政职权,更多地表现为"具体化",而法律保留侧重的是行政行为或活动,更多地表现为"抽象化",但二者也不是固定得如此"具体化"和"抽象化",往往会存在耦合的现象,这也是为何法律保留和职权法定在内涵上会存在一定的重合和交叉。

　　法律保留的适用范围。对于在行政法领域哪些事项属于法律保留的范畴,存在多种学说界定,如"侵害保留说""全部保留说""完全全面保留说""重要事项保留说""本质及重要事项保留说""权力保留说""机关功能说""权力活动保留说""社会保留说""绝对保留说""相对保留说"等。❹ 总体而言,在上述法律保留的学说界定中,一般以侵害保留说、全部保留说和重要事项保留说为主。侵害保留说是指法律保留原则仅适用于侵害行政或干预行政,即仅限于行政机关侵害或干预公民、法人或其他组织的合法权益或行政机关作出增加公民义务的决定等情形。全部保留说是指法律保留原则适用于包括给付行政在内的一切行政行为,这是因为一

---

❶ 翁岳生. 行政法(上册)[M]. 3版. 北京:中国法制出版社,2009:191.
❷ 林来梵. 宪法学讲义[M]. 3版. 北京:清华大学出版社,2018:338.
❸ 应松年. 行政法[M]. 北京:北京大学出版社,2010:16.
❹ 翁岳生. 行政法(上册)[M]. 北京:中国法制出版社,2009:193;胡建淼,江利红. 行政法学[M]. 2版. 北京:中国人民大学出版社2014:51;沈福俊,邹荣. 行政法与行政诉讼法学[M]. 3版. 北京:北京大学出版社,2019:71-72;应松年. 行政法[M]. 北京:北京大学出版社,2010:15.

切国家权力都源自全体公民、法人或其他组织,公民、法人或其他组织都当然地享有公共资源受益的权利,故需要将一切行政行为都纳入法律保留事项中,确保全体公民、法人或其他组织的权益得到保障。重要事项保留说是指涉及公民基本权利、社会公共利益以及行政机关内部特别权力关系等重要事项的行政行为或决定都应当由法律加以规定。法律保留原则在我国的具体适用主要体现在《立法法》第11条的11个事项中,《立法法》第12条还将该法第11条中的法律保留事项分为绝对保留和相对保留,绝对保留指"有关犯罪和刑罚、对公民政治权利的剥夺和限制人身自由的强制措施和处罚、司法制度等事项"只能制定法律,相对保留指《立法法》第11条中除了绝对保留事项之外的其他事项,可以授权国务院根据实际需要先行制定行政法规。当然《行政处罚法》《行政许可法》等单行法中也存在法律保留事项。

在本案中,对于是否超越职权问题也存在争议。某发公司认为《税收征管法实施细则》第9条第1款规定的稽查局"专司偷税、逃避追缴欠税、骗税、抗税案件的查处"的职权不包括《税收征管法》第35条规定的"应纳税额核定权"。对此,最高人民法院认为,《税收征管法实施细则》第9条第2款规定"国家税务总局应当明确划分税务局和稽查局的职责,避免职责交叉",虽然国家税务总局没有明确各级稽查局是否具有《税收征管法》第35条规定的核定应纳税额的具体职权,但国家税务总局在《国家税务总局关于稽查局职责问题的通知》(国税函〔2003〕140号)中明确了稽查局享有"稽查业务管理、税务检查和税收违法案件查处"的职权以及其他密切联系的延伸性职权,同时稽查局在查处涉嫌违法行为时不可避免地需要对纳税行为进行检查和调查。如果稽查局不能行使应纳税额核定权,必然会影响稽查工作的效率和效果,甚至对税收征管形成障碍。因此应纳税额核定权是稽查局职权的内在要求和必要延伸,符合税务稽查的业务特点和执法规律。❶ 由此可知,应纳税额核定权本是规定在《税收征管法》中的,但最高人民法院根据体系解释的方法,将《税收征管法》第14条和第35条、《税收征管法实施细则》第9条、国家税务总局的行政规范性文件结合起来综合考量,得出应纳税额核定权既然属于税

---

❶ 最高人民法院(2015)行提字第13号再审行政判决书。

务机关，那也必然可以由税务机关所属的稽查局行使，这是行政机关内部在执法过程的规律中遵循的不违反法律的行政惯例。

总体而言，一方面，《立法法》第11条第（6）项规定"税种的设立、税率的确定和税收征收管理等税收基本制度"的事项只能制定法律，体现了依法行政原则中的法律保留。《税收征管法》作为全国人大常委会制定的法律，其"税务机关有权核定其应纳税额"的规定符合法律保留的要求。另一方面，《立法法》第12条规定了绝对保留和相对保留的立法事项，对税收基本制度而言应属相对保留事项，因此国务院制定的行政法规《税收征管法实施细则》第9条中国家税务总局应当对税务局和稽查局职责范围进行划分的职责是符合法律保留的基本精神，而国家税务总局据此制定的行政规范性文件中明确稽查局的职责包括"稽查业务管理、税务检查和税收违法案件查处"，同时将应纳税额核定权作为稽查局职权的内在要求和必要延伸，应当认定为符合依法行政原则的要求。

二、如何理解行政机关的"首次判断权"

本案中还涉及行政机关的"首次判断权"，这源于日本的行政首次判断权理论，行政首次判断权理论是协调行政权和司法权之间的关系问题，准确理解该理论离不开对其内涵、源起、发展和正当性依据上的认识。

（一）行政首次判断权理论的内涵

行政首次判断权理论是指"法院在司法审查的过程中，对行政机关在其专业领域和自由裁量范围内的判断予以尊重，认可行政机关对行政事务优先判断及处理的权利"❶。也就是说，在处理行政事务时，只有当行政机关完成了"首次"判断的情况下，司法机关才能对行政机关作出的行政行为进行司法审查，即司法机关是"第二次"判断。这也体现了"行政优先司法"的行政法精神，即在行政和司法中行政具有优先地位，司法审查作为最终救济手段，起到兜底保障的功能。相较于依法行政原则中的"法律优先"而言，"行政首次判断权"是解决行政和司法之间的优位关系，"法律优先"是解决立法和行政之间的优位关系，可以说形成了立法、行政和

---

❶ 陈丽琛. 行政首次判断权原则的理念及实务［J］. 长沙大学学报，2017（3）：79.

司法这三种权力的相互制约、相互监督的关系。

(二) 行政首次判断权理论的源起和发展

行政首次判断权理论源起于 20 世纪 50 年代的日本，最初创立目的在于否定"课予义务诉讼和预防性不作为诉讼"，表现为绝对的、严格的行政首次判断权理论；后来该理论有所松动并趋于"缓和"，其主要作用变为限制前述两类诉讼，即在法院就是否应当作出或不作出某种行政行为的要件明确时，可以不考虑尊重行政机关首次判断权的问题，允许"课予义务诉讼和预防性不作为诉讼"并作出相应判决。❶ 课予义务诉讼是指公民、法人或其他组织请求法院命令行政机关必须作出一定行为的诉讼。❷ 预防性不作为诉讼是指允许公民、法人或其他组织在未来即将受到一定的行政行为或事实行为的预期侵害情形下，可以依据法律预防性向法院提起行政诉讼，阻止行政行为或事实行为作出以保护其特殊权益的诉讼类型，这是一种事前的救济途径。❸ 预防性不作为诉讼与课予义务诉讼不同之处在于其更侧重于"预防性"。日本行政首次判断权创立之初是以否定"课予义务诉讼和预防性不作为诉讼"为目的，但随着如今日本行政诉讼法肯定了这两种诉讼并予以法定化后，不代表行政首次判断权就没有存在价值了；因为肯定了这两类诉讼只是缩小行政首次判断权的适用范围，而不是将行政首次判断权就此抛弃；如果行政机关在未行使行政裁量权且还存在行政裁量余地的情况下，特别是涉及政治性、政策性以及专门性等问题的判断时，法院都应当尊重行政机关的首次判断权。❹ 行政首次判断权理论在我国的适用主要体现在以下方面：第一，《最高人民法院关于审理政府信息公开行政案件若干问题的规定》（法释〔2011〕17 号）第 9 条第 1 款规定："被告对依法应当公开的政府信息拒绝或者部分拒绝公开的，人民法院应当撤销或者部分撤销被诉不予公开决定，并判决被告在一定期限内公开。尚需被告调查、裁量的，判决其在一定期限内重新答复。"第二，《最高人民法院关于审理行政许可案件若干问题的规定》（法释〔2009〕20

---

❶ 黄先雄. 行政首次判断权理论及其适用 [J]. 行政法学研究，2017 (5)：114.
❷ 江利红. 论日本的课予义务诉讼 [J]. 云南大学学报（法学版），2012 (6)：134.
❸ 章志远，朱秋蓉. 预防性不作为诉讼研究 [J]. 学习论坛，2009 (8)：68.
❹ 黄先雄. 行政首次判断权理论及其适用 [J]. 行政法学研究，2017 (5)：115.

号）第 11 条规定："人民法院审理不予行政许可决定案件，认为原告请求准予许可的理由成立，且被告没有裁量余地的，可以在判决理由写明，并判决撤销不予许可决定，责令被告重新作出决定。"第三，最高人民法院首次公开使用"行政判断权"这一术语是在其 2014 年发布的全国法院政府信息公开十大案例之中的"余某某诉海南省三亚市国土环境资源局一案"。❶

（三）行政首次判断权理论的正当性依据

行政首次判断权的正当依据主要包括：权力分立原则、司法权的特性、行政权的优势。❷ 权力分立原则就是要求立法权、行政权和司法权这三类国家权力之间要分离开来，相互独立、相互制约。在行政权和司法权之间，司法权不能僭越行政权，禁止司法机关代替行政机关行使行政职权，司法机关对行政行为的司法审查也必须有所限制。司法权的特性和行政权的优势则表现在：司法机关中的法官们往往未接受过常规性、专门性的政府行政业务培训，缺乏行政职业方面的历练；而行政机关工作人员长期从事某一领域的行政工作，逐渐形成了丰富的行政专业知识和经验，能够对相应行政问题进行准确判断并采取合理有效的处理方式加以解决。

正因如此，适用行政机关首次判断权，必须准确把握行政机关的专业领域和自由裁量的范围。本案中税务机关判断纳税义务人是否存在《税收征管法》第 35 条第 1 款第（6）项规定的"计税依据明显偏低，又无正当理由的"情形，具有较强的裁量性，人民法院一般应尊重税务机关基于法定调查程序作出的专业认定，即尊重税务机关的行政首次判断权。❸ 在本案中，最高人民法院在论述行政相对人拍卖行为效力和税务机关行使应纳税额核定权之间的关系时指出，二者是由不同的法律规范所调整，前者是民事法范畴，后者是行政法范畴，即使拍卖行为有效也不能否认行政机关有权行使应纳税额核定权。税务机关在不存在明显不合理或者滥用职权的情形下，基于国家税收利益的考虑而对某发公司依法核定应纳税款，并未

---

❶ 李荣珍，王南瑛. 论行政首次判断权原则及其司法适用 [J]. 海南大学学报（人文社会科学版），2019（3）：136.

❷ 黄先雄. 行政首次判断权理论及其适用 [J]. 行政法学研究，2017（5）：116.

❸ 最高人民法院（2015）行提字第 13 号再审行政判决书。

违反相关法律规定。因为法院在认定"计税依据明显偏低,又无正当理由的"情形时,无法从税务专业知识和经验来充分考量和判断,税务行政机关在长时间的税务执法过程中形成的具有一定合理性和专业性的判断,在税务行政机关作出的行政行为是否合法的司法审理中,值得法院尊重行政机关进行首次判断而得出的结论。

另外,值得注意的是,本案中税务机关的行政行为在一定程度上是遵循了行政惯例。行政惯例是指行政主体在日常行政管理活动中经常性行为的积累、汇总,是在处理相同或类似事务时的重复性活动,这些活动得到特定范围内其他行政主体、行政相对人的认可或信赖。❶ 行政惯例实际上是行政法的实质渊源,其与习惯的最大区别就在于行政惯例指向的特定行政管理活动,而本案中的税务机关履行的应纳税额核定权和"稽查业务管理、税务检查和税收违法案件查处"等职权都是税务领域的行政管理活动,属于特定行政管理活动。

---

❶ 张树义,张力. 行政法与行政诉讼法学 [M]. 4 版. 北京:高等教育出版社,2020:24.

二、行政强制

案例 3

安徽省某县自然资源和规划局申请执行强制拆除违法占用土地上的建筑物行政处罚决定检察监督案[*]

> 基本案情

2018—2020年,安徽省某县自然资源和规划局(原某县国土资源局)依据《土地管理法》对辖区内未经批准擅自占用土地进行建设的违法行为进行调查后,先后作出多个包含责令限期拆除违法建筑物等内容的处罚决定。部分行政相对人在法定期限内既不申请行政复议或者提起行政诉讼,又未自行拆除违法建筑物,县自然资源和规划局依照《行政处罚法》(2017年)第51条的规定,对其中的64个处罚决定先后以直接提交、邮寄申请书等方式向县人民法院申请强制拆除违法建筑物,县人民法院均不予受理。

2018年12月,某县人民检察院启动监督程序。就县人民法院对县自然资源和规划局的执行申请不予受理而言,检察机关向县人民法院提出检察建议,建议县人民法院依法受理并审查行政机关的执行申请。县人民法院对检察建议不予采纳。

县人民检察院提请市人民检察院跟进监督。市人民检察院审查认为,根据我国法律规定,行政机关自行实施强制执行应当由法律明确授权,法律没有明确规定由行政机关自行强制执行的,行政机关应当申请法院强制

---

[*] 此案例选自2022年3月3日最高人民检察院发布的第36批指导性案例(行政检察类案监督主题):检例第148号;另见《违法建筑物终于拆除了》,载《检察日报》2022年7月13日,第5版。

执行。第一,《行政强制法》对"行政机关强制执行程序"和"申请人民法院强制执行"分两章作出规定。该法第44条关于行政机关可以自行强制执行的规定位于"行政机关强制执行程序"一章,是对"具有行政强制执行权的行政机关"实施强制拆除所作的程序性规定,不是对某一行政机关具有行政强制执行权的法律授权。第二,《最高人民法院关于违法的建筑物、构筑物、设施等强制拆除问题的批复》是就城乡规划领域的违法建设强制拆除所作的司法解释,即依据城乡规划法,行政机关有权对违反乡村规划的违法建筑物强制拆除,不需要向法院申请强制执行。但是,本案中,自然资源主管部门申请执行的行政处罚决定并非依据《城乡规划法》作出的,而是依据《土地管理法》作出,后者并未授予行政机关强制执行权,其第83条❶也规定行政机关应当向法院申请强制执行。因此,本案中行政机关依法应当申请人民法院强制执行,人民法院不予受理违反法律规定。

2019年6月,市人民检察院向市中级人民法院提出检察建议,建议其监督县人民法院纠正违法行为。市中级人民法院在规定期限内回复,已建议县人民法院自行纠正。县人民法院依法受理并作出准予强制执行裁定,并均已执行。

本案涉及的理论问题

一、如何理解行政强制执行的权力配置问题

行政强制执行的方式包括自行强制执行和非诉行政执行。

(一) 行政强制

1. 行政强制的基本含义

本案中,行政机关向法院申请执行强制拆除违建物是属于行政强制执

---

❶ 《土地管理法》第83条规定:"依照本法规定,责令限期拆除在非法占用的土地上新建的建筑物和其他设施的,建设单位或者个人必须立即停止施工,自行拆除;对继续施工的,作出处罚决定的机关有权制止。建设单位或者个人对责令限期拆除的行政处罚决定不服的,可以在接到责令限期拆除决定之日起十五日内,向人民法院起诉;期满不起诉又不自行拆除的,由作出处罚决定的机关依法申请人民法院强制执行,费用由违法者承担。"

行问题的范畴。研究行政强制执行首先得从行政强制的概念谈起。行政强制包括狭义的行政强制和广义的行政强制，狭义的行政强制是指行政强制执行，广义的行政强制则包括行政强制措施和行政强制执行，对此学界一般都采用"行政强制=行政强制措施+行政强制执行"这一广义的行政强制概念。❶ 对于这种"二分法"的通说观点，我国立法上也予以采纳并规定在《行政强制法》第2条第1款中，即"本法所称行政强制，包括行政强制措施和行政强制执行"。不过有学者将行政强制措施归纳为一种抽象的行政强制的方法或手段，当行政强制措施适用于行政即时强制时就具体化为行政即时强制，当行政强制措施适用于行政强制执行时就具体化为行政强制执行；以此根据"基础决定与强制执行是否合一"为标准，将行政强制分为行政即时强制和行政强制执行，前者的基础决定与强制执行是相重叠的，后者的基础决定与强制执行则是相分离的。❷ 但是有学者指出"二分法"存在分类标准不一的缺陷，主要在于行政强制执行是以目的为标准的，行政强制措施则是以手段和时段两方面为标准的，而且行政强制措施与行政强制执行也存在重合与交叉之处，因此该学者提出行政强制的"两类四种"分法：一是以行政强制的目的为标准可分为"管理过程中的行政强制"与"执行过程中的行政强制"，其中的"执行过程中的行政强制"就是指行政强制执行；二是以行政强制的依据为标准可分为"基于行政决定的行政强制"与"直接依据法律规定的行政强制"，其中的"直接依据法律规定的行政强制"就包括最为典型的即时强制。❸ 即时强制一般是指行政机关在遇到重大灾害、事故以及其他严重威胁国家、社会、集体或公民合法利益的紧急情况下依法定职权直接采取的强制措施。❹ 除此之外还有"三分法"的观点，即将行政强制措施等同于行政强制后，行政强制就可以分为行政强制执行、即时强制和行政监督检查强制（强制性行政调查）三类。❺ 此观点认为行政强制措施是一个上位概念，不是与行政强

---

❶ 胡建淼，江利红. 行政法学 [M]. 2版. 北京：中国人民大学出版社，2014：225.
❷ 杨海坤，章志远. 行政法学基本论 [M]. 北京：中国政法大学出版社，2004：206.
❸ 杨解君. 行政法与行政诉讼法（上）[M]. 北京：清华大学出版社，2009：293-294.
❹ 应松年. 论行政强制执行 [J]. 中国法学，1998（3）：22.
❺ 姜明安. 行政法与行政诉讼法 [M]. 7版. 北京：北京大学出版社，高等教育出版社，2019：279.

制执行并列的概念。但毕竟我国立法上已经将行政强制分为行政强制措施和行政强制执行并予以法定化，这种立法的指导性和权威性是理解和适用行政强制的重要基础，因此这里的行政强制的概念与立法保持一致。综上所述，行政强制是指行政主体为实现行政目的，对行政相对人的财产、人身自由等予以强制而采取的措施。

2. 行政强制的特点及基本原则

行政强制主要具有以下特点：一是主体的特殊性，行政强制是可能严重侵犯公民、法人或其他组织合法权益的权力，因此行政强制的实施主体必须有法律、法规的明确规定，不是所有的行政主体都具有实施行政强制的权力；二是行为的行政性，行政强制不同于其他国家强制，如刑事诉讼强制、民事诉讼强制和行政诉讼强制，行政强制发生在行政管理过程中，其本质上实现的是国家行政权，而其他国家强制实现的则是国家司法权；三是手段的强制性，"徒法不足以自行"（《孟子·离娄上》），行政强制是对行政相对人的一种物理性限制，直接作用于行政相对人的财产或人身之上，不取决于行政相对人的意愿，要求行政相对人承担一定容忍义务；四是目的特定性，不同于行政许可对某项权利或资格的授益性赋权目的，也不同于行政处罚对违法行为的惩戒和处罚目的，行政强制的目的在于预防、控制具有妨害行政管理秩序的行为的发生，或者迫使拒不履行行政法义务的行政相对人履行行政义务。❶ 鉴于行政强制的以上特点，为了有效制约行政强制权的行使，《行政强制法》在总则第4~8条中确立了五项基本原则❷：（1）行政强制法定原则，即行政强制的设定和实施必须权限法定、范围法定、条件法定和程序法定，这是依法行政原则的具体体现；（2）行政强制适当原则，即非强制手段就能实现行政管理目的则不得设定和实施行政强制，这是行政合理性原则和比例原则的具体体现；（3）行政强制与教育相结合原则，即行政强制的实施也要进行必要的解释和说理，减少行政相对人的抵触情绪，通过教育的方式以增强行政相对人的法治意识；（4）行政强制不得滥用原则，即行政机关及其工作人员不得利用行政强制权为单位或者个人谋取利益；（5）保障行政相对人合法权益原则，合

---

❶ 沈福俊，邹荣. 行政法与行政诉讼法学［M］. 3版. 北京：北京大学出版社，2019：199.
❷ 章志远. 行政法学总论［M］. 北京：北京大学出版社，2014：220.

法权益包括享有陈述权、申辩权,有权依法申请行政复议或者提起行政诉讼,受到损害时有权依法要求赔偿。

3. 行政强制执行与行政强制措施的关系

《行政强制法》第2条规定:"行政强制措施,是指行政机关在行政管理过程中,为制止违法行为、防止证据损毁、避免危害发生、控制危险扩大等情形,依法对公民的人身自由实施暂时性限制,或者对公民、法人或者其他组织的财物实施暂时性控制的行为。行政强制执行,是指行政机关或者行政机关申请人民法院,对不履行行政决定的公民、法人或者其他组织,依法强制履行义务的行为。"可见,行政强制措施和行政强制执行最为关键的内质层次区别在于二者的"义务性质",即是否要求行政相对人"履行义务"。据此标准而言,行政强制措施一般是针对行政相对人负有"不作为"和"容忍"义务的强制行为,而行政强制执行无论是行政机关自行强制执行还是申请人民法院强制执行,都以行政相对人在规定期限内不履行行政决定为前提,故而行政强制执行一般是针对行政相对人负有"作为"义务的强制行为。❶当然,二者还存在一些外在的区别:行政强制措施的目的在于保障行政秩序,而行政强制执行的目的则在于实现基础决定的内容,此处的基础决定就是指给行政相对人设定义务负担的具体行政行为,如罚款、纳税等;行政强制措施属于中间行为,其特点是暂时性和可复原性,而行政强制执行则属于最终行为,其特点是永久性和终局性。❷

(二)行政强制执行

本案涉及行政强制执行制度,其主要规定在我国《行政强制法》第二章、第四章和第五章中,其中第二章是关于"行政强制执行的种类和设定"的规定,第四章是关于"行政机关强制执行程序"的规定,第五章是关于"申请人民法院强制执行"的规定。第二章作为《行政强制法》的一般性规定,也是对第四章和第五章的原则性规定。

行政强制执行制度的内容主要包括行政强制执行的设定和评价、执行主体、执行方式和种类、执行程序等。根据《行政强制法》第12条的规定,

---

❶ 胡建淼. "行政强制措施"与"行政强制执行"的分界[J]. 中国法学, 2012 (2): 97.
❷ 胡建淼. "行政强制措施"与"行政强制执行"的分界[J]. 中国法学, 2012 (2): 97; 余凌云. 行政法讲义[M]. 3版. 北京:清华大学出版社, 2019: 350.

行政强制执行的法定种类包括6种：（1）加处罚款或者滞纳金；（2）划拨存款、汇款；（3）拍卖或者依法处理查封、扣押的场所、设施或者财物；（4）排除妨碍、恢复原状；（5）代履行；（6）其他强制执行方式。行政强制执行还可以分为直接强制执行与间接强制执行，直接强制执行是指前述第（2）~（4）种行政强制执行，而间接强制执行又分为执行罚和代履行，执行手段都较为温和，其中的执行罚即前述第（1）种行政强制执行，代履行即前述第（5）种行政强制执行。行政强制执行的执行主体一般包括行政机关、人民法院，也正因如此，行政强制执行的执行程序根据执行主体的不同可分为：行政机关强制执行程序和申请人民法院强制执行程序，后者也被称为"非诉行政执行"程序。本案中主要涉及的是行政强制执行的设定、执行主体问题。

1. 行政强制执行的设定

行政强制执行的设定是指国家立法机关通过法律形式直接赋予有关主体行政强制执行权的立法活动和法律制度，❶ 这解决的其实就是行政强制执行的创设问题。《行政强制法》第13条规定："行政强制执行由法律设定。法律没有规定行政机关强制执行的，作出行政决定的行政机关应当申请人民法院强制执行。"相较于行政强制措施、行政处罚和行政许可等其他行政行为而言，行政强制执行的设定采取的是严格的法律保留原则。虽然行政强制执行的严格限制会带来行政管理上的不便，但这种做法主要是基于公权力过于膨胀和滥用的现实之考虑，目的在于有效治理行政强制权滥用的乱象，以保障公民、法人或其他组织的合法权益。❷ 这表明强制执行具有严重限制或剥夺公民权利的特点，强制执行往往是各行政行为链条中的最后一个环节，而强制执行后有时候会出现覆水难收的局面，因而需要进行"限制的限制"，即由司法权对行政权进行监督。因此，《行政强制法》第14~15条对行政强制执行的设定还规定了设定前必须举行听证会或论证会等，设定后必须及时评价的制度。

2. 行政强制执行的执行主体

行政强制执行的执行主体问题解决的是由哪些主体来具体实施行政强

---

❶ 《行政法与行政诉讼法学》编写组. 行政法与行政诉讼法学 [M]. 2版. 北京：高等教育出版社，2018：169.
❷ 沈福俊，邹荣. 行政法与行政诉讼法学 [M]. 3版. 北京：北京大学出版社，2019：214.

制执行,即行政强制执行权配置问题。学界中存在"单轨制"和"双轨制"之争,此部分将在后文内容中详细阐述。我国《行政强制法》目前实行的是"双轨制"模式。《行政强制法》第13条关于行政强制执行设定的规定也说明行政强制执行的执行主体包括行政机关和人民法院。在法律没有赋予行政机关行政强制执行权的情况下,行政机关必须向人民法院申请强制执行;如果没有法律的明确规定,行政机关就不具有行政强制执行权,不能直接对公民、法人或其他组织予以行政强制执行。言外之意就是行政机关的行政强制执行权需要有法律的明确规定。这里的法律指狭义的法律,是立法机关制定的法律,而不包括行政机关制定的法规、规章,由此也引发了一个颇具争议的问题:行政强制执行权的属性是司法权还是行政权。

(1)行政强制执行的性质。

"司法性质说"认为,《行政强制法》第13条的规定乍一看好像行政强制执行权具有司法权的属性,因为可以理解为行政机关一开始不具有行政强制执行权,行政强制执行权原本是专属于司法机关的,只是随着行政管理的现实需要而逐渐放开了行政强制执行权的主体限制,将行政机关也纳入其中,不过为了防止行政机关滥用该项职权,故而对行政机关的行政强制执行采取了法律保留原则的限制,所以认为行政强制执行权属于司法权性质❶,即"行政强制执行权原则上属于法院","以申请人民法院强制执行为原则,以行政机关强制执行为例外"。从另一角度也可以得到相同论证,《行政强制法》并没有赋予所有的行政机关具备行政强制执行权,但《行政强制法》却赋予了所有人民法院具备行政强制执行权,这也是为什么无行政强制执行权的行政机关必须向人民法院申请强制执行之理由所在。

"行政性质说"认为,根据行政强制的特点可知行政强制不同于其他国家强制(如刑事诉讼强制、民事诉讼强制和行政诉讼强制),行政强制发生于行政管理的过程中,而不是司法诉讼的过程中,因而行政强制应当是行政权的内在要求和必要延伸,是行政机关处分行政相对人人身和财产的行政职能延伸。有学者也指出,按照权力分立学说来看,行政本质是执

---

❶ 应松年. 论行政强制执行[J]. 中国法学, 1998(3): 14.

行行为，而司法则是解决纠纷的活动，行政强制执行权就是对具体行政决定的执行，故其行政权的属性与行政权的性质和目的是一致的，是行政权的合理且自然的延伸，也是行政权的特殊表现。❶ 此外，从理论上说，行政强制执行的前提是存在行政决定，而一项完整的行政权应当既包括其决定权，也包括其执行权，从决定权的行使到执行权的行使都可以说是行政权行使的完整过程和必经阶段，如果行政机关有权作出行政决定却无法实现其内容，那这种行政权无疑是残缺不全的。❷ 有学者从这种过程论的视角进一步分析，并指出行政权的本质内容是管理，司法权的本质内容是判断，而行政强制执行权归根结底是执行权，行政强制执行权主要包括"行政强制执行决定的作出"和"行政强制执行决定的执行"两种过程性行为，前者当然地属于行政行为，后者则应当属于行政事实行为。这是因为行政强制执行给行政相对人带来的不利法律效果是"行政强制执行决定的作出"而不是"行政强制执行决定的执行"，故总体而言，行政强制权应当是行政权。❸

"司法行政说"认为，行政强制执行权并不是简单的行政权属性，也不是简单的司法权属性，而是兼具行政权和司法权的双重属性。有学者从权力体系的整体视角展开论述，从整体来看，包括国家强制执行权体系，强制执行权在权力形态上应当是具有自身的相对独立性，在权力体系上应当是具有从属于行政权和司法权的双重属性。❹ 还有学者从法律制度的角度出发，以行政强制执行权的执行主体为划分标准，认为由行政机关自力强制执行的行政强制权是行政权的范畴，而由人民法院依申请进行强制执行的行政强制权是司法权的范畴。❺

笔者认为，行政强制执行的性质应当采"行政性质说"。正如有学者所言，"衡量一种权力的性质，不是看这种权力是由谁行使的，而是看它

---

❶ 沈开举，王红建. 行政强制执行权的性质及法院在执行中的作用［J］上海政法学院学报，2006 (6)：87.

❷ 杨海坤，章志远. 行政法学基本论［M］. 北京：中国政法大学出版社，2004：209.

❸ 王青斌，高晨辉. 行政强制执行权的单轨制配置研究［J］. 江苏行政学院学报，2022 (3)：129.

❹ 王学辉，刘海宇. 强制执行权在国家权力体系中的定位：一个跨部门法的视角［J］. 四川师范大学学报（社会科学版），2022 (5)：56–65.

❺ 闫尔宝. 行政强制执行二题：定位与责任［J］. 行政法学研究，2014 (1)：108.

是什么属性"❶。"司法性质说"看似具有一定说服力,但仔细深究下并非如此。虽然说《行政强制法》将行政强制执行权予以法律保留的限制,没有行政强制执行权的行政机关应当向人民法院申请强制执行,但是这并不意味着行政强制执行权就当然具有司法权属性。"司法行政说"完全割裂了行政强制执行权的结构,其实行政权应当是一个从决定到执行的完整的权力。应当如"行政性质说"所认为的那样,行政强制执行权应当是行政权的自然延伸。过程论视角下行政强制执行权可大致分为执行决定权和执行实施权,而在行政机关向司法机关申请强制执行的场合中,司法机关只是履行执行决定权,行政强制执行的具体实施仍应当由行政机关来完成,一味地让司法机关来履行行政强制执行的决定和实施是违背权力分立原则的,不符合司法机关作为定分止争的判断功能,实践中也加大了司法机关"执行难"的现实问题。因此当下行政强制执行体制改革中也逐步将司法机关的执行实施权归还于行政机关,至于部分执行决定权由司法机关行使的缘由,归根结底还是为了"司法控制行政",对行政机关可能侵犯公民合法权益的特定行政行为进行司法审查,即事前控制。这也是行政强制执行权属于行政权而行政诉讼强制执行权属于司法权的不同之处。

(2)行政强制执行的权力配置和执行模式。

行政强制执行的权力配置所解决的是行政强制执行的执行主体是谁的问题。前面已经提到,行政强制执行权的配置一般有"单轨制"和"双轨制"两类。"单轨制"的特点在于将执行主体仅限于行政机关行使或仅限于司法机关行使,两者并不共享行政强制执行权;"双轨制"的特点在于执行主体包括行政机关和司法机关,两者可以共享行政强制执行权,我国现行行政强制执行制度采取的就是"双轨制"而不是"单轨制"。❷

行政强制执行的执行模式,也即行政强制执行的执行体制,它解决的是执行主体该如何运转的问题。从各国实践来看,在"单轨制"下,行政强制执行的执行模式一般是行政机关自行强制执行模式和司法执行模式(向人民法院申请强制执行模式),而在"双轨制"下行政强制执行的执行

---

❶ 宋炉安. 非诉执行中的行政行为合法性审查 [M] //高家伟. 行政行为合法性审查类型化研究. 北京:中国政法大学出版社,2019:454.

❷ 《行政法与行政诉讼法学》编写组. 行政法与行政诉讼法学 [M]. 2版. 北京:高等教育出版社,2018:170.

模式为混合模式，混合模式下可分为"行政为主型""司法为主型""折中型"三种具体模式。在我国"双轨制"行政强制执行模式中，更侧重"司法为主型"的执行模式。❶ 但这也带来了一些问题。比如从过程论视角来看，在行政机关没有行政强制执行的决定权和实施权时，当司法机关履行了执行决定权后，那接下来具体由谁来实施将是个难题。继续交由司法机关履行执行实施权，一方面有损司法机关的功能和形象，另一方面也制约了行政机关行政效能的有效提高；如果行政机关和司法机关都具备执行实施权，那就会形成执行有利可图时就争先恐后，执行面临困难时就互相推诿的乱象。❷ 又如，具备行政强制执行权的行政机关又另外向司法机关申请强制执行，司法机关还就此裁定准予执行的情况下，该由谁具体履行行政强制执行的实施呢？这就很大程度上引起冲突，特别是在拆除违法建筑执法中谁都希望"多一事不如少一事"。❸ 尤其是违建案件执行处理过程的敏感性、危险性和冲突性导致其需要大量的人力、物力保障，而且违建案件的执行还往往涉及当地的利益冲突，这些都是法院难以处理的问题，应当交由当地行政部门进行处理最为专业和恰当。❹ 因此，我国在现行行政强制执行体制改革中，理论界和实务界提出了诸多构想。有观点认为，从完善行政非诉执行制度的角度出发，探索出一条检察机关提起"公益行政非诉执行"的路径，以达到法益保护之目的。但这种路径还处于理论讨论中，尚不能落地实践。❺ 有观点倡导对非诉行政执行中"委托行政机关执行"❻，也有观点主张"人民法院与行政机关联合执行"❼ 或是"行政机

---

❶ 余凌云. 行政法讲义 [M]. 3 版. 北京：清华大学出版社，2019：356.

❷ 王青斌，高晨辉. 行政强制执行权的单轨制配置研究 [J]. 江苏行政学院学报，2022（3）：130-131.

❸ 王青斌，高晨辉. 行政强制执行权的单轨制配置研究 [J]. 江苏行政学院学报，2022（3）：131.

❹ 广州铁路运输中级法院课题组. 违法建设认定与处理存在的问题与建议 [M] //中华人民共和国最高人民法院行政审判庭. 行政执法与行政审判（总第83集）. 北京：中国法制出版社，2021：95.

❺ 吴兴浩，宁杰. 论检察机关提起公益行政非诉执行制度的架构 [M] //中华人民共和国最高人民法院行政审判庭. 行政执法与行政审判（总第80集）. 北京：中国法制出版社，2020：96.

❻ 李至坚，等. 非诉行政案件委托执行制度的构建探讨 [J]. 法律适用，2011（4）：106-109.

❼ 吉林市设立城市管理法庭 [N]. 法制日报，2011-06-02.

关承担协助人民法院履行执行义务"❶，然而也有人对上述观点持反对意见。❷ 不过现在最高人民法院推行"裁执分离"模式（裁决权与执行权分离），暂时打破了这种争议，而且该模式在实践中的先行试点也取得一些成效。

（3）"裁执分离"模式改革。

"裁执分离"主要指针对行政机关向人民法院申请强制执行（"非诉执行"）。因为在行政机关具有行政强制执行权的场合下，行政机关既可以作出行政强制执行的决定，也可以对行政强制执行的决定具体实施，以有效提高行政管理效能。在行政机关没有行政强制执行权的场合下，行政机关无法作出强制执行的决定，并且在"裁执分离"改革前法律法规对非诉执行的决定作出后由谁来具体实施那更是模糊不定，或行政机关，或司法机关，这就带来了不少"执行难"的问题。有鉴于此，国家开始针对非诉执行领域进行"裁执分离"模式改革。其中"裁执分离"模式改革的标志是，最高人民法院制定的《关于办理申请人民法院强制执行国有土地上房屋征收补偿决定案件若干问题的规定》（法释〔2012〕4号）第9条规定，"人民法院裁定准予执行的，一般由作出征收补偿决定的市、县级人民政府组织实施，也可以由人民法院执行"。

二、如何理解行政法律规范竞合

本案中还涉及"法律冲突"或"法律规范竞合"的问题。这就不得不提到"法源位阶"❸。"在法源位阶理论中，有'效力优先原则'与'适用优先原则'，前者是指高位阶法规范之效力优先于低位阶法规范，故普通法律（低位阶法规范）抵触宪法规定（高位阶法规范）者无效。后者是指适用法律机关（如行政机关或行政法院）适用法规范审判时，应优先适用低位阶之法规范，不得径行适用高位阶之法规范，除非缺乏适当之低位阶法规范可资适用"❹。在《立法法》第五章中明确了关于宪法、法律、法规

---

❶ 张锦锦. 论我国行政强制执行双轨制的困境与出路 [J]. 行政法学研究，2013（3）：54-55.
❷ 向忠诚，邓辉辉. 非诉行政执行制度研究 [M]. 北京：中国政法大学出版社，2016：204.
❸ 余凌云. 行政法讲义 [M]. 3版. 北京：清华大学出版社，2019：23.
❹ 翁岳生. 行政法（上册）[M]. 北京：中国法制出版社，2009：180.

和规章等法规范的效力位阶。主要表现为：法律的效力高于行政法规、行政法规的效力高于地方性法规或规章。本案涉及的主要是法律层面的效力冲突问题，解决路径主要是依据《立法法》第92条、第94条关于一般法与特别法的效力位阶之规定。《立法法》第92条规定："同一机关制定的法律、行政法规、地方性法规、自治条例和单行条例、规章，特别规定与一般规定不一致的，适用特别规定；新的规定与旧的规定不一致的，适用新的规定。"《立法法》第94条规定："法律之间对同一事项的新的一般规定与旧的特别规定不一致，不能确定如何适用时，由全国人民代表大会常务委员会裁决。行政法规之间对同一事项的新的一般规定与旧的特别规定不一致，不能确定如何适用时，由国务院裁决。"

本案的争议焦点在于《行政强制法》的第四章"行政机关强制执行程序"和第五章"申请人民法院强制执行"的关系问题，以及《行政强制法》第四章第44条与《土地管理法》第83条、《城乡规划法》第65条。行政机关能不能申请法院强制执行是本案的核心问题，按照市人民检察院的观点，行政机关应当申请法院强制执行。因为根据我国法律规定，行政机关自行实施强制执行应当由法律明确授权，法律没有明确规定由行政机关自行强制执行的，行政机关应当申请法院强制执行。正如市人民检察院所指出的，《行政强制法》对第四章"行政机关强制执行程序"和第五章"申请人民法院强制执行"分两章作出规定，而《行政强制法》第44条规定在第四章"行政机关强制执行程序"，是对"具有行政强制执行权的行政机关"实施强制拆除所作的程序性规定，不是对某一行政机关具有行政强制执行权的法律授权。《行政强制法》第44条中规定的"行政机关可以依法强制拆除"，实际还是强调"依法"二字，因此理解《行政强制法》第44条时抛弃"依法"二字，直接理解为"行政机关可以强制拆除"显然是违背立法原意的，《行政强制法》第44条的立法原意依旧是指行政机关的自行强制执行权还是得按照具体的法律法规予以授权，这就是"依法"二字的内涵。

最高人民法院在其判例中明确："无论是征收集体土地还是征收国有土地上的房屋，均应在完成补偿安置工作的情况下由行政机关申请人民法院强制执行，在获得法院的准许强制执行裁定前，行政机关没有直接强制拆除被征收房屋的权力。即使在被征收人已经依法得到安置补偿或者无正当理由拒绝接受安置补偿的情况下，征收机关若要实现强制搬迁和拆除，也必须按照法定程序申请人民法院强制执行。"❶ 在本案中，案涉行政处罚决定均系自然资源主管部门根据《土地管理法》作出，该法未授予自然资源主管部门强制拆除违法建筑物的执行权。《土地管理法》第 83 条规定："依照本法规定，责令限期拆除在非法占用的土地上新建的建筑物和其他设施的……由作出处罚决定的机关依法申请人民法院强制执行。" 由此可知，自然资源主管部门针对违反《土地管理法》的行为作出责令强制拆除的处罚决定，行政相对人期满不起诉又不自行拆除的，应当由行政机关依法申请人民法院强制执行。由于《最高人民法院关于违法的建筑物、构筑物、设施等强制拆除问题的批复》是就城乡规划领域的违法建设强制拆除所作的司法解释，即依据城乡规划法，乡镇人民政府有权对违反乡村规划的违法建筑物强制拆除，县级以上人民政府对城乡规划主管部门作出限期拆除的决定，当事人逾期不拆除的，有权责成有关部门强制拆除。因此，本案自然资源主管部门申请执行的行政处罚决定均系依据《土地管理法》作出，依法应当申请人民法院强制执行，人民法院不予受理显然违反法律规定。

---

❶ 最高人民法院（2018）最高法行申 4205 号行政裁定书。

三、行政许可

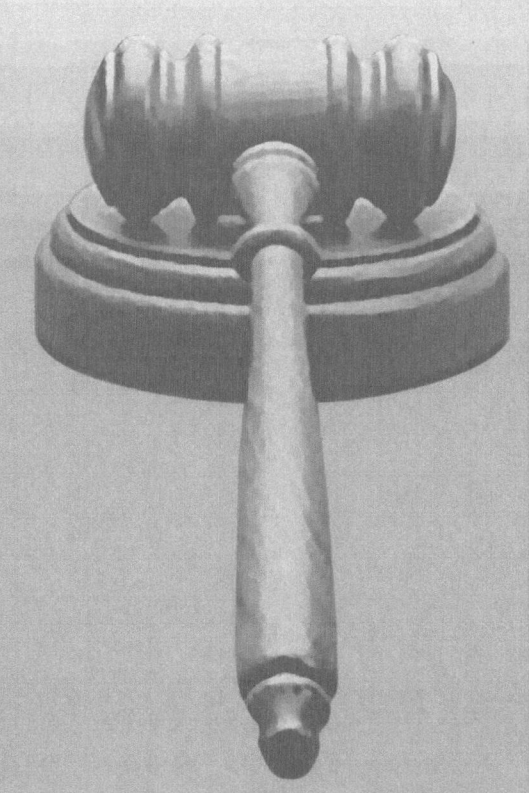

案例 4

北京市原宣武区建设委员会等与
郭某某行政许可纠纷上诉案*
——行政行为违反法律的立法精神亦构成违法

> 基本案情

2006年3月24日,北京市原宣武区市政管理委员会(以下简称"北京市原宣武区市政管委")向北京市原宣武区建设委员会(以下简称"北京市原宣武区建委")申请师大附中周边"城中村"环境整治工程项目的房屋拆迁许可,并根据《城市房屋拆迁管理条例》之规定提交了相应申请材料。2006年4月25日,北京市原宣武区建委应案外人林某某之申请,就北京市原宣武区市政管委之申请举行听证。听证程序中,案外人林某某提交了北京市文物局出具的京文物〔2006〕337号《关于给林培炎先生的回信》(以下简称《回信》)。《回信》主要强调北京市文物保护部门将积极对西河沿222号院建筑予以保护,并致函了北京市市政管委、原宣武区文委等单位。

北京市原宣武区建委审查后认定北京市原宣武区市政管委申请材料符合《城市房屋拆迁管理条例》之规定且内容真实,遂向其核发了拆迁许可证。同年,北京市原宣武区建委发布拆迁公告,载明郭某某居住的前门西河沿街222号院(以下简称"系争222号院")内的房屋及附属物需要拆迁。郭某某认为上述拆迁许可违反《城市房屋拆迁管理条例》《文物保

---

* 龙非. 行政行为违反法律的立法精神亦构成违法 [J]. 人民司法, 2008 (18); 另见一审: 北京市宣武区人民法院 (2007) 宣行初字第 161 号; 二审: 北京市第一中级人民法院 (2008) 一中行终字第 537 号。

法》以及《北京历史文化名城保护条例》的相关规定，遂向北京市原宣武区人民法院提起行政诉讼。

2008年2月28日，北京市原宣武区人民法院作出一审判决，以被诉拆迁许可证有悖于《城市房屋拆迁管理条例》《文物保护法》《北京历史文化名城保护条例》的相关规定，确认其中涉及系争222号院的部分无效。

宣判后，北京市原宣武区建委、北京市原宣武区市政管委不服，向北京市第一中级人民法院提起上诉。其上诉理由主要基于三点：（1）北京市原宣武区建委作为拆迁主管部门，对拆迁范围内是否有文物建筑没有审查职责；（2）本案系争222号院虽然可能具有保护价值，但尚未经法定程序批准并公布，故尚不受到《北京历史文化名城保护条例》之保护；（3）允许拆迁不等于允许拆除，北京市原宣武区建委核发拆迁许可证并不等于允许拆迁人对文物建筑进行拆除。

经审理，北京市第一中级人民法院作出终审判决。判决理由为：第一，根据《北京历史文化名城保护条例》第4条第5款之规定，建设主管机关在核发拆迁许可证时，若发现有涉及北京历史文化名城保护之事项，即应负有详加酌核之职责。第二，根据《北京历史文化名城保护条例》第32条之规定，对城市建设中发现具有保护价值而尚未确定为具有保护价值的建筑，市文物行政主管部门及市规划行政主管部门应于初步确认后采取临时保护措施之规定。该规定足以体现《北京历史文化名城保护条例》对虽尚未经法定程序确定但可能具有保护价值的建筑给予预防性保护之立法旨意。上述立法旨意，为建设主管部门于核发拆迁许可证时所应严格遵守之法律原则。另，根据《行政许可法》第48条第2款之规定，行政机关应当根据听证笔录作出行政许可。故行政机关若于听证中发现有涉及重大法律原则之事项，当负有审慎斟酌之义务，亦为该规定应有之意。第三，所谓允许拆迁不等于允许拆除没有法律依据。综上，本案中，北京市原宣武区建委既于听证程序中明悉系争222号院可能具有保护价值，本应向有关行政主管机关征询查核，于系争222号院之性质确定后，再依法决定是否将其纳入拆迁范围，北京市原宣武区建委未尽到上述审查职责，即予核发被诉拆迁许可证并将系争222号院纳入拆迁范围，与《行政许可法》及《北京历史文化名城保护条例》之相关立法旨意不符，构成违法。二审终审判决维持了一审判决。

本案涉及的理论问题

本案中,对于北京市原宣武区建委是否具备"审查核实拆迁范围内是否存在文物建筑"的职责,北京市原宣武区建委以其职责范围内只是主管建设和拆迁工作而不是主管文物保护工作,坚决认为其不具备该项"审查核实拆迁范围内是否存在文物建筑"的职责,因此其向北京市原宣武区市政管委核发涉案的拆迁许可证行为理应是合法的。但二审法院指出,一方面,《北京历史文化名城保护条例》(2005年)第4条第5款已经明确了关于建设行政主管部门应当在其职责范围内负责北京历史文化名城保护的相关工作的规定,这表明"建设主管机关在核发拆迁许可证时,若发现有涉及北京历史文化名城保护之事项,即应负有详加酌核之职责";另一方面,《行政许可法》第48条第2款规定了行政机关应当根据听证笔录作出行政许可,该条规定也就是所谓的"案卷排他性原则",这"并不仅仅只是一个程序性规定,它必然暗含着行政机关应当对听证程序中的全部证据进行审慎的审查"❶。结合以上两个方面来看,应当认为北京市原宣武区建委已经具备了"审查核实拆迁范围内是否存在文物建筑"的职责。本案中,案涉听证笔录的效力问题是法院的裁判焦点之一。

一、如何理解行政行为的合法要件

行政行为的合法要件是指行政行为应当符合法定基本要求。❷ 行政行为的合法要件不同于生效要件,符合生效要件的行政行为不一定就是合法的行政行为,有些行政行为尽管生效,却是违法的行政行为。对于行政行为的合法要件,有学者认为应当同时具备以下条件,否则构成违法并将导致行政行为无效、撤销和废止的法律后果:一是行政行为主体具有行政权限;二是行政行为证据确凿;三是行政行为程序合法;四是行政行为适用法律、法规正确;五是行政行为没有滥用职权或明显不当。❸ 有学者概括

---

❶ 龙非. 行政行为违反法律的立法精神亦构成违法 [J]. 人民司法, 2008 (18).
❷ 张树义, 张力. 行政法与行政诉讼法学 [M]. 4版. 北京: 高等教育出版社, 2020: 93.
❸ 张树义, 张力. 行政法与行政诉讼法学 [M]. 4版. 北京: 高等教育出版社, 2020: 94.

为职权要件、事实要件、依据要件和程序要件。❶ 有学者归纳为主体合格、条件符合、事实有据、程序正当和处理得当。❷ 有学者认为包括主体合法、权限合法、内容合法并适当、符合法定程序与法定形式。❸ 我国台湾地区学者则认为，行政处分（行政行为）的合法要件包括管辖权要件、程序要件、方式要件等形式合法要件和法律的授权（法律保留原则）、内容不抵触上位阶法规范（法律优先原则）、内容具明确性与实现可能性等实质合法要件。❹ 由此看出，对于行政行为的合法要件并未达成共识。总体而言，主要包含以下四项主要内容：主体上要具有合法权限、程序上要符合法律规定、内容上要合法并适当、适用依据上要得当。

具体到本案中，第一，主体上要具有合法权限。根据《城市房屋拆迁管理条例》（2001年修订）（2011年已废止）第5条第1～2款的相关规定，全国层面由"国务院建设行政主管部门"主管城市房屋拆迁工作，地方上则由"县级以上地方人民政府负责管理房屋拆迁工作的部门"主管城市房屋拆迁工作。❺ 由于地方上的行政体制基本沿袭中央层面，故而实践中县级以上地方人民政府也以"建设行政主管部门"主管房屋拆迁工作。《城市房屋拆迁管理条例》（2001年修订）的制定主体是国务院，可见该条例在法律位阶上属于行政法规，其作出相关部门职权范围的直接规定显然符合行政法中的职权法定原则。因此，本案中北京市原宣武区建委作为建设行政主管部门已然具备了主体上的合法权限。

---

❶ 章剑生. 现代行政法总论［M］. 2版. 北京：法律出版社，2019：148-151.

❷ 何海波. 行政行为的合法：要件——兼议行政行为的司法审查根据的重构［J］. 中国法学，2009（4）：69.

❸ 杨解君，等. 行政法与行政诉讼法（上）［M］. 北京：清华大学出版社，2009：379-382.

❹ 翁岳生. 行政法（上册）［M］. 北京：中国法制出版社，2009：663-667.

❺《城市房屋拆迁管理条例》（2001年修订）第5条第1～2款规定："国务院建设行政主管部门对全国城市房屋拆迁工作实施监督管理。县级以上地方人民政府负责管理房屋拆迁工作的部门（以下简称房屋拆迁管理部门）对本行政区域内的城市房屋拆迁工作实施监督管理。县级以上地方人民政府有关部门应当依照本条例的规定，互相配合，保证房屋拆迁管理工作的顺利进行。"第6条规定："拆迁房屋的单位取得房屋拆迁许可证后，方可实施拆迁。"第7条规定："申请领取房屋拆迁许可证的，应当向房屋所在地的市、县人民政府房屋拆迁管理部门提交下列资料：（一）建设项目批准文件；（二）建设用地规划许可证；（三）国有土地使用权批准文件；（四）拆迁计划和拆迁方案；（五）办理存款业务的金融机构出具的拆迁补偿安置资金证明。市、县人民政府房屋拆迁管理部门应当自收到申请之日起30日内，对申请事项进行审查；经审查，对符合条件的，颁发房屋拆迁许可证。"

第二，程序上要符合法律规定。《城市房屋拆迁管理条例》（2001年修订）第6条规定，必须先取得房屋拆迁许可证才可以实施拆迁；该条例第7条还规定了申领房屋拆迁许可证的相关程序性事宜。此外，房屋拆迁许可证作为一项行政许可，还需要满足《行政许可法》中关于行政许可具体实施的相关规定。例如《行政许可法》第47条第1款关于告知当事人享有听证权利，❶以及第48条第2款关于行政许可决定应当根据听证笔录作出的规定。据此，本案中涉及的房屋拆迁许可证的发放应当符合前述程序性规定，如果该房屋拆迁许可证的发放违反法定程序，将可能导致该房屋拆迁许可证被撤销。

第三，内容上要合法并适当。行政行为的内容必须符合法律法规的规定，这是不言而喻的，但至于内容是否符合适当性要求则是一个主观性非常强烈的问题，必须结合行政法原则予以把握。行政法中一般要求行政机关在行使裁量权时手段与目的之间必须合乎比例原则，按照"四阶"结构来看，包括目的正当性原则、适当性原则、必要性原则和均衡性原则四个子原则。❷因此，可以通过比例原则来审视行政行为内容的适当性，这也是合理行政的基本精神。就目的正当性而言，行政行为的内容适当性应当包含符合法律原则和立法目的这一要素。在本案中，北京市原宣武区建委向北京市原宣武区市政管委核发涉案的拆迁许可证行为是一个符合生效要件的行政行为，但二审法院认定该行政行为的作出并没有履行审慎斟酌之义务，不符合立法目的和法律原则，而北京市原宣武区建委如此发放房屋拆迁许可证的行为就明显属于违法的行政行为。可以说，拆迁虽是为了旧城改造等公共利益，但在法律原则和立法目的上还要求拆迁工作中应当秉持谨慎细致的责任态度，对于该履行的审慎斟酌义务应当全面、充分地履行。

第四，适用依据上要得当。准确、真实地适用法律法规作为行政行为作出时的依据，是合法行政的基本要求。合法行政要求行政机关作出的行

---

❶ 《行政许可法》第47条第1款规定："行政许可直接涉及申请人与他人之间重大利益关系的，行政机关在作出行政许可决定前，应当告知申请人、利害关系人享有要求听证的权利；申请人、利害关系人在被告知听证权利之日起五日内提出听证申请的，行政机关应当在二十日内组织听证。"第48条第2款规定："行政机关应当根据听证笔录，作出行政许可决定。"

❷ 刘权. 比例原则[M]. 北京：清华大学出版社，2022：20.

政行为必须拥有法律法规的明确授权，不得与现行有效的法律规定相抵触。在司法审查中，《行政诉讼法》第70条第（2）项中也规定了如果行政行为适用法律、法规错误的，那么将会产生"人民法院判决撤销或者部分撤销，并可以判决被告重新作出行政行为"的法律后果。本案中，北京市原宣武区建委作出核发拆迁许可证的行政行为适用的依据为《城市房屋拆迁管理条例》第6～7条的相关规定。此外，北京市宣武区建委举行听证会所适用的依据是《行政许可法》第47条和第48条第1款的规定，可以说上述依据的适用并无不妥之处。但是，北京市原宣武区建委在听证会完毕后并未准确适用《行政许可法》第48条第2款的规定，即未根据听证笔录作出行政许可决定，因此这是北京市原宣武区建委在适用依据上存在的不足之处。

二、如何理解行政许可中听证笔录的含义和效力

听证笔录制度被国内许多学者称为"行政案卷排他制度"，源于美国的"案卷排他性原则"，规定在《行政处罚法》第65条、《行政许可法》第48条和《行政诉讼法》第34～35条（其中《行政法解释》第38条第2款作了进一步规定）中。本案中，北京市原宣武区建委申请师大附中周边"城中村"环境整治工程项目的房屋拆迁许可，北京市原宣武区建委依申请举行听证会，北京市原宣武区建委审查后认定北京市原宣武区市政管委申请材料符合《城市房屋拆迁管理条例》之规定且内容真实，遂向其核发了拆迁许可证。可见，本案主要涉及的是行政许可中的听证笔录制度，而不是行政处罚中的听证笔录制度。

行政许可中的听证笔录制度规定在我国《行政许可法》在第48条第1～2款中，即"听证应当制作笔录，听证笔录应当交听证参加人确认无误后签字或者盖章"和"行政机关应当根据听证笔录，作出行政许可决定"。目前来看，听证笔录制度在我国立法上尚处于不完善状态，因为听证笔录制度的配套规定没有相应的行政法规，只能散见在部分规章中，而未形成统一的体系。行政许可听证笔录制度已经被国内众多学者视为"案卷排他性原则"的体现。但实际上仍存在许多争议之处。一是对听证笔录的含义存在争议；二是听证笔录的效力模式存在争议；三是我国听证笔录的效力有无例外存在争议。

首先，听证笔录的含义存在"全面记载说"、"意见证据说"和"核实认定说"之争。持"全面记载说"的学者有认为"听证笔录，是记载整个听证会活动的书面凭证"❶，也有认为"行政听证笔录，又称行政听证记录，是指听证主持人或记录人代表行政机关在正式听证过程中对整个听证活动所作的客观记载，是确定行政机关是否听取当事人的陈述与申辩的凭证"❷。这种观点将整个听证会中涉及的文字材料记录都纳入听证笔录的范畴，属于广义上的听证笔录。持"意见证据说"的学者有认为"听证笔录是指听证主持人（非本案调查人员）在听证过程中对调查取证人员（追诉人）、案件当事人陈述的意见和提供的证据所作的一种书面记载"❸，也有认为"听证笔录是指听证主持人在听证过程中对行政许可申请审查人员、许可申请人和利害关系人以及其他参与人陈述的意见和提供的证据所作的一种书面记载"❹。与"全面记载说"相比，此观点将听证笔录的范围进行了限缩，仅限于对听证过程中调查人员、行政相对人以及其他利害关系人提供的证据及意见的书面记载。持"核实认定说"的学者认为"行政听证笔录，并不是记载于听证笔录本中的所有文字，而是在听证中，经双方当事人或第三人质证、辩论，并经过听证主持人核实认定为证据的那部分听证笔录"❺。这种观点进一步限缩了听证笔录的范畴，将经过质证、辩论和核实认定为证据的那部分笔录才称为听证笔录，否则不具有听证笔录的法律效力。

笔者认为，综合以上观点而言，对听证笔录的界定应当采"全面记载说"，即听证笔录应当是全面真实地记录听证过程的书面记载。这是因为行政许可的作出必须最终由行政机关负责人来决定，但行政机关负责人并不是完全参与了听证会的全过程，实践中，一般是由行政机关中的职员作为听证会的主持人来主持听证会而并非行政机关负责人。"如果听证笔录中仅记载听证参加人的意见和证据，甚至仅记载经过听证主持人核实认定的意见及证据，这不利于行政机关负责人了解听证的全况，进而作出公正

---

❶ 冯绍雷，杨惠基. 实行听证程序研究总报告 [J]. 政府法制研究，1998（7）：44.
❷ 石佑启. 行政听证笔录的法律效力分析 [J]. 法学，2004（4）：52.
❸ 唐建强，王斌初. 论行政许可听证程序之案卷排他性原则 [J]. 北京市政法管理干部学院学报，2004（1）：89.
❹ 王勇. 行政许可程序理论与适用 [M]. 北京：法律出版社，2004：129.
❺ 叶必丰，贾秀彦. 从行政许可法看行政听证笔录的法律效力 [J] 法学评论，2005（3）：84.

的决定。"❶ 为了实现"决策者必须听证"的目的，前提就是保证行政机关负责人即决策者能够充分地了解和掌握听证会全过程的情况。虽然需要通过听证主持人这一中介的承上启下之衔接作用将数量庞大的听证材料和涉及的复杂关系进行筛选、分析，以达到听证笔录清晰和简化的效果，便于行政机关负责人能够快速作出决策而不至于耗费其过多时间和精力，但是听证主持人能做的也只是初步决定、建设性决定和听证报告等，这始终不能代替行政机关负责人作最终决定，因此听证笔录应当是对听证程序进行全面的书面记载。

其次，对听证笔录的效力存在"唯一论"、"之一论"、"重点论"和"模糊论"四种观点。❷"是否实行案卷排他制度直接决定了听证笔录的效力，因此，该制度被视为听证的核心制度。"❸ 这间接表明了听证制度的核心在于案卷排他制度，而案卷排他制度的核心则在于听证笔录的效力。听证笔录的效力根据约束对象的不同可以分为"在行政决定中的效力"和"在行政诉讼中的效力"，前者是指听证笔录在行政管理活动中对行政机关作出行政决定的约束，后者则是指听证笔录在行政诉讼过程中对行政行为合法性审查和判断的约束。❹ 本案中涉及的主要是听证笔录在行政决定中的效力，因此这里谈及的听证笔录效力主要是指在行政决定中的效力。具体而言，第一，"唯一论"即听证笔录应当作为行政机关作出行政决定的唯一依据，其中的代表学者为黄学贤教授；❺ 第二，"之一论"即听证笔录只能作为行政机关作出行政决定的根据之一；第三，"重点论"即听证笔录应当作为行政机关作出行政决定的重要根据或者主要根据，其中的代表学者为马怀德教授；❻ 第四，"模糊论"即听证笔录是行政机关作出行政决定的根据。

---

❶ 沈楠. 行政许可听证笔录制度研究——基于法条规定的实证分析 [M] //章剑生. 公法研究. 杭州：浙江大学出版社，2016 (16)：54.

❷ 冯绍雷，杨惠基. 实行听证程序研究总报告 [J]. 政府法制研究，1998 (7)：45-46.

❸ 胡建淼，江利红. 行政法学 [M]. 2版. 北京：中国人民大学出版社，2014：291.

❹ 叶必丰，贾秀彦. 从行政许可法看行政听证笔录的法律效力 [J]. 法学评论，2005 (3)：84.

❺ 黄学贤. 听证笔录在行政决定中的意义 [J]. 苏州大学学报（哲学社会科学版），1999 (4)：18.

❻ 马怀德. 论行政听证程序的基本原则 [J]. 政法论坛，1998 (2)：86.

笔者认为，无论是"二分法"抑或"四分法"，听证笔录的效力都应当是行政决定作出的唯一依据。这主要是从防止听证程序流于形式导致"听而不证"的角度来考量的，而且在《行政许可法》第48条的立法背景上也突出了这一考虑。

最后，我国听证笔录的效力是否有例外？存在"肯定说"和"否定说"之争。《行政许可法》第48条第2款以"应当"一词对行政机关作出行政许可的决定予以规定。但问题在于"应当"一词能否允许听证笔录的排他效力存在例外和特殊情况呢？从语义分析的角度而言，答案是肯定的。按照语义分析上来看，"应当"不同于"必须"，"必须"比"应当"语义更强，"必须"一词是具有无条件性的、绝对的排他性，而"应当"一词则是允许例外和特殊情况存在，体现了原则性和一般性的要求，因此"应当"一词意指行政机关原则上要根据听证笔录作出行政许可决定，在例外和特殊情况下可以免除该义务。❶ 但从立法背景和目的的角度来审视，答案却是否定的，一直以来立法上的措词都是采用"应当"一词。而且，这也主要是考虑到"由于缺乏听证笔录对行政决定的拘束力的规定，导致一些听证会'听而不证'，没有真正发挥作用"❷。

三、如何理解案卷排他性原则

一般而言，案卷排他性原则中的案卷就是指听证笔录。但听证笔录"并不是记载于听证笔录本中的所有文字，而是在听证中，经双方当事人或第三人质证、辩论，并经过听证主持人核实认定为证据的那部分听证笔录"。❸ 由此可见，听证笔录必须是满足一定条件的笔录材料，需要符合证据的一般特征（真实性、合法性和关联性）以及经过质证、辩论和核实的基本要求。

行政许可中的案卷排他性原则来源于正当法律程序中的听证制度。听证是指"行政机关在作出行政决定之前，以举行专门听证会的形式听取当

---

❶ 沈楠. 行政许可听证笔录制度研究——基于法条规定的实证分析 [M] //章剑生. 公法研究. 杭州：浙江大学出版社，2016（16）：57.
❷ 乔晓阳. 中华人民共和国行政许可法释义 [M]. 北京：中国物价出版社，2003：171.
❸ 叶必丰，贾秀彦. 从行政许可法看行政听证笔录的法律效力 [J]. 法学评论，2005（3）：84.

事人的陈述、申辩和质证的程序"❶。《行政许可法》第 46 条规定："法律、法规、规章规定实施行政许可应当听证的事项，或者行政机关认为需要听证的其他涉及公共利益的重大行政许可事项，行政机关应当向社会公告，并举行听证。"《行政许可法》第 48 条第 1 款第 5 项规定："听证应当制作笔录，听证笔录应当交听证参加人确认无误后签字或者盖章。"《行政许可法》第 48 条第 2 款规定："行政机关应当根据听证笔录，作出行政许可决定。"从上述规定来看，案卷排他性原则是指"行政机关按照正式听证程序作出的决定只能以案卷为根据，不能在案卷以外，以当事人未知悉和未论证的事实为根据。目的是保障当事人有效行使陈述意见的权利和反驳不利于已证据的权利"❷。此处的案卷也就是特指听证笔录，如此则在法律层面上明确了听证笔录对行政许可的约束力。

（一）案卷排他性原则的概念

案卷排他性原则是来自美国行政法的一个重要的程序性原则，该原则实际上是依托于听证程序中的案卷而起作用的。学界对于案卷的范畴存在不同的认识。王名扬教授指出："全部听证的记录和文件构成案卷的一部分，除听证的文件和记录以外，案卷还包括……裁决程序中作出的和收到的各种文件和记录。"❸ 可见此处案卷的范围是非常广泛的，对于听证中涉及的文件材料都可称为案卷。姜明安教授则作了进一步限缩解释，认为"案卷是指行政机关的行政行为所依据的证据、记录和法律文书等，根据一定的顺序组成的书面材料"❹。这里的案卷范围必须是"行政行为所依据的"材料，而且还要按照"一定的顺序组成"，可见并不是听证中涉及的所有书面材料都属于案卷的范畴。也正由于"案卷"是一个存有争议的概念，我国《行政处罚法》和《行政许可法》等法律中的听证中都采用"听证笔录"的表述。因此学界形成了"案卷的效力问题"和"听证笔录的效力问题"的研究，但在笔者看来，二者实质上都属于对案卷排他性原则的研究范畴，只是在表达上存在不同认识，为了与立法表述保持一致故

---

❶ 周佑勇. 行政法原论［M］. 3 版. 北京：北京大学出版社，2018：277.
❷ 马怀德. 论行政听证程序的基本原则［J］. 政法论坛，1998（2）：85.
❸ 王名扬. 美国行政法（上）［M］. 北京：北京大学出版社，2016：369.
❹ 姜明安. 行政法与行政诉讼法［M］. 7 版. 北京：北京大学出版社，高等教育出版社，2019：355.

此处统一采用"听证笔录的效力"代替"案卷的效力"。

"二分法"主要体现在域外法中,即听证笔录的效力主要分为两种模式。一是听证笔录对行政决定具有一定的约束力。听证笔录只是行政决定的参照,行政机关在作出行政决定时负有斟酌听证笔录内容的义务,但没有必须根据听证笔录作出行政决定的义务,该种模式以德国、韩国、日本、瑞士等国为代表。❶ 二是听证笔录是行政决定的唯一根据。在行政机关作出行政决定时不仅要认真斟酌听证笔录的内容,还必须以听证笔录为依据,该种模式以美国为代表,体现在《美国联邦行政程序法》第554条、第556条中。❷ 对于正式听证,证言的记录、证物连同裁决程序中提出的全部文书和申请书,构成作出裁决的唯一案卷。这就是美国的案件排他性原则,可追溯至美国第一摩根案。该原则要求"作出裁决的依据,不能是利害关系当事人未曾有机会检验(其真实性)、解释或批驳过的案卷之外的秘密证据或材料。一切用于裁决的事实都必须为当事人所知晓,都必须是经过辩论了的事实"❸。"案卷就可以像个'隔音空间'一样,把听证主持人、其他机关职员以及行政首长等都隔在同一个案卷空间中,从而保证他们所作的决定始终是一致的。"❹ 由此机关决定便在一定程度上与个人决定相统一,行政相对人在该种模式下也能"看到"听证者与决定者,客观上也实现了真正的"看得见的正义"。

(二)案卷排他性原则适用的前提条件与例外

案卷排他性原则的适用有一定的前提条件,包括保障相对人主体地位的正当法律程序、法律事实的认定标准、看得见的程序真相。❺ 第一,正当法律程序就是让相对人参与到行政决定作出的过程中来,本案中"北京市宣武区建委应案外人林某某之申请"举行听证,体现了对相对人正当程序性权利的保障。第二,法律事实的认定标准则强调由认定"客观事实"

---

❶ 石佑启. 行政听证笔录的法律效力分析 [J]. 法学, 2004 (4): 52.
❷ 石佑启. 行政听证笔录的法律效力分析 [J]. 法学, 2004 (4): 51.
❸ 伯纳德·施瓦茨. 行政法 [M]. 徐炳, 译. 北京: 群众出版社, 1986: 329-330.
❹ 金承东. 论行政案卷排他原则的运作原理——听证者与决定者的统一机制 [J]. 行政法学研究, 2009 (3): 51.
❺ 金承东. 论行政案卷排他原则的运作原理——正当行政程序的保障机制 [J]. 行政法学研究, 2008 (4): 48-53.

转变为认定"法律事实",对弱势的相对人而言,以证据还原事实的规则更为公平,在本案的听证程序中,案外人林某某提交的《回信》即可作为涉案房屋具有文物保护价值的证明材料。第三,看得见的程序真相具体体现在听证笔录上的记载内容能够真实、准确地反映听证全过程,反映相对人的诉求以及行政机关的意见等。本案中,北京市原宣武区建委在听证程序中形成的听证笔录就客观反映了这一看得见的程序真相。此外,案卷排他性原则还在一定程度上体现了行政机关作出行政行为的过程必须要符合"先取证、后裁决"的原则。只有行政机关先行收集证据才能作出相应的行政行为,如果行政机关事后取得的证据或者在行政程序中隐瞒了先行收集的证据,那么其收集的这些证据也将丧失作为证明行政行为合法性的资格。

  对案卷排他性原则的重要例外就是"官方认知原则",即行政机关可以不受听证笔录的限制,在听证笔录或当事人提供的证据以外认定案件中的事实,并以此作为行政决定的根据,简言之就是众所周知、无须证明的事实。❶ 行政机关往往由于自身行政专业技术知识的特长而对官方认识的范围倾向于扩大解释,因此又必须要对其适当限制,即必须符合如下条件才能认定为官方认识:一是行政案件中核心问题不能认知;二是认知事实必须属于周知且明确的事实;三是认知事实必须明确地在行政行为中予以提示;四是行政相对人在行政程序和司法程序中可以对官方认知进行反驳。❷ 官方认知虽然为免证事实,但这是一种相对免证而不是绝对免证,当行政相对人能够反驳或推翻该官方认知时,则不再适用官方认知原则。❸

---

❶ 王名扬. 美国行政法(上)[M]. 北京:北京大学出版社,2016:370.
❷ 梁凤云. 行政诉讼讲义[M]. 北京:人民法院出版社,2022:485.
❸ 梁凤云. 行政诉讼讲义[M]. 北京:人民法院出版社,2022:485.

四、行政允诺

案例 5

崔某某诉丰县人民政府行政允诺案*

——行政机关违反招商引资承诺义务，
滥用行政优益权的，人民法院不予支持

【基本案情】

2001年6月28日，中共丰县县委和丰县人民政府（以下简称"丰县政府"）印发《关于印发丰县招商引资优惠政策的通知》（丰委发〔2001〕23号）（以下简称《23号通知》），就丰县的招商引资奖励政策和具体实施作出相应规定。2003年，在崔某某及其妻子李某某的推介运作下，徐州某达环保水务有限公司建成并投产。后崔某某一直向丰县政府主张支付招商引资奖励未果。2015年5月，崔某某向一审法院提起本案之诉，请求判令丰县政府依照《23号通知》第25条和附则的规定兑现奖励义务。

【裁判结果】

江苏省高级人民法院二审认为，丰县政府作出的上述招商引资奖励承诺，以及崔某某因此开展的介绍行为，符合居间合同相关特征，即居间人向委托人报告订立合同的机会或者提供订立合同的媒介服务而委托人支付报酬，具备诺成性、双务性和不要式性的特点。崔某某多次主张丰县政府应当按照《23号通知》的规定向其支付招商引资奖励未果，由此发生的纠

---

* 此案例选自2019年12月12日最高人民法院发布的《行政协议案件典型案例》典型案例6："崔某龙诉徐州市丰县人民政府招商引资案"；另见一审：江苏省徐州市中级人民法院（2017）苏03行初540号行政判决书；二审：江苏省高级人民法院（2016）苏行终字第90号行政判决书。

纷属于行政合同争议，依法属于人民法院行政诉讼受理范围。对于本案中丰县政府是否应当支付招商引资奖励费用，要审查其行为有无违反准用的民事法律规范的基本原则。诚实信用原则不仅是合同法中的帝王条款，也是行政协议各方当事人应当遵守的基本行为准则。基于保护公共利益的考虑，可以赋予行政主体在解除和变更行政协议中具有一定的优益权，但这种优益权的行使不能与诚实信用原则相抵触，不能够被滥用，尤其是在行政协议案件中，对于关键条文的解释，应当限制行政主体在无其他证据佐证的情形下任意行使所谓的优益权。本案一审中丰县发改委将《23号通知》附则所规定的"本县新增固定资产投入"仅指丰县原有企业，追加投入，扩大产能，属于限缩性的解释。该解释与社会公众正常的理解不符。丰县政府通过对当时承诺重新界定的方式推卸自身应负义务，是对优益权的滥用，显然有悖诚实信用原则。故应当认为丰县发改委作出的《招商引资条款解释》中的该相关内容无效，判令丰县政府继续依照《23号通知》的承诺履行义务。

本案涉及的理论问题

本案中，二审法院认为"本案涉及的《23号通知》系被上诉人丰县政府为充分调动社会各界参与招商引资积极性，以实现政府职能和公共利益为目的向不特定相对人发出的承诺，在相对人实施某一特定行为后，由自己或其所属职能部门给予该相对人物质奖励的单方面意思表示。根据该行为的法律特征，应当认定《23号通知》属于行政允诺"[1]。因此本案涉及行政允诺的含义、认定及司法审查等问题。

一、如何理解行政允诺的含义与认定

（一）行政允诺的含义

行政允诺，也称为行政承诺。[2] 有学者认为"是指行政主体为实现行

---

[1] 江苏省高级人民法院（2016）苏行终字第90号行政判决书。
[2] 学界有不少学者将行政允诺称为行政承诺，但实际上二者并无本质区别，此处为了和最高人民法院的表述保持一致，故采用行政允诺。高鸿. 行政承诺及其司法审查[J]. 人民司法, 2002(4); 汪燕. 行政承诺不作为的司法救济研究[J]. 政治与法律, 2009 (9); 杜仪方. 行政承诺不履行的法律责任[J]. 法学论坛, 2011 (4); 李婷婷. 规范行政承诺的几方面思路[J]. 理论探索, 2012 (1); 彭小霞, 陈建. 论行政承诺的法治化[J]. 云南行政学院学报, 2015 (6).

政管理目标,在其职权范围内依法作出的为自身设定公法上的义务而使相对人获得公法上权利的单方意思表示"❶。该定义指出行政允诺在性质上具有单方性,但并未指出其针对的相对人是特定的还是不特定的。此后也不断有人对行政允诺的界定展开深入探讨,有从广义和狭义的视角来界定,如广义的行政允诺包括附条件允诺和无条件允诺,而狭义的行政允诺则仅指附条件允诺。❷ 也有从特质标准的划分来界定,如以"条件式""不特定相对人""单方意思表示"等特征来认定行政允诺。❸ 还有通过定义的对比来界定,如将行政允诺的定义梳理为"服务说""单方意思说""奖励说""特定说"。❹ 以上观点都具有一定合理性,但分析众多学者的论述后,笔者认为仍应当从行政允诺的特征出发来把握其内涵,实际上行政允诺的显著特点不外乎行政性、单方性、授益性、自由裁量性和附条件性,因此行政允诺是指行政主体为实现行政管理目标就特定事项对不特定行政相对人作出的期待行政相对人作出某一特定行为,并承诺在行政相对人作出某一特定行为的条件成熟之际给予利益回报的一种单方意思表示。

(二)行政允诺与相关概念的区别

1. 行政允诺与行政协议

二者最主要的区别在于前者是单方意思表示,而后者是双方意思表示。行政协议,又称"行政合同"❺或"行政契约"❻,是指行政机关在法定职责范围内为实现行政管理目标与公民、法人或者其他组织协商一致而达成的一种合意,这不同于民事合同之处在于行政协议中行政机关享有行政优益权,即行政机关的单方变更、解除权。❼ 行政协议的要素主要包括目的要素、主体要素、意思要素和内容要素四种,其中目的要素是指"为

---

❶ 闫尔宝. 行政允诺行为详论 [J]. 山东审判, 2001 (2): 24.

❷ 戴俊英. 行政允诺的性质及其司法适用 [J]. 湖北社会科学, 2010 (12).

❸ 章剑生. 行政允诺的认定及其裁判方式——黄银友等诉湖北省大冶市政府、大冶市保安镇政府行政允诺案评析 [J]. 交大法学, 2016 (2); 刘烁玲. 行政允诺及其法律控制 [J]. 行政与法, 2008 (7).

❹ 贾媛媛. 行政承诺行为的合法性审查 [M] //高家伟. 行政行为合法性审查类型化研究. 北京: 中国政法大学出版社, 2019: 270.

❺ 张树义, 张力. 行政法与行政诉讼法学 [M]. 4版. 北京: 高等教育出版社, 2020: 144.

❻ 余凌云. 行政法讲义 [M]. 3版. 北京: 清华大学出版社, 2019: 292.

❼ 章剑生. 现代行政法总论 [M]. 2版. 北京: 法律出版社, 2019: 197-203.

实现公共利益或者行政管理目标",主体要素是指"行政主体和行政相对人,其中行政主体是不可缺少的主体",意思要素是指"签订行政协议必须经过双方协商,意思表示一致",内容要素是指"行政法上的权利义务"。❶ 对比可见,行政允诺与行政协议最核心的区别就在于意思要素的不同,即行政协议属于双方意思表示行为,而从前述行政允诺的特征就可知其属于单方意思表示行为,因此判断行政允诺与行政协议的首先标准就是看该具体行政行为是单方行为还是双方行为。本案中,丰县政府认为《23号通知》属于民事行为中的悬赏,但这种抗辩显然是没有事实和法律依据的,因为民事行为中的悬赏是以实现私人利益为目的,而《23号通知》的目的在于充分调动社会各界参与招商引资的积极性,以实现政府职能和公共利益为目的,即《23号通知》是出于实现公共利益的需要,这无疑与民事行为中的悬赏截然不同。

值得注意的是,2019年12月12日最高人民法院将该案列为《行政协议案件典型案例》第6号案例并予以公布,可见当时最高人民法院认为该案应属于行政协议,最高人民法院的观点是否正确呢?即《23号通知》是否为行政协议呢?本案二审法院认为《23号通知》属于单方面意思表示,属于行政允诺而不属于行政协议。❷ 笔者对此表示认可,因为这是从前述行政协议与行政允诺的"意思要素"区分标准得出的结论。具体而言,《23号通知》是行政主体向不特定相对人发出的承诺,在这一过程中只有行政主体单方性的作出行为,不具有双方性,虽然《23号通知》的内容实现需要行政主体与行政相对人的共同参与,但究其本质而言,《23号通知》的作出只需要行政主体的单方意思表示行为即可,不需要行政相对人向行政主体作出意思表示并达成一致,行政相对人在得知该《23号通知》的内容后也只能向行政主体提出申请才能要求行政主体履行行政允诺的义务,因此《23号通知》只具有单方性,是行政允诺而不是行政协议。

2. 行政允诺与行政给付

二者最主要的区别在于前者针对不特定主体,而后者针对特定主体。行政给付是指行政主体在特定情况下,依法向符合条件的申请人提供物质

---

❶ 梁凤云. 行政协议司法解释讲义 [M]. 北京:人民法院出版社,2020:8-16.
❷ 江苏省高级人民法院(2016)苏行终字第90号行政判决书.

利益或赋予其与物质利益有关的权益的行为，行政给付的形式主要包括抚恤金、最低生活保障费、社会保险金，行政给付的特征主要表现在相对人的特定性和行政行为的授益性、被动性。❶ 但是，对于行政允诺是否针对特定主体而言，存在"不特定说"、"特定说"和"折中说"三种主要分歧。"不特定说"认为，行政允诺所针对的行政相对人在原则上具有不特定性，并且必须以相对人完成指定行为作为前提条件。❷ "特定说"对此持反对意见，认为"能够被诉的、具有法律效力的行政允诺只能是针对特定的相对人"，这是因为如果相对人不特定的话，那么行政允诺就无法产生具体行政行为所具有的公定力、确定力、拘束力和执行力，此时的行政允诺在性质上更像是一种抽象行政行为。❸ "折中说"则主张行政允诺的对象存在不特定和特定两种情况，当对象不特定时行政允诺本身与兑现允诺相分离，当对象特定时行政允诺本身与兑现允诺相合一。❹

笔者认为，在行政允诺中"行政相对人的不特定"与具体行政行为中"对象的特定"之间的问题上，应当明确二者之间实际上并不冲突，行政允诺依旧是具体行政行为，而不是抽象行政行为，更非游离于具体行政行为与抽象行政行为之间的第三种行政行为。❺ 因为具体行政行为中"对象的特定"只是作为具体行政行为的一般特征，并非具体行政行为的成立要件，行政允诺是一种特殊的具体行政行为，其表现为就特定事项对不特定人的处理，而这种特定事项就体现了具体行政行为中"对象的特定"。正如有观点所指出的那样，当行政允诺针对的是不特定对象时表现虽为抽象行政行为，不过一旦相对人出现后即可产生特定化的效果，从而让行政允诺的属性由抽象行政行为转变为具体行政行为。❻ 因此行政允诺主要针对的是不特定主体并无不妥之处。

---

❶ 沈福俊，邹荣. 行政法与行政诉讼法学 [M]. 3 版. 北京：北京大学出版社，2019：254 – 255.

❷ 戴俊英. 行政允诺的性质及其司法适用 [J]. 湖北社会科学，2010 (12)：158.

❸ 张鲁萍. 行政允诺的性质及其司法审查——基于对司法判决书的实证分析 [J]. 西南政法大学学报，2016 (6)：52.

❹ 张怡静. 行政允诺裁判思路的体系整合 [J]. 浙江社会科学，2022 (5)：61.

❺ 有观点认为行政允诺行为是抽象行政行为与具体行政行为的混合体，这一新型的行政行为属于难以定型化的复合式行政行为。郭兵. 行政允诺司法审查路径之反思——基于黄银友案展开的分析 [J]. 行政法论丛，2015 (17)：317.

❻ 戴俊英. 行政允诺的性质及其司法适用 [J]. 湖北社会科学，2010 (12)：159.

本案中，二审法院在裁判理由中表明了《23号通知》是行政机关"向不特定相对人发出的承诺"❶。《23号通知》作为该县招商引资优惠政策的直接依据，第25条中已经明确规定了对引资人予以一定比例的奖励政策，此处的引资人显然泛指不特定的行政相对人，只要能够成功为丰县引进外资项目的公民、法人或其他组织即可成为《23号通知》第25条中的引资人。这与行政给付中必须是特定相对人的要求截然不同，行政给付中的特定相对人只限于老弱病残、受灾群众、烈士家属等，并非泛指一切公民、法人或其他组织。此外，《23号通知》附则中还规定，"本县新增固定资产投入300万元人民币以上者"也可享受此引资奖励政策。由此可见，并非一经申请即可成为丰县引资人，而是需要完成指定行为，在本案中具体是指成功"引进外资项目"或促使丰县"新增固定资产投入300万元人民币以上"。综上，《23号通知》具有相对人不特定性以及要求相对人完成指定行为的特征，故而不属于行政给付。

3. 行政允诺与行政奖励

二者最主要的区别在于规范依据的严格程度不同。行政奖励是指行政主体依照法定条件和程序对那些为国家和社会作出重大贡献的单位与个人，给予物质或精神鼓励的行政行为，其形式主要包括通报表扬、记功、发给奖金奖品、晋级、晋职、通令嘉奖和授予荣誉称号等，其程序主要是奖励的提出、审批、公布和授奖等。❷ 据此，有观点认为行政奖励是行政给付行为。❸ 在司法实践中，行政允诺与行政奖励极易混淆，如当行政允诺以具体奖励为基本内容时，区分行政允诺和行政奖励就显得尤为重要。行政允诺和行政奖励之间的实质区别在于，行政奖励的设定是以特定规范的明确性授权为前提，而行政允诺则是作为积极行政和服务行政模式下的一种行政权扩张类型，并不是以特定规范的明确性授权为前提，行政机关在没有行政法规范的情况下可以在职权范围内创制某些行为规则，为行政相对人设定权利义务。❹ 总体而言，行政奖励的规范依据一般比行政允诺要严格，而行政允诺具有较大灵活性，在行政职权范围内能够自我设定相

---

❶ 江苏省高级人民法院（2016）苏行终字第90号行政判决书。
❷ 杨解君，等. 行政法与行政诉讼法（上）[M]. 北京：清华大学出版社，2009：359-362.
❸ 胡建淼，江利红. 行政法学 [M]. 2版. 北京：中国人民大学出版社，2014：260.
❹ 黄辉. 行政允诺行为司法适用的检讨 [J]. 社会科学家，2011（5）：76.

关的行政允诺内容，行政允诺虽然有包含行政奖励的内容，但还可以允诺其他事项，即二者存在交集但又不是完全等同的。❶

本案中，丰县政府对崔某某的奖励义务并没有法律法规等特定规范的明确性授权，而根据《23号通知》的精神和承诺以及丰县发改委作出的《招商引资条款解释》所产生的向崔某某承担一定金钱给付义务，只是行政主体在职权范围内作出的规范性文件中的相关承诺，并不是法律法规的明确性授权，不属于行政奖励的范畴，而只能认定行政允诺行为。

二、如何对行政允诺进行司法审查

（一）行政允诺的可诉性问题

关于行政允诺的可诉性问题，从整体性的视角来看，相关司法解释中已经明确了行政允诺具有可诉性。例如，2004年《最高人民法院关于规范行政案件案由的通知》（法发〔2004〕2号）中就已作出行政诉讼案件案由包含行政允诺的规定。2009年《最高人民法院关于依法保护行政诉讼当事人诉权的意见》（法发〔2009〕54号）中也作出了人民法院依法积极受理关于行政允诺类案件的规定。但从过程论的视角审视行政允诺的话，可以发现实践中的行政允诺往往都是复合型行为，一般而言主要由"行为1：行政主体作出行政允诺的通知""行为2：相对人基于行政允诺的具体内容而积极地作出特定行为""行为3：相对人达成行政允诺的既定条件""行为4：相对人向行政主体提出奖励申请""行为5：行政主体向相对人履行行政允诺中设定的义务"这5个组合行为所构成。具体到本案中，则表现为：第一，2001年丰县县委、县政府发布《23号通知》发布（行为1）；第二，崔某某积极地为丰县招商引资而四处奔走（行为2）；第三，崔某某的积极引资行为促使重庆康达公司与丰县政府于2003年成功签约并约定投资建设丰县污水处理厂（徐州康达公司）（行为3）；第四，崔某某向丰县政府申请行政允诺奖励（行为4）；第五，由丰县政府履行《23号通知》中设定的奖励给付义务（行为5）。不过本案中，丰县政府并未实际履行前述义务，因而引发相应纠纷。由此看出，行政允诺不是简单的单一行为模

---

❶ 张鲁萍. 行政允诺的性质及其司法审查——基于对司法判决书的实证分析［J］. 西南政法大学报，2016（6）：53.

式，而是由多个行为共同构成的统一整体。

同时也产生一个问题，虽然对于整体性视角下的行政允诺具有可诉性，可以予以司法审查，但是对于过程论视角下的行政允诺而言，其诸多的组合行为是否都应当进行司法审查呢？换言之，是否应当逐一审查行政允诺的所有组合行为呢？应当说并非如此，一方面在于逐一审查方式无法提高司法效率，另一方面在于行政允诺的所有组合行为中还存在许多问题，无法形成共识。比如，在本案中"行为1"到底是具体行政行为还是抽象行政行为？又如"行为2"按理应当属于相对人的个人行为，那么是否有必要对其进行司法审查？诸如此类的问题尚处于定性不清、争论不休的状态，因此有必要打破逐一审查行政允诺的所有组合行为的审查思维，转向更为有效的审查模式。

（二）行政允诺的审查模式

实践中，对行政允诺问题的司法审查基本形成了一种"双阶审查模式"❶。这种模式通过将行政允诺划分成两个层面来予以审查：一是行政主体作出的行政允诺本身，也即该行政允诺是否已然成立；二是行政主体后续对行政允诺的兑现，也即该行政允诺所确立的给付职责是否已经履行完毕。这与前述对过程论视角下行政允诺的诸多组合行为进行逐一审查有所不同。具体而言，双阶审查模式实际上是将行为1、行为2与行为3合并为第一层面问题（行政允诺成立的问题），将行为4和行为5合并为第二层面问题（行政允诺兑现的问题）。据此，法院根据这两个层面的内容进行审查并作出相应的裁判结果，也被学者称为"双层裁判结构"❷。行政允诺的双阶审查模式可追溯到德国行政法上的"双阶理论"，该理论表现为"行政处分+民事合同"或"行政处分+行政合同"模式，其实质在于将一个生活或法律关系拆解成不同阶段继而适用不同性质的法规范。❸ 本案中，二审法院在裁判理由中指出，"根据该行为的法律特征，应当认定

---

❶ 张鲁萍. 行政允诺的性质及其司法审查——基于对司法判决书的实证分析[J]. 西南政法大学学报，2016（6）：54.

❷ 章剑生. 行政允诺的认定及其裁判方式——黄银友等诉湖北省大冶市政府、大冶市保安镇政府行政允诺案评析[J]. 交大法学，2016（2）：175.

❸ 颜冬铌. 行政允诺的审查方法——以最高人民法院发布的典型案例为研究对象[J]. 华东政法大学学报，2020（6）：190.

《23号通知》属于行政允诺"❶，这表明二审法院在审理行政允诺纠纷时，首先对行政允诺进行了确认。随后，二审法院在裁判理由中还指出，"应当认定上诉人崔某某已经履行自身相关义务，被上诉人丰县政府应当依照《23号通知》附则中的规定，兑现其招商引资奖励允诺"❷。这表明二审法院在确认行政允诺成立后，便审查了行政允诺的兑现问题，并认为行政机关对其先前作出的行政允诺具有兑现义务。由此可见，本案二审法院在审查行政允诺纠纷时所遵循的裁判思路正是双阶审查模式。

但是，也有观点认为，本案实际上已经开始摆脱行政允诺"双阶审查模式"路径的依赖，该观点指出行政允诺具有适用行政协议审查规则的容许性和妥当性，即采取"行政法律关系—履行义务之诉"这种"一分法"的审查模式。❸ 具体而言，本案二审法院在审查第二个层面的问题（行政允诺的兑现）时，并不是强调行政机关应当履行行政允诺兑现的职责，而是指出行政机关应当履行行政允诺兑现的义务。这里主要区分对"职责"与"义务"的表述，于是涉及"履责之诉"与"义务之诉"之间的关系。前者表现为将行政允诺这一单方行政行为作为法定职责的"法"的来源，从而促使行政机关履行法定职责；后者则表现为将行政允诺作为行政机关与行政相对人之间权利义务关系的联结点，从而将行政允诺的兑现问题落入履行行政协议的讨论框架内，并以此准用民事法律规范来审查行政允诺的兑现问题。总体而言，履责之诉本质上体现的是公法领域的法规范，故而民事法律规范要想进入行政允诺审查范畴中，就需要将履责之诉转换为义务之诉。如此，具有包容民事法律规范的义务之诉便将"行政允诺的成立"和"行政允诺的兑现"融为一个整体，即形成基于行政允诺权利义务关系而进行司法审查的"一元审查模式"，而其中行政机关的义务便是履行行政允诺中先前设定的奖励义务。

笔者认为，对于行政允诺的审查仍应采取"双阶审查模式"，也即"二元审查模式"。理由在于："一元审查模式"虽将"行政允诺的成立"和"行政允诺的兑现"整合成一个权利义务关系体系内，并基于该权利义

---

❶ 江苏省高级人民法院（2016）苏行终字第90号行政判决书。
❷ 江苏省高级人民法院（2016）苏行终字第90号行政判决书。
❸ 张怡静. 行政允诺裁判思路的体系整合[J]. 浙江社会科学，2022（5）：61.

务关系体系对行政允诺进行审查合法性和合约性,❶ 但是"一元审查模式"在实质上仍未脱离对"行政允诺的成立"和"行政允诺的兑现"的分步式审查。从本案二审法院的裁判理由中可以看出,二审法院分别从两个方面审查了该案的行政允诺纠纷。第一方面是"如何正确适用法律,准确理解《23 号通知》中的有关规定",对此二审法院直接将《23 号通知》认定为行政允诺,同时也指出该文件是行政机关兑现行政允诺的依据;第二方面是"被上诉人丰县政府是否应当依法、依约履行相应义务",对此二审法院认定崔某某已经履行了其在行政允诺权利义务关系中所承担的引资义务,因此行政机关也应当及时履行其在行政允诺权利义务关系中所承担的奖励兑现义务。❷ 由此可见,本案中的二审法院并非完全如同"一元审查模式"那样集中于对"行政允诺的成立"与"行政允诺的兑现"融为一体的行政允诺权利义务关系进行一元审查,而是先对行政允诺的成立予以认定,然后再对行政允诺的兑现予以认定,进而在审查模式上形成"二元"结构。综上,"一元审查模式"在对行政允诺进行审查的外部整体框架下,可能会呈现出以权利义务关系为基础的"一元"结构,但在对行政允诺进行审查的内部形式上则显然呈现出一种分步式的"二元"结构,即先判断"行政允诺的成立"问题,再认定"行政允诺的兑现"问题。

此外,不少学者还注意到行政允诺的审查模式还经历着从"行为之诉"到"关系之诉"的演变。此处的行为之诉是指基于行政行为进行的司法审查,而关系之诉是指基于行政法律关系进行的司法审查。行政允诺作为一种给付行政,对其司法审查不仅要判断行政行为的合法性问题,还要督促行政机关积极履行给付义务,这与行政处罚、行政强制等传统的干预行政有所不同,主要是由于在对干预行政的司法审查中只注重审查行政行为合法性问题即可。司法实践中,对行政允诺的审查模式起初便是以"行为之诉"的理念展开,但随着"行为之诉"无法充分合理地解释法院裁判的制定法依据问题,因此转而通过以"关系之诉"来解释制定法依据的做

---

❶ 审查合法性是指有无违反行政法规定,审查合约性是指有无违反准用的民事法律规范所确定的基本原则,如诚实信用原则。参见江苏省高级人民法院(2016)苏行终字第 90 号行政判决书。
❷ 江苏省高级人民法院(2016)苏行终字第 90 号行政判决书。

法。这在"黄银友案"❶中便得以具体呈现,该案通过判决来确认行政允诺关系,进而发展出符合给付行政需求的"关系之诉"。❷本案二审法院也是如此,通过确认在崔某某与丰县政府之间已经形成行政允诺关系,而《23号通知》便是兑现行政允诺的依据,显然本案也是遵循"关系之诉"来作出的裁判。

对于行政允诺纠纷的最终裁判方式,有人认为"若行政主体'诺而不践'的行为系不作为违法,法院在作出确认违法判决的同时,若行政机关未曾对具体奖励款的确定作出判断,应仅判决履行义务,以示对行政自由裁量权的尊重;若行政机关已对具体奖励款的确定有所判断,行政机关不适当履行允诺内容表现为具体奖励款的确定不当,则法院可经审理直接判决给付确定金额"❸。也就是说,在对行政允诺的裁判上可以分为两个部分,第一部分就是对行政机关不履行兑现行政允诺的奖励义务进行否定性评价,该部分应采用确认违法判决;第二部分就是对行政机关是否曾经作出过确定行政允诺具体奖励款的判断进行审查,该部分则要视具体情况而定,若行政机关未行使行政首次判断权,则法院只能要求行政机关积极履行义务,而不能对具体奖励款予以确定,若行政机关已经行使了行政首次判断权,则法院才可以对具体奖励款予以确定,直接判决给付确定金额。

本案一审法院直接判决给付金额,即在一审判决书中判决"变更被告丰县人民政府于2017年9月15日作出的《关于给予崔某某招商引资奖励的决定》中给予崔某某5万元奖励,改为给予崔某某357016元奖励。"❹但是二审法院并没有像一审法院那样直接判决给付金额,而是在撤销一审判决书的基础上,笼统判决行政机关履行义务,即在二审判决书中判决"责令被上诉人丰县人民政府依照丰委发〔2001〕23号《关于印发丰县招商引资优惠政策的通知》,在本判决生效后60日内依法履行对崔某某的奖

---

❶ 最高人民法院行政庭. 中国行政审判指导案例(第1卷)[M]. 北京:中国法制出版社, 2012:108.

❷ 章剑生. 行政允诺的认定及其裁判方式——黄银友等诉湖北省大冶市政府、大冶市保安镇政府行政允诺案评析[J]. 交大法学, 2016(2):175.

❸ 段作双. "诺而不践"行为的司法审查路径与救济方式[M]//蔡乐渭. 行政法案例研习·第三辑. 北京:中国政法大学出版社, 2021:22.

❹ 江苏省徐州市中级人民法院(2017)苏03行初540号行政判决书。

励义务"❶。一审法院和二审法院截然不同的做法，体现了法院对行政机关首次判断权的尊重。

三、如何理解行政解释权*

本案中，丰县发改委就案涉《23号通知》中的《丰县招商引资优惠政策》作的《招商引资条款解释》，实际上是一种行政解释，属于一种特殊的行政行为。解释在法学领域存在法定解释和学理解释，法定解释又称正式解释或有权解释，包括立法解释、司法解释和行政解释。就本案而言，涉及的行政解释是指"享有法定行政解释权的特定国家行政机关，依法对行政法规、部门规章和地方性规章所作出的，在解释主体的行政管辖范围内，具有普遍性行政约束力的阐释和说明"❷。对于行政解释的分类，根据行政解释权来源不同，可以将行政解释分为授权解释和职权解释；根据行政解释主体层级地位不同，可以将行政解释分为中央行政解释和地方行政解释；根据行政解释内容的不同，可以将行政解释分为抽象解释和具体解释。❸ 对于行政解释的要件，有观点认为包括三个：职权要件、内容要件和形式要件。❹ 据此观点，本案中丰县发改委是法定的经济发展与改革主管部门，对招商引资等促进经济发展的政策进行阐明和解释是其职权范围的事项，故具有职权要件；丰县发改委是对县委县政府制定的《23号通知》中招商引资优惠政策的补充说明，不属于另行创制规定，故符合内容要件；丰县发改委对招商引资政策的解释是通过《招商引资条款解释》这一书面的规范性文件形式作出，故存在形式要件。综上，丰县发改委作出的《招商引资条款解释》应当属于行政解释。

"行政解释中的解释权"与"行政允诺中的行政优益权"是否冲突呢？《23号通知》是丰县政府出于招商引资目的而作出的行政允诺行为，《招商引资条款解释》正是丰县人民政府的职能部门对案涉《23号通知》的解释，可见《招商引资条款解释》的作出还具备行政允诺中的行政优益权

---

❶ 江苏省高级人民法院（2016）苏行终字第90号行政判决书。
* 赵宏. 行政法案例研习·第二辑 [M]. 北京：中国政法大学出版社，2020：124.
❷ 邴长策. 行政解释的概念探究 [J]. 法学杂志，2008（3）：151.
❸ 惠生武. 论行政解释的基本范畴及其分类 [J]. 法律科学，1999（3）
❹ 赵宏. 行政法案例研习·第二辑 [M]. 北京：中国政法大学出版社，2020：124.

的属性。但无论是"行政解释中的解释权"还是"行政允诺中的行政优益权",出于保障公民、法人和其他组织的合法权益,限制行政权的滥用,对丰县人民政府及其职能部门作出的《23号通知》和《招商引资条款解释》都应当予以司法审查。在对行政允诺中行政优益权的"随意解释"行为的司法审查❶问题上,行政允诺中也应当遵循诚实信用原则,基于保护公共利益的需要而赋予行政主体相应的行政优益权固然必要,但是行政主体也不能因此而滥用行政优益权,不得与法律规范和法律原则相违背和抵触,更不能任意行使解释权。本案中,行政主体就是"对行政允诺关键内容作出无事实根据和法律依据的随意解释"❷,这一任意解释是在丰县人民政府涉诉后进行的限缩性解释,显然丰县发改委就是在滥用行政优益权。

---

❶ 赵剑文. 行政审判中对"随意解释"行为的司法判断——以"崔某某诉丰县人民政府行政允诺案"为例[J]. 山东法官培训学院学报,2019(5);张怡静. 行政允诺解释的司法审查——崔某某诉丰县人民政府行政允诺案评析[M]//章剑生. 公法研究. 杭州:浙江大学出版社,2021:148.

❷ 江苏省高级人民法院(2016)苏行终字第90号行政判决书。

五、行政协议

案例 6

某国际有限公司、湖北某高速公路有限公司诉湖北省荆州市人民政府、湖北省人民政府解除特许权协议及行政复议一案[*]

基本案情

2008年4月,湖北省荆州市人民政府(以下简称"荆州市政府")、湖北省荆州市交通运输局(以下简称"荆州市交通局")作为甲方与乙方某国际有限公司(以下简称"某国际公司")订立了《武汉至监利高速公路洪湖至监利段项目投资协议》约定,甲方同意按照建设——经营——转让(Build - Operate - Transfer,BOT)方式(以下简称BOT)授予乙方武汉至监利高速公路洪湖至监利段项目投资经营权。乙方接受授权,愿意按照政府部门批复的建设内容、方案、基数标准、投资估算完成该项目工程的前期工作、投资建设、运营和特许期满后的移交工作。特许期30年,自工程建设完成且通过验收投入试运营之日起计算。

2008年6月,某国际公司依法组建以其为独资股东的湖北某高速公路有限公司(以下简称"某高速公司")。随后,荆州市交通局(甲方)与某高速公司(乙方)订立了《特许权协议》,对特许期、双方的权利义务、单方解除权等事项进行了详细约定。涉案项目自2013年下半年正式动工建设,后因某高速公司与其委托施工单位发生纠纷,涉案项目自2015年7月始停滞。

2015年11月,荆州市交通局向某高速公司下达《违约整改通知书》,

---

[*] 最高人民法院发布第二批行政协议诉讼典型案例(2023)。

要求某高速公司迅速组织项目资金到位，在 60 日内组织施工单位全面复工，否则将考虑是否解除特许权协议。此后，荆州市政府、荆州市交通局多次要求某国际公司组织资金复工，某国际公司收到通知后进行了相应回复，但并未实质恢复项目正常建设。2016 年 11 月，荆州市交通局根据《特许权协议》第 77 条的约定作出《终止（解除）协议意向通知》，通知某高速公司在 30 天内就采取措施避免单方面解除《特许权协议》进行协商。嗣后，某高速公司未与荆州市交通局达成一致意见。2017 年 7 月，荆州市交通局依某国际公司、某高速公司申请就拟终止（解除）《特许权协议》举行听证之后作出《终止（解除）特许权协议通知》（以下简称《通知》）并送达。某国际公司、某高速公司不服《通知》向湖北省人民政府（以下简称"湖北省政府"）提起行政复议，湖北省政府复议予以维持。某国际公司、某高速公司不服，遂诉至法院，请求撤销荆州市政府作出的《通知》和湖北省政府作出的维持复议决定。

湖北省武汉市中级人民法院一审认为，涉案协议系荆州市政府为加快湖北省高速公路建设，改善公路网布局，以 BOT 的方式授予某国际公司洪湖至监利段项目投资经营权，属于以行政协议的方式行使行政权力的行为。在行政协议的订立、履行过程中，不仅行政机关应当恪守法定权限，不违背法律、法规的强制性规定，履行协议约定的各项义务；作为行政协议的相对方的某国际公司亦应严格遵守法定和约定的义务，否则行政机关有权依照法律规定以及协议的约定，行使解除协议的权利。本案中，某高速公司因与其委托施工方发生争议，涉案项目自 2015 年 7 月始未正常推进，致使协议目的不能实现，《特许权协议》约定的荆州市政府行使单方解除权的条件成就，荆州市政府作出《通知》符合法律规定，亦符合《特许权协议》的约定。此外，为妥善处理争议，荆州市政府不仅按照约定给予了协谈整改期，且在拟作出解除协议之前给予某高速公司充分的陈述、申辩权并如期举行了听证，作出被诉《通知》行为事实清楚，证据充分，程序妥当。一审法院遂驳回某国际公司、某高速公司的诉讼请求，但考虑到某国际公司、某高速公司在涉案项目前期建设中已进行了大额投资和建设，建议荆州市政府在协议终止后，妥善处理好后续审计、补偿事宜。某国际公司、某高速公司不服，提起上诉。湖北省高级人民法院二审判决驳回上诉，维持一审判决。

> 本案涉及的理论问题

本案是行政机关胜诉的行政协议纠纷案件，对于行政主体如何正确行使行政优益权具有典型意义。

一、行政协议的识别认定

BOT 协议盛起于 20 世纪 80 年代的各发展中国家，如今作为一种常见的引资渠道广泛地被用于各国社会建设之中。我国最早曾于 1995 年在中国国际经济法年会上以此为专题开展过讨论。同年，我国对外经贸部、国家计委与电力部均下发文件支持以 BOT 方式在我国开展经济建设。如今，BOT 方式与 PPP 方式已成为我国推动政府与企业合作开展基础设施建设的主要模式。本案湖北省荆州市人民政府与某国际公司签订的《武汉至监利高速公路洪湖至监利段项目投资协议》属于典型的 BOT 协议形式，其中关于协议的认定及其法律适用存在许多争议焦点。

BOT 协议，是由政府通过协议方式将基础设施建造、经营和管理权让渡给项目发起人，由其设立项目公司专门进行，并通过经营所得偿还贷款、获得收益，特许期满后，项目公司将该设施无偿地移交给政府部门。❶可见这种引资方式将政府的部分公共服务职责下放，鼓励社会资本参与社会建设，并在通过其经营权的让渡满足企业收益的同时提升了社会建设与发展的效率。此外，还存在另一种与 BOT 协议十分相近的协议形式，即 PPP（Public-Private-Partnership）协议。BOT 不同于传统的公私合作经营模式（PPP 协议）而具备以下特点：（1）政府并非经营者与建设者，仅仅作为一个发起人，原则上不干预私人投资者，仅在其违反协议时进行干预；❷（2）项目通常为具有垄断性的大型重要工程建设，如高速公路、收费公路、国家体育馆等；（3）BOT 项目并不会于项目建设完成时进行结算，而是给予一定特许经营权之后无偿取得。

BOT 协议作为一种公私合作的商业模式，首先需要区分其究竟属于行

---

❶ 孙潮, 沈伟. BOT 投资方式在我国的适用冲突及其法律分析 [J]. 中国法学, 1997 (1).
❷ 种及灵. 论 BOT 的核心法律问题 [J]. 现代法学, 2000 (2): 34–35.

政协议还是民事合同,这也是本案的争议焦点之一。有观点认为 BOT 协议属于特殊的民事合同;❶ 有观点认为属于行政合同;❷ 也有观点认为属于"特殊类型的经济合同"❸。本案中,湖北省武汉市中级人民法院一审认定 BOT 协议属于行政协议,因此在探究 BOT 协议的属性时,需要考虑到行政协议的形式特征与实质特征,以把握 BOT 协议的法律属性。

(一)行政协议的形式标准

2019 年《最高人民法院关于审理行政协议案件若干问题的规定》(法释〔2019〕17 号)(下称《行政协议规定》)第 1 条规定:"行政机关为了实现行政管理或者公共服务目标,与公民、法人或者其他组织协商订立的具有行政法上权利义务内容的协议,属于行政诉讼法第十二条第一款第十一项规定的行政协议。"该条文明确了行政协议作为公法领域合同的形式特性,主要有以下特征:一是主体之法定性,即需要行政机关的参与。《行政协议规定》第 1 条对主体进行限定,即一方主体为行政机关。从形式上界定行政机关,其是指依据宪法及相关组织法所规定而设置的,行使国家行政职能的国家机关。❹ 二是目的之行政性,行政协议的主要目的在于行政目标的实现,或者是公共服务的需要。《行政协议规定》第 1 条也指出了行政协议的目的必须为"行政管理或公共服务",这说明行政协议的产生并非基于行政机关或者行政相对人的个体利益诉求,而是以完成行政任务或者社会服务为目的,可以说该协议目的带有强烈的公法属性。三是权利义务上的特殊性。在审理行政协议案件时,应当优先适用行政法领域的法律法规。《行政协议规定》第 1 条指出具有"行政法上权利义务内容"的协议才属于行政协议范畴。同时第 27 条规定:"人民法院审理行政协议案件,应当适用行政诉讼法的规定;行政诉讼法没有规定的,参照适用民事诉讼法的规定。人民法院审理行政协议案件,可以参照适用民事法律规范关于民事合同的相关规定。"这一条款明确了行政协议在审理时的特殊性:在一般情形下优先适用行政法律法规,但是在行政法律法规存在

---

❶ 黄辉. WTO 与国际投资法律实务 [M]. 长春:吉林人民出版社,2001:140.
❷ 于安. 外商投资特许权项目协议(BOT)与行政合同法 [M]. 北京:法律出版社,1998:24.
❸ 薛文,熊俊峰. BOT 协议的法律性质探讨 [J]. 财贸研究,2003(5):117-120.
❹ 姜明安,余凌云. 行政法 [M]. 北京:科学出版社,2010:114.

漏洞或者不宜适用的情况下，允许参照适用民事法律法规对案件进行审理。

本案中，荆州市政府身份与相关行为符合所有形式要件：首先，其作为地方政府而言属于国家行政机关，显然构成法定主体；其次，该协议的订立是为了高速公路的建设，符合行政目的的需要；最后，行政法上的权利义务则最终需要通过行政优益权得以体现。

（二）行政协议的实质标准

在某些合同中，其形式特性会存在民事合同与行政协议交叉的情形，如此则更应当进一步考察其形式特征的实质内涵，以更好地把握行政协议与民事合同之间的界限，从而确保合同双方当事人的合法权益与合同目的得以实现。在"大英县永佳纸业有限公司诉四川省大英县人民政府不履行行政协议案"（以下简称"大英县永佳公司案"）❶ 中，最高人民法院认为应当从五个角度去判定某个合同是否属于行政协议：主体要素、目的要素、职责要素、内容要素、意思要素。只有当五个要素均满足时，才能将其视为行政协议。❷

1. 主体要素

《行政协议规定》第 1 条指出，行政协议必须由行政机关与公民、法人或者其他组织协商订立。可知主体要素是行政协议的必要条件之一，这是因为必须有行政机关的参与，合同才能被认定为行政协议。

但是，能否认为一旦有行政机关参与就必然构成行政协议呢？这需要进一步考察。在大英县永佳公司案中，最高人民法院认为："行政协议的主体是行政机关与行政相对人，其中具有优势地位的行政主体是不可缺少的。"在认定此处的行政机关时，就需要进行一个"行政机关"与"行政主体"的概念界定。行政主体指行政权力的享有者、行政活动的实施者，是能够实际享有并行使权力、以自己名义承担责任的主体。❸ 虽然行政主体常常指行政机关，但是行政主体与行政机关并不是完全相同的概念。二者区别在于：行政机关仅仅是形式上的概念，而行政主体是实质上的概

---

❶ 最高人民法院（2017）最高法行申 195 号行政裁定书。
❷ 杨科雄，郭雪. 行政协议法律制度的理论与实践［M］. 北京：中国法制出版社，2021：90.
❸ 张树义，张力. 行政法与行政诉讼法学［M］. 4 版. 北京：高等教育出版社，2020：42.

念。正因如此，对于有行政机关参与的合同而言，并非全部都是行政协议。例如《行政协议规定》第 3 条规定的"公务协助协议"和"劳动人事协议"均不属于行政协议范畴。由此可见，当协议双方均为行政机关时，又或者行政机关并不是以"行政主体"的身份参与合同订立时，这将导致行政机关在协议中并不具备"优势地位"，从而不构成行政协议。

此外，还应当关注行政机关的范围。从《行政诉讼法》的规定可以看出，我国的行政机关并非仅仅指国务院与地方人民政府，也包含其内部机构与"被授权的组织"，所以在认定行政协议中的行政机关时，需要多角度考察，不能仅仅以有无行政机关的参与来认定协议的法律属性（行政协议或民事合同）。

2. 目的要素

行政协议的目的，一般是指"行政管理或者公共服务目标"。如何界定目的要素是行政协议与民事合同区分中的核心争议焦点，主要是由于行政管理这一目的过于笼统化。例如，在政府采购合同中，行政机关通常被认为具备双重属性，即行政主体属性与民事主体属性。事实上，采购物资从严格意义来讲本不是一种有利于公共社会发展，或者说服务于社会的内容，在一般观念里应当认为其属于买卖合同。但是，行政机关却可以主张是为了行政管理的目标以及更高效地工作等理由将其定义为行政协议。而且，在行政协议的履行中，的确存在"公共利益"与"个体利益"的共同实现。因此，对于此类合同仅凭目的要素很难区分究竟属于行政管理目的还是纯粹的交易目的。

本案中，荆州市政府与某国际公司订立的 BOT 协议，虽然目的在于推进高速公路的建设，但该国际公司在之后便可享有经营的权利，其必然通过这项权利获取一定的利润，那么能否因此将之定义为民事合同呢？有观点认为，此种合同的履行必然包含私益的实现，但是需要探究合同的主要目的，正如合同法中区分不同的合同所依赖的并不是当事人的动机而是目的。该协议的目的正是道路修建工作，BOT 协议仅仅作为一种融资手段吸引社会资本参与其中、进行建设，本质上仍然是地方政府为了达成自己的行政目的而采取的行为。正如本案中裁判理由所述，行政机关的行为"属于以行政协议的方式行使行政权力的行为"，应当认为具备目的要素。

3. 职责要素

职责要素是基于主体要素与目的要素而提出的进一步要求。具体而言，行政机关需要在法定职责范围内以法定的职权为基础订立行政协议，即行政协议的合法性源于行政机关的职权、职责。《行政协议规定》第10条规定："被告对于自己具有法定职权、履行法定程序、履行相应法定职责以及订立、履行、变更、解除行政协议等行为的合法性承担举证责任。"该规定表明，行政协议与民事合同有所不同：后者的当事人均为私主体，而私主体可以在其行为能力内依照意思自治原则订立民事合同；但在前者中，行政机关只是当事人之一，其必须以具有相应职权并履行相应行政义务为前提，才能够成为行政协议中的适格主体。简言之，对二者的区分需要判断协议中是否存在"公权力的介入"。此外，依照行政法的原则，在公权力领域行政机关行使职权必须遵循"法无授权皆禁止"的限制，即越权行为无效。

本案裁判中指出行政协议属于行使行政权力的方式之一，这固然应当符合行政行为的规定。但是，职责要素并不会对行政协议的属性产生性质上的影响，而只产生效力上的影响。一方面，本案荆州市政府参与订立的合同涉及高速公路的建设；另一方面，《中华人民共和国地方各级人民代表大会和地方各级人民政府组织法》（下称《地方组织法》）第73条也明确了地方政府的职权，其中第（5）项规定，地方政府有权编制与执行社会发展纲要，负责城乡建设等行政事项。因此，可以认定荆州市政府是行政协议中适格的行政机关。

4. 内容要素

内容要素属于行政协议的核心要素，具体内容表现为《行政协议规定》第1条规定的行政协议必须具有"行政法上的权利与义务"，这也是行政协议能从合同法中独立出来的主要原因，因此有学者也提出应当简化行政协议的识别方式，即"排除不具有识别功能的形式标准，致力于以内容要素作为单一标准来识别行政协议"[1]。尽管前述观点过于绝对化，但"内容要素起决定性作用的主张应被力挺"[2]。由于行政协议中双方当事人

---

[1] 刘飞. 行政协议的识别方式——以"永佳纸业案"为例的考察 [J]. 中外法学, 2023 (3).

[2] 黄先雄. 论"行政法上权利义务内容"的识别及其对协议性质的影响 [J]. 清华法学, 2023 (3): 21.

的法律关系是行政法律关系，故应当履行行政法上的权利与义务。其中最重要的一项内容就是行政优益权，它赋予行政机关超越合同本身的权利，使得合同的行使能够处于行政机关的监督与管理之下，同时构成合同的不对等性。正因如此，内容要素最为关键的判断标准即为行政机关拥有"行政优益权"。如《中华人民共和国矿产资源法》中对探矿权、采矿权的设立与转让所采取的登记审批制，即使在该制度下权利人取得相应的权利，但仍然需要在相关行政主管部门的监督之下进行相应的活动。

回到本案中，对于行政相对人即某国际公司而言，其可以基于BOT协议之规定对该高速公路项目的完成而取得报酬权；对于行政主体即荆州市政府和荆州市交通局而言，其可以基于BOT协议之规定对该高速公路项目的完成而支付报酬义务。此外，若产生可归责于行政相对人的事由导致该高速公路项目未按期完成，行政主体还可以基于BOT协议之规定行使行政优益权从而变更或解除行政协议。

5. 意思要素

意思要素并非行政协议的主要特征，而是一切契约的基础。《民法典》第143条第（2）项就规定了有效民事法律行为的意思要件，即"意思表示真实"。在与民事合同的对比中可以发现，行政协议并不是严格的行政命令，即使有处于优势地位的行政机关参与，双方当事人仍应当在平等协商的前提下进行磋商，以合意为基础订立协议。因此，行政协议也应当具备"意思表示真实"的要素。例如《行政协议规定》第1条规定的"与公民、法人或者其他组织协商订立"（行政协议的订立）以及第7条规定的"当事人书面协议约定……管辖的，人民法院从其约定"（行政协议的约定管辖）等，在侧面反映了行政协议的意思要素。

本案中，BOT协议是基于荆州市政府、荆州市交通局作为行政主体与某国际公司签订的一份协议，本着意思自治的原则，由行政主体即甲方同意按照BOT协议方式授予乙方涉案高速公路项目投资经营权，同时行政相对人即乙方也接受了该授权，并愿意按照政府部门的要求来完成该项目工程相关工作。由此可见，该BOT协议集合了甲方和乙方的认识因素和意志因素，具备"意思表示真实"的意思要素。

二、行政优益权的属性与功能

我国《行政协议规定》第16条规定："在履行行政协议过程中，可能出现严重损害国家利益、社会公共利益的情形,被告作出变更、解除协议的行政行为后……判决被告予以赔偿。"这实际上赋予了行政机关能够以协议的履行违反国家利益或者社会公共利益为由,单方面变更或者解除协议的权利——行政优益权。由于行政协议可以参照民事法律法规适用的规定,所以行政协议也可以适用《民法典》合同编中关于单方解除权的规定。本案裁判提到:"在行政协议的订立、履行过程中,不仅行政机关应当恪守法定权限,不违背法律、法规的强制性规定,履行协议约定的各项义务,作为行政协议的相对方的某国际公司亦应严格遵守法定和约定的义务,否则行政机关有权依照法律规定以及协议的约定,行使解除协议的权利。"此处的"行使解除协议的权利"究竟是指行政法领域的"行政优益权"还是《民法典》合同编中的"单方解除权"?这是值得探究的问题。

(一) 行政法框架中的行政优益权

首先需要对行政优益权的属性进行界定,行政优益权究竟是"权力"还是"权利"?对于这个定义我国学者莫衷一是。有观点认为是权力,即行政优益权属于"单方强制性权力"❶ 或"法定权力"❷;也有观点认为是权利,并主张"为促成行政机关所预期的行政目标的完成,就必须赋予行政机关在契约中适度的主导性权利,同时积极发挥相对人一方对行政机关履行义务的监督作用"❸。可见持权利论者将行政优益权视为一种"主导性"权能的权利,而不是所谓的具有"强制性"权能的权力。

笔者认为,应当肯定行政优益权属于权力的观点。从行政优益权的渊源来看,我国学者早期研究行政优益权实际上是源于法国行政法理论,即行政优益权属于权力。由于该权力不仅是一种行政特权,也是行政机关为了确保行政任务的完成,基于行政管理目的而产生的,所以我国学者后来才将其命名为"行政优益权"❹。法国行政法仍将行政协议称为"行政合同或公法合同",而识别行政合同和民事合同的标准之一就是"超越私法规

---

❶ 王学辉. 行政何以协议:一个概念的检讨与澄清 [J]. 求索, 2018 (2): 118-128.
❷ 金诚轩. 行政协议纠纷的契约属性:兼对王利明教授《论行政协议的范围》一文的回应 [J]. 行政法学研究, 2021 (6): 135-145.
❸ 余凌云. 行政契约论 [M]. 北京:中国人民大学出版社, 2006.
❹ 刘莘. 行政合同刍议 [J]. 中国法学, 1995 (5): 71.

则",这表现为"单方面变更合同标的权"和"单方面解除合同权"。❶ 也正因如此,法国通过判例对这种单方变更撤销权确立了一系列"超越性"权力,主要有:(1)监督、指导权;(2)单方修改权;(3)单方终止权;(4)制裁权。❷ 这显然也符合我国当前对行政优益权内容的认定。不过有观点则认为:"行政优益权是指依照法律规定赋予行政主体在履行行政协议时享有的终止协议、解除协议等优先权和利益受到特别保护的权利,是确保行政机关有效行使职权,切实履行职责,顺利实现公共利益目标的行政管理手段。"❸ 该观点实际上将行政优益权中的"优益"二字进行了拆分解读,前者即为"优先权",后者即为"利益受保护权"。但不可忽视的是,行政优益权的存在本质上是保护公共利益而不是个体私益,且行政优益权并不仅仅只有单方变更解除权,还有指挥权与监督权的存在。换言之,正是基于指挥与监督的任务设定而需要相应的行政优益权予以控制,在符合行政优益权的行使条件下,行政机关不能对行使行政优益权与否进行自由选择,而必须行使行政优益权,否则其就要承担因国家利益或者公共利益损失而产生的责任。需要说明的是,行政优益权发展至今,虽然内涵与内容都有所发展,但是其核心内容依旧为单方变更解除权。

(二)合同法框架下的单方解除权

民事合同主要存在两种单方解除权,即约定解除权与法定解除权。约定解除权作为平等原则与自愿原则的产物,是指合同双方当事人针对合同本身可能发生的合同解除事项进行商讨之后的内容;而法定解除权则是由相关民事法律法规予以明确规定。《民法典》第 563 条第 1 款规定了法定解除权的产生情形:(1)因不可抗力致使不能实现合同目的;(2)在履行期限届满前,当事人一方明确表示或者以自己的行为表明不履行主要债务;(3)当事人一方迟延履行主要债务,经催告后在合理期限内仍未履行;(4)当事人一方迟延履行债务或者有其他违约行为致使不能实现合同目的;(5)法律规定的其他情形。另外,在以持续履行的债务为内容的不

---

❶ 王名扬. 法国行政法 [M]. 北京:北京大学大学出版社,2016:144-152.
❷ 李颖轶. 论法国行政合同优益权的成因 [J]. 复旦学报(社会科学版),2015(6):157-159.
❸ 陈雪楚. 论我国行政协议制度中行政优益权的规范运行 [J]. 湖湘论坛,2022(3):51.

定期合同中，当事人均享有单方解释权。依照《行政协议规定》的规定，这些单方解除权的产生情形自然可以适用于行政协议范畴，但此时需要考虑的一个问题是：双方当事人在行政协议中约定的单方解除权究竟属于行政法领域中的行政优益权，还是属于《民法典》第562条规定的当事人约定的单方解除权呢？

如前所述，笔者认为，由于行政优益权应当定性为权力，因此主张行政优益权能够由双方约定的观点并不适宜。一方面，行政协议本身也是一种由双方签订的契约，其本质也属于合同的一种，结合意思要素来看，若将行政优益权认定为"可以约定"，则必然造成行政优益权与合同法中的单方解除权的混淆局面；另一方面，若允许双方约定行政优益权也会与《行政协议规定》第16条相抵触，这等于变相扩大了行政优益权的适用条件，会造成许多问题，其中最重要的问题就是行政机关可能利用其优势地位与行政相对人强制缔结行政协议。

（三）行政优益权的补充保障功能及其体现

本案裁判结果中指出："行政机关有权依照法律规定以及协议的约定，行使解除协议的权利。"这表明一审法院认为这种解除权是基于法定与约定之下的权利，由此笔者认为本案的行政机关所行使的单方解除权应当属于民事合同领域的单方解除权，其原因在于行政机关应当注重看待行政优益权作为最终手段的保障功能，即"补充保障功能"。如前文所述，行政优益权的产生是基于集体利益保护的需要，因而必须要将其"单纯化"[1]。不可否认的是，当前司法实践中，确实存在许多行政机关滥用单方变更解除权的情况，如有学者指出行政优益权的行使存在概念不清、程序缺失等问题，也正因如此，学界也有一些关于限制行政优益权的呼声[2]。鉴于此，需要对行政优益权行使的前提条件作出明确限制，这样才能够防止因行政机关滥用权力而导致行政相对人的合法利益受到损失之情形，以维护行政相对人对行政机关的合理信赖。总体而言，应当从"解释"入手，探究行

---

[1] 章程. 论行政协议变更解除权的性质与类型 [J]. 中外法学，2021（2）：470-475.

[2] 张培. 司法审查视角下行政协议中的单方变更、解除权 [J]. 社会科学家，2020（6）：131.

政协议的目的，同时结合行政法的原则对个案进行考量。❶ 具体而言，需要综合考量案件的具体情况再来决定行政优益权的行使。以下是考量步骤，也即行政优益权行使的限制条件。❷

第一，以"情势变更"为启动前提。❸ 由于行政机关作出相应的行政行为需要受到信赖保护原则的约束，故其不可轻易撤销已作出的行政行为，否则将会使政府公信力丧失。❹ 此时，行政优益权的行使就应当以"情势变更"事由的出现为前提，但是此处的情势变更并不同于民法中的情势变更，在认定细节上存在差异。首先，关于"情势变更"内容的规定，情势变更应当包含不可抗力的情形。除此之外，对于行政规范性文件的变动应当多方面看待，因为行政机关具备制定行政规范性文件的主导权，其在职权范围内能够制定新的行政规范性文件并由此形成新的行政规范内容，所以行政机关应当拥有更高的注意或预见义务。然而，该注意或预见义务具体表现为，在新的行政规范性文件出台时应当考虑其制定主体与规范对象。一方面，如果该新行政规范性文件的制定主体为行政协议中的行政机关，或者说规范对象仅为行政协议中的行政相对人，那么通常不应认定这些变化属于情势变更，并且在此种情形时行政机关应当更具有预见义务；另一方面，如果案涉行政规范性文件对不特定相对人创设权利义务，那么只有当该行政规范性文件的制定机关不是行政协议一方当事人时，情势变更的主张才可以被法院支持。相反，如果案涉行政规范性文件旨在对不特定相对人进行行政指导而对其不产生具有行政拘束力的法效果，那么我们也不应当认定该行政规范性文件引发了情势变更。❺ 其次，关于"情势变更"的判断标准，从预见义务角度出发，行政协议中认定情势变更应当采取客观主义判断标准，即双方均不可预见。该标准主要是为

---

❶ 沈广明. 行政协议单方变更或解除权行使条件的司法认定 [J]. 行政法学研究, 2018 (3): 121-132.
❷ 俞蒙勍. 行政机关单方解除行政协议行为的司法审查 [M]//蔡乐渭. 行政法案例研习·第三辑. 北京: 中国政法大学出版社, 2021: 122-125.
❸ 严益州. 论行政合同上的情势变更——基于控权论立场 [J]. 中外法学, 2019 (6): 1511-1530.
❹ 周佑勇. 行政法基本原则研究 [M]. 武汉: 武汉大学出版社, 2005: 228-238.
❺ 严益州. 论行政合同上的情势变更——基于控权论立场 [J]. 中外法学, 2019 (6): 1522.

了防止行政机关滥用权力而产生,因此也更侧重于考量行政机关的预见义务。若行政机关已经具备预见义务而仍赋予行政机关一定的行政优益权,将难以保障行政相对人的合法权益。再次,这种引起情势变更的原因不可归责于双方。公法上的情势变更原则在追求公益与诚信的目的下已然具备分担风险的功能,如果情势变更可归责于当事人,则此种分担风险的功能便无从发挥。最后,不可将"商业风险"纳入情势变更的考量范畴。依据最高人民法院的观点,情势变更与商业风险的划分应当参照合同约定,并从可预见性、归责性以及产生后果等方面予以分析。❶

第二,以"国家利益或社会公共利益可能受损"为依据。一方面,行政机关行使行政优益权实际上也是行使自由裁量权,但是在行政协议中这种权力应当被限制,主要原因在于行政协议的形成基础依旧体现为形式平等下的自主协商,其在本质上具有"行政性"与"协议性"的双重属性,因此行政机关必须承担社会公共利益或者国家利益可能受损的保护义务并以特殊的举证责任分配规则来维护行政相对人的合法权益。另一方面,根据2015年《最高人民法院关于适用〈中华人民共和国行政诉讼法〉若干问题的解释》(已废止)第15条第3款的规定,当被告行使单方变更、解除权利而导致原告利益受损时,被告应当承担相应补偿责任。由前款之规定可知,被告行使行政优益权是基于"公共利益需要或者其他法定理由"的要素,这实际上也可以理解为行政优益权的实质要件。2019年颁布的《行政协议规定》第16条则将其改成了"国家利益、社会公共利益",据此可以看出《行政协议规定》对行政机关行使行政优益权的实质要件进行了一定程度限缩,删除了"其他法定理由"这一兜底规定,但是"公共利益"却一直存在,并明确为国家层面的公共利益和社会层面的公共利益。另外,《行政协议规定》还限定了损害程度,需要达到"严重"程度时,行政机关才能单方变更或解除协议。综上,司法机关在行政协议纠纷案件中认定"国家利益或社会公共利益可能受损"这一依据时,不仅需要考虑到公共利益包含的内容,而且要审查该公共利益可能遭受损害的程度。而且公共利益作为一种高度抽象的概括性词汇,很难从一般性角度予以准确界定,应当在个案中结合行政协议的目的具体判断。

---

❶ 最高人民法院(2015)民二终字第236号。

第三，结合比例原则进行考量，行政机关仅在目的正当、手段必要的情形下才可以行使行政优益权以防止公共利益遭受损害。将比例原则具体运用于行使行政优益权的过程中，应当从其位阶秩序入手，即先审查"目的正当性原则"，只有符合目的正当性原则才能进入审查"必要性原则"的环节。目的正当性原则要求行政机关在行使行政优益权时能够有助于行政目标的实现。必要性原则是对行为进行限制，在手段与结果之间形成必要的因果关系。有观点认为行政协议中的行政优益权实际上是一种救济，理由在于：按照行政诉讼中行政机关不能作原告的思路，如果法律不赋予行政机关一定的行政优益权，那么行政机关面对行政相对人违约时便陷入维权窘境，无法诉诸法院寻求救济。虽然行政机关也可以向法院申请强制执行，但向法院申请强制执行往往没有行政机关自己强制执行来得便捷，这无形中已经存在行政机关滥用职权的法律风险。为了防止行政机关采取行政强制、行政处罚等一系列非必要的行政手段予以救济，法律必须赋予行政机关相应的单方变更解除权，实现以非诉方式保障行政机关的自身合法权益或公共利益。不过，"赋予行政优益权"也存在例外情形：行政机关并非只能通过主张行政协议中的权利义务关系即行政优益权来保障其合法权益；换言之，行政机关基于执行国家行政职能的身份也可以通过行政强制、行政命令、行政处罚等手段来维护其合法权益。由此可知，行政机关在通过行政手段即可保障其合法权益时并不需要额外赋予其行政优益权。另外，由于行政协议并不排斥适用相关民事法律规范，因此双方也可以经由民事合同中的单方解除权来解决行政协议中违约的事项。

就本案而言，双方当事人在《特许权协议》中约定的单方解除协议之权利，应当首先考虑民事合同中的单方解除权而非行政协议中的行政优益权。换言之，不管是行政机关违约还是行政相对人违约，都完全可以援引相关民事法律规范予以解决，特别是在行政相对人违约的情形下，行政机关完全无必要通过行使行政优益权来寻求救济。例如，《行政协议规定》第24条规定："公民、法人或者其他组织未按照行政协议约定履行义务，经催告后不履行，行政机关可以作出要求其履行协议的书面决定。公民、法人或者其他组织收到书面决定后在法定期限内未申请行政复议或者提起行政诉讼，且仍不履行，协议内容具有可执行性的，行政机关可以向人民法院申请强制执行。"该条款中规定的"行政机关申请强制执行"实际上明确了行政机关面对行政相对人违约情形所享有的司法执行程序中的救济权利，这种救济权利并非行政机关基于行政管理目的而独有的行政优益权。至于行政优益权的行使条件，前文已经作了相关论述，总之考虑到《行政协议规定》第16条的立法精神，应当认为只有当不履行行政协议中约定的相关义务会发生"严重损害国家利益与社会公共利益的紧迫危险性"时，行政机关才能够行使其行政优益权。实际上，作为行政优益权核心内容的单方变更解除权是为了维护国家利益与社会公共利益而存在，由于行政机关越过诉讼程序而直接干涉行政协议履行的行为具有临时性与单方强制性，所以在整个行政协议的履行过程中，行政机关行使行政优益权中的单方变更解除权时应当保持谦抑性，不能泛化适用。也就是说，在行政机关穷尽一切可以采取的救济手段后，行政相对人违约等情形依旧存在严重损害公共利益的可能性，此时行政机关才能使用行政优益权，这样既可以最大限度保障行政相对人的利益，也是行政优益权补充保障功能的体现。

案例 7

卡某米公司诉福建省莆田市荔城区人民政府请求撤销征收补偿安置协议案

基本案情

2007年，福建省卡某米时装有限公司（以下简称"卡某米公司"）取得涉案土地的国有土地使用权。2011年2月16日，福建省莆田市人民政府对莆田市城区工业企业搬迁工作制定了具体搬迁补偿细则。2015年3月8日，福建省莆田市荔城区人民政府（以下简称"荔城区政府"）委托福建光明资产评估房地产估价有限责任公司对卡某米公司企业资产搬迁补偿价值进行评估。2017年1月22日，莆田市磐龙山庄项目指挥部受荔城区政府委托与卡某米公司订立《企业征迁补偿安置协议书》（以下简称《补偿协议》），对合同主体，土地使用权、地上建筑物、构筑物和实物资产情况，补偿方式，补偿项目及补偿金额，过渡方式，征迁补偿款支付方式及交房期限，违约责任等进行了约定。2017年5月15日，卡某米公司以《补偿协议》显失公平为由提起行政诉讼，请求撤销《补偿协议》。

福建省宁德市中级人民法院一审认为，《补偿协议》第6条约定，将搬迁补贴额预留12 104 576元作为履约保证金，卡某米公司需开展兼并重组且兼并重组投资额需大于征迁补偿额36 182 713元，并经荔城区政府审核后，才可以取得履约保证金。如果卡某米公司投资额小于征迁补偿额，将取消卡某米公司履约保证金。该条款对被征收人获得搬迁费用人为附加了不平等条件，明显违反法律强制性规定，补偿明显不合理，行政协议显失公平。法院遂判决撤销卡某米公司与荔城区政府订立的《补偿协议》。荔城区政府不服，提出上诉。

福建省高级人民法院二审认为，就《补偿协议》内容来看，卡某米公司要获得协议约定的全部搬迁补贴额，必须满足以下条件：一是完成企业兼并重组；二是兼并重组投资额必须大于征迁补偿额。实践中，实现企业的兼并重组需要有合适的被兼并对象且双方能达成合意。因此，卡某米公司要实现上述条款的首要条件就必须依赖第三方的参与及其意思表示，而非卡某米公司依其独立意志可以成就，这样的条件设定对于卡某米公司权利的实现显然困难。条件中关于"投资额必须大于征迁补偿额""如果投资额小于征迁补偿额将取消履约保证金"等设定没有考虑到卡某米公司投资的实际状况以及实践中投资额到位的各种可能性，没有对投资额到位作出合理的安排，简单规定投资额一旦小于约定就取消履约保证金，这对于卡某米公司而言显然过于苛刻。从《补偿协议》履约保证金设定的金额来看，协议中约定的搬迁补贴额为 27 173 083 元，而约定的履约保证金为 12 104 576 元，约占搬迁补贴额的 45%，如此巨额的履约保证金对于卡某米公司也是极为不公平的。因此，《补偿协议》为卡某米公司获得合法合理的搬迁补贴额附加了不平等条件，违反了合同所应遵循的公平、平等的基本原则。一审判决据此认定《补偿协议》存在不公平的情形，予以依法撤销，于法有据。荔城区政府可在与卡某米公司充分协商的基础上，遵循公平原则重新就补偿安置达成协议。二审遂判决驳回上诉，维持一审判决。

本案涉及的理论问题

本案是行政机关败诉的行政协议纠纷案件。本案中，一审法院的观点主要包括两个方面：一方面，被告荔城区政府提前收回国有土地使用权的行为是出于商业目的而并非为了维护公共利益。因此被告收回国有土地的行为没有法律依据，由此推知《补偿协议》的签订行为也不合理，因其内容已经违反国家法律强制性规定。另一方面，由于原告卡某米公司获得履约保证金的条件明显不平等，所以《补偿协议》显失公平。基于此，法院判决支持原告诉讼请求并撤销《补偿协议》。一审结束后，原审被告荔城区政府认为《补偿协议》是由双方当事人出于合意而订立的，应当认定为民事纠纷而非行政协议，且《补偿协议》中的企业搬迁补偿款与一般的搬迁费概念不同，一审法院的判决忽视了双方当事人之间的约定内容，混淆了两种不同补偿费用，据此以"法律适用错误"为由提出上诉。对此，二审法院认为：第一，《补偿协议》是行政主体与被上诉人卡某米公司就土地、厂房和实物性资产征迁补偿安置事宜达成的行政协议；第二，行政协议既具备行政法上行政行为的属性，也体现了民事合同的特征，故行政法领域与民法领域的相关法律法规均可适用于此，但是行政法领域的法律法规应当优先适用；第三，《补偿协议》中的补偿条款内容显失公平。据此维持一审判决。

综上可见，本案的争议焦点主要有两个：一是本案中的《补偿协议》究竟是行政协议还是民事合同；二是本案中的《补偿协议》在订立时内容是否公平以及在履行时是否也存在显失公平的情形。

一、行政协议与民事合同

虽然我国在2014年修订《行政诉讼法》时曾赋予行政协议的可诉性，但是关于行政协议的法律属性问题仍然存在许多争论。从本质上来讲，行政协议也是一种契约即一种合同。从公私法划分的视角来看，部分民法学者也主张将行政协议直接认定为一种民事合同，利用相关民事法律法规的内容进行判断。如梁慧星教授认为："什么是行政合同，中国现实中有没有行政合同，哪些属于行政合同，这些问题当然有深入探讨的必要……如果说有所谓行政合同的话，只能存在于行政权力行使领域，属于行政法律关系。"❶ 行政法学者则认为行政协议并不等同于民事合同，因为其有一定特殊性，应该由法律予以相关规定。如应松年教授认为："应该将行政合同作为一种合同法中的特殊形式列入法律，对行政合同的性质、特点等作出明确、具体的规定。"❷ 行政协议也被称为"行政合同""行政契约"，等等。我国大陆地区学者大多认为行政协议是"行政主体为实现行政目的，在法定权限范围内，依照行政程序，与行政相对人或者其他行政主体签订的，具有行政法上权利、义务关系的协议"。❸ 我国台湾地区有学者则对其定义为"以行政法上之法律关系为契约标的（内容），而发生、变更

---

❶ 梁慧星. 讨论合同法草案征求意见稿专家会议上的争论 [M] //法学前沿（第2辑）. 北京：法律出版社, 1998: 55.

❷ 应松年. 行政合同不容忽视 [N]. 法制日报, 1997-06-09 (1).

❸ 应松年. 行政法与行政诉讼法 [M]. 北京：中国人民大学出版社, 2009: 233.

或消灭行政法上之权利或义务之合意而言"❶。

而后，2019年颁布的《最高人民法院关于审理行政协议案件若干问题的规定》（下称《行政协议规定》）中，明确了行政协议的审理规则，其中第1条对行政协议作出具体的定义，第2条则是规定了行政协议的6种类型。由此可知，我国现行法律规范对待行政协议的认定标准依旧显得比较模糊，而且对行政协议的分类也是持较为保守的态度，即便如此，行政协议终归是正式以法律的形式诞生。不过，我们需要对行政协议相关制度进行反思。《行政协议规定》第27条规定："人民法院审理行政协议案件，应当适用行政诉讼法的规定；行政诉讼法没有规定的，参照适用民事诉讼法的规定。人民法院审理行政协议案件，可以参照适用民事法律规范关于民事合同的相关规定。"可以看出，该条款实际上赋予了司法机关在审理行政案件时可以援引民事法规进行审理，但是这也将会产生许多问题。具体而言，由于这种可以运用民事法律规范的条款存在，可能存在行政协议"空有其名"的情形，会导致司法机关在审判行政协议案件时向民法领域规避的情况，而这与本条的立法本意相冲突，因此精确区分行政协议与民事合同是十分重要的。

（一）行政协议与民事合同之比较

行政协议作为一种特殊合同，其本身成立与生效的构成要件并没有相关行政法律法规作出规定，因此法院只能根据《行政协议规定》中第27条关于行政协议纠纷案件可以参照适用民事合同的相关条文进行审理。需要注意的是，行政协议并不完全等同于民事合同，二者在很多细节方面的认定存在一些差别，尤其是在认定行政合同效力时不能简单地将民事合同的要件直接类推到行政协议范畴，而是需要对二者不同的部分进行对比，这样才能凸显出行政协议本身的价值。以下从五个方面对民事合同与行政协议进行比较。

一是主体层面的区别。《民法典》第464条规定"合同是民事主体之间设立、变更、终止民事法律关系的协议"。据此在民事合同中，双方主体属于"民事主体"范畴，即《民法典》中总则编的第二至四章规定的自

---

❶ 翁岳生. 行政法（上册）[M]. 北京：中国法制出版社，2009：714.

然人、法人与非法人组织。可见民事合同的主体范围是十分宽广的，除了民事行为能力有所差别以外，并没有额外的限制，即使是限制民事行为能力人，在能力范围内也可以自行订立合同。但在行政协议中，其主体具有法定性。《行政协议规定》第1条对行政协议下定义："行政机关为了实现行政管理或者公共服务目标，与公民、法人或者其他组织协商订立的具有行政法上权利义务内容的协议。"这体现在协议双方中，至少一方为行政机关。而对于行政机关的定性应当从实质角度考量，即"行政机关或法律法规授权的组织"。❶ 且《行政协议规定》第12条规定："行政协议存在行政诉讼法第七十五条规定的重大且明显违法情形的，人民法院应当确认行政协议无效。"而《行政诉讼法》第75条明确了"不具有行政主体资格"属于使得行政协议无效的行为。由此可知，行政协议中的主体身份认定对于界定合同的属性具有十分重要的作用，主体身份的认定直接影响到行政协议的效力问题。因此，行政协议的主体限制比民事合同更加严格，在行政协议中至少一方的主体身份必须为实际具备行政职权的组织。现实中，并非只要有行政机关参与订立的合同就是行政协议，需要具体问题具体分析。通说认为，当行政机关参与合同的订立时存在双重身份，民事主体身份与行政主体身份。如果行政机关以民事主体的身份参与合同的订立，如政府与施工单位签订的建设工程施工合同，那么此时应当为民事合同，这是因为该场合下行政机关并没有涉及公权力的运用，仅仅是行政机关以民事主体身份参与订立建设工程类合同而已。如果行政机关以行政主体的身份签订合同，那么就应当将该合同视为行政协议。❷ 这也符合《行政协议规定》第2条规定的行政协议类型的划分，如特许经营合同、土地房屋征收补偿合同等，此些合同中涉及行政机关实际运用公权力，因此才能够被视为行政协议而非民事合同。

二是地位层面的区别。这实际上也是考量行政协议与民事合同之间的职责要素。就民事合同而言，《民法典》第2条规定"民法调整平等主体的自然人、法人与非法人组织之间的人身关系和财产关系"，这说明民事领域中合同的主体地位不仅是形式平等的，实质上双方的地位也是平等

---

❶ 叶必丰. 行政行为原理 [M]. 北京：商务印书馆，2014：134.
❷ 张树义，张力. 行政法与行政诉讼法学 [M]. 北京：高等教育出版社，2020：144.

的，其根据就在于民法的平等原则，具体体现在"权利能力平等"、"法律地位平等"与"平等受到法律的保护"，同时这也是与公法进行区分的关键。[1] 行政协议则并非如此，有观点将行政协议分为"对等契约"与"不对等契约"，前者为不具有隶属关系的行政主体之间签订的契约，后者为处于隶属关系的行政主体与其所属部门的或人员或相对人之间订立的。[2] 但我国《行政协议规定》中将行政机关之间的公务协助事项与劳动协议排除在行政协议的内容外，因此我国绝大多数行政协议中，二者的地位都是不对等的，行政机关往往处于主导地位。实际上，这也是双方的权利来源不一致所导致的。行政协议也是一种行政行为，既然是行政行为，就应当遵循行政法领域中的依法行政原则，那么行政机关在订立行政协议时，就需要以其职责为前提、以其职权为范围。因此，有观点认为"职责要素"具有本质性地位，[3] 而正是这种职责要素的存在，使得行政机关一方有一定的监督义务。

三是目的层面的区别。《行政协议规定》第 1 条规定，行政协议的目的在于"实现行政管理或者公共服务目标"，而非民事合同中的"为了私人的利益"。行政协议的目的更多是行政机关能够更好地去行使自己的职权，实际上这也是一种为了达成某种行政目的而产生的行政手段。一般而言，行政协议不仅包含公共利益的实现，也可能会涉及私人利益的实现，但是其公共利益是首要的。[4] 主要原因就在于民法原则与行政法原则的不同。一方面，私法领域追求"法无禁止皆自由"，因此民事合同侧重于意思自治原则，更加突出当事人双方的真实的合意，只要不存在《民法典》总则中规定的民事行为无效事由，通常都具备法律上的效力。另一方面，公法领域则追求"法无授权皆禁止"，行政协议则基于行政行为应当遵循的依法行政原则、行政均衡原则与程序正当原则，对行政协议的考量十分严格。例如，《行政协议规定》第 11 条规定，法院在审理行政协议案件时需要对协议本身以及订立协议的行政机关都作出主动性司法审查。

---

[1] 严桂珍. 民法总论教学案例 [M]. 北京：知识产权出版社，2020：11－12.
[2] 姜明安，余凌云. 行政法 [M]. 北京：科学出版社，2010：387.
[3] 陈天昊. 行政协议的识别与边界 [J]. 中国法学，2019（1）：143－150.
[4] 耿宝建，殷勤. 行政协议的判定与行政协议类行政案件的审理理念 [J]. 法律适用，2018（17）：124－135.

四是法律适用层面的区别。民事合同的内容由《民法典·合同编》作出规定，而行政协议的相关内容由相关的行政法律法规予以规定。在适用法律层面，《行政协议规定》也仅仅规定了行政协议可以一定程度上参照适用民法对于合同的规定，而且这种援引民事法律规范的方式也是存在一定限制的，当且仅当行政法律法规存在空缺时，才允许适用。

五是权利义务层面的区别。正是因为行政协议具有特殊的主体、目的以及规范体系，其权利义务要求与一般的民事合同必然存在一定的区别。民事合同依照意思自治原则，其权利义务多由合同本身规定，存在许多意定条款。行政协议却不同，其中比较有代表性的就是行政优益权，简而言之就是"不限于对行政合同的单方面变更和解除权"[1]。因此在行政协议中，尤其是在不对等契约的场合下，行政主体往往享有民事领域中合同当事人所不享有的权利，凭此权利来更好地实现其协议目的。例如，行政协议中时常存在一些非民事合同所有、不符合民事原理的特别约定与内容，比较多见的就是赋予行政机关行政优益权以及适用超越民法合同制度的特殊规则，从而形成行政法上的权利义务关系。另外，行政协议实际上也约定了其他相关行政机关对行政权的未来处分。例如，当其他行政机关不是协议一方当事人时，如果这一方在职责上与行政协议中的"行政法上的权利义务"有关联，那么也必须依据协议约定联动地作出相应的配合性或辅助性决定，由此最终实现合同约定的目标。[2]

（二）行政协议的效力审查

行政协议的效力，是指法律赋予依法成立的行政协议具有约束协议当事人以及第三人的强制效力。[3] 对行政协议案件的审查一般采取二元审查路径，即合法性审查与契约性审查，其中契约性审查包含有效性审查和合约性审查；据此有学者认为，根据行政协议的"行政性"和"协议性"双重属性来看，一方面行政协议的"行政性"决定了合法性审查，另一方面行政协议的"协议性"决定了合约性审查，至于有效性审查则是由前述行

---

[1] 叶必丰. 行政合同的司法探索及其态度 [J]. 法学评论, 2014（1）: 66-74.
[2] 余凌云. 行政协议的判断标准 [J]. 比较法研究, 2019（3）: 107-108.
[3] 梁凤云. 行政协议司法解释讲义 [M]. 北京：人民法院出版社, 2020: 152.

政协议的双重属性共同决定。❶ 事实上，行政协议的"行政性"无非对行政协议一方当事人的行政主体身份的审查，而行政协议的"协议性"无非对行政协议订立时双方当事人意思表示是否真实、一致的审查。因此，笔者重点从行政协议的"行政性"和"协议性"共同作用的有效性审查进行讨论。

我国行政法并未对行政协议的效力作出较为具体的规定，因此可以参照民事法领域关于合同的生效要件。《民法典》对合同的成立与效力进行了区分，分别规定"合同的成立"与"合同的效力"。《民法典》第502条规定："依法成立的合同，自成立时生效。但是法律另有规定或者当事人另有约定的除外。"可以看出，合同的成立与生效往往是同时的，也就是说，原则上民事合同订立即生效，但实际上也存在异时生效的情况。民事合同的成立要件分为一般成立要件与特殊成立要件，其中一般成立要件要有明确的主体、双方的意思表示以及标的。特殊成立要件则是指在实践合同中的标的物交付或完成其他给付，以及在要式合同中需要有某种特定的形式。❷ 在合同成立之后，需要满足其一般生效要件，即《民法典》第143条关于民事法律行为效力问题的规定：首先行为人具有相应的民事行为能力；其次意思表示真实；最后不违反法律、行政法规的强制性规定，不违背公序良俗。因为民事合同的订立属于一种民事法律行为，因此仅当合同符合上述要求时，才属于有效的合同。不仅如此，民事合同还存在一系列《民法典·合同编》所特有的规定，例如《民法典》第502条第2款规定，依法"应当办理批准等手续"的合同需要以相关批准等手续的办理为生效前提；《民法典》第158~160条也规定，附条件或者附期限的合同需要该生效条件已成就或者该生效期限届至为民事合同的生效前提。若欠缺部分生效要件，则会使得合同存在效力瑕疵，即无效、可撤销或效力待定等情形。

借鉴上述分析可推知，行政协议效力的准确认定也应当从行政协议的成立与生效要件入手。行政协议的效力不仅应当与对应的民事合同领域相比照，也需要注重行政法领域中的法律法规对行政协议效力的影响。笔者

---

❶ 杨科雄，郭雪. 行政协议法律制度的理论与实践［M］. 北京：中国法制出版社，2021：319.

❷ 苏号朋. 合同法学［M］. 北京：北京工业大学出版社，2008：24.

认为，结合民法典有关民事法律行为生效要件，行政协议的生效要件应当从以下方面来考察。

一是主体适格层面的生效要件。从民事合同层面来看，民事合同中的主体适格，是指合同的当事人具备相应的民事行为能力；根据《民法典》总则编的第二至四章对民事法律主体的相关规定，自然人可依照"年龄"与"精神"两个层面进行区分，加之《民法典》第18～22条对不同能力的自然人作出了具体的规定，可见合同的订立需要当事人存在与内容相适应的行为能力。由此推知，从行政协议层面来看，对于行政机关而言，首先行政机关要具备缔约资格，其次行政机关的缔约事项属于法定权限范围，正如学者所言"在达成行政任务时，必须属于行政机关职权范围内，方能缔结行政契约"[1]。而对于行政协议中的公民、法人和非法人组织一方而言，则仅仅要求其具备缔约主体资格，即具有民事行为能力。这是因为存在公权力的运行，对行政相对人的资格要求更高。例如，在涉及自然人的场合中，往往法律规范要求其为完全民事行为能力人，或者要求限制民事行为能力人的法定代理人代为订立行政协议，如征收补偿协议。又如，在涉及特许经营等需要和法人或非他组织订立行政协议时，则要求相对人具有相应的经营资质。有学者对2019～2022年以来的行政征收类案件进行分析，结果发现法院认定行政协议无效的理由主要还是无权处分、无权代理等，这些理由所占比例较大，而因行政主体方面原因所导致行政协议无效的情形反而较少。[2]

二是意思表示层面的生效要件。意思表示真实是对当事人内心意愿的反映，也是民法领域中意思自治的体现。当然，行政协议也应当满足双方当事人一定限度内的意思自治以体现公平正义，但这并不是基于民法领域的自治原则，而是基于行政法领域中的"比例原则"，这是因为行政协议的订立并不是为了当事人之间的私人利益，而是为了行政机关能够达成其"实现行政管理或者公共服务目标"，因此作为一类行政手段，必须符合比例原则才能够让这种行为具备正当性。行政主体与行政相对人之间存在虚假的意思表示或者恶意串通订立行政协议，或者行政相对人之间恶意骗取

---

[1] 陈新民. 行政法学总论 [M]. 台北：三民书局, 2015: 359-360.
[2] 徐敦. 行政协议无效裁判准用《民法典》规范及其修正 [J]. 行政法学研究, 2022 (6): 116.

行政机关签订行政协议的，一般都会危害公共利益或者第三人利益，而且上述行为与欺诈、胁迫、重大误解等一般意思表示瑕疵相比，其违法性更强，应当对行政协议给予否定性评价而认定行政协议为无效。不过从司法实践来看，"因虚假意思表示""恶意串通"认定行政协议无效在现实中却实属罕见。❶

三是内容合法层面的生效要件。双方达成的合意不能违反法律、行政法规的强制性规范，以及符合公序良俗。强制性规范对应的正是任意性规范，强制性规范具体还包括"效力性强制性规范"和"管理性强制性规范"，司法机关对于民事合同违反前者"效力性强制性规范"的直接认为无效，对于违反后者"管理性强制性规范"则根据具体情形认定其效力。❷由此推知，行政协议也应如此，这主要是因为强制性规范在规范意旨上的立足点"正是对国家利益、社会公共利益的维护，而无意在不涉及国家利益、社会公共利益的情形下，径直调整私人意思自治领域"❸。至于公序良俗，则主要包括公共秩序与善良风俗两方面：所谓公共秩序，是指包括治安秩序、舆论秩序、选举秩序、政治秩序、司法秩序以及公共管理秩序等在内的社会稳定有序状态；所谓善良风俗，是指道德风尚、婚姻家庭伦理、公平竞争与公民基本权利等方面。

（三）不同视野下的行政协议的撤销事由

本案中，二审法院认定不论是在民事领域中还是在行政领域中，都存在令《补偿协议》可撤销的事由，而《行政协议规定》中对可撤销的行政协议的规定十分简略，沿用了《民法典·合同编》的规则，即欺诈、胁迫、重大误解和显失公平四项，因此如何去研究行政协议的撤销事由成为本案最大的争议焦点。

在行政法领域中，一方面，《行政协议规定》第14条规定行政协议的撤销事由为胁迫、欺诈、重大误解与显失公平等，而且行政协议还可以比照民事合同领域规定的可撤销事由，即对应《民法典》第147~151条的

---

❶ 徐敦. 行政协议无效裁判准用《民法典》规范及其修正［J］. 行政法学研究，2022（6）：120.

❷ 陈醇. 跨法域合同纠纷中强制性规范的类型及认定规则［J］. 法学研究，2021（3）：101.

❸ 张新. 走出效力性强制规定的误区——《民法总则》第153条第1款的解释与适用［J］. 安徽大学学报（哲学社会科学版），2020（2）：114.

规定，其中对于显失公平的定义为"一方利用对方处于危困状态、缺乏判断能力"等情形。对于显失公平的定义，在《最高人民法院关于贯彻执行〈中华人民共和国民法通则〉若干问题的意见》(《民法典》颁布实施后已废止) 第 72 条中也有相关规定："一方当事人利用优势或者利用对方没有经验，致使双方的权利与义务明显违反公平、等价有偿原则的，可以认定为显失公平。"由此推知，在行政协议中，行政机关往往处于优势地位或者说主导地位，其对于协议本身基于行政优益权享有的监督权、单方撤销权。由于本案中荔城区政府根据《补偿协议》的规定实际上存在"权利义务明显违反公平与等价原则"，所以在民事合同的框架内可以认定该《补偿协议》本身显失公平，正因如此法律规范也赋予行政相对人撤销权。

另一方面，行政协议的撤销事由还包括我国《行政诉讼法》对行政行为的撤销事由，该法第 70 条规定的可撤销事由包括：(1) 主要证据不足的；(2) 适用法律、法规错误的；(3) 违反法定程序的；(4) 超越职权的；(5) 滥用职权的；(6) 明显不当的。这是因为行政协议也属于行政行为的一种，当其存在上述事由时也会导致行政协议被撤销。本案中，原告获得履约金的条件明显不当，实际上是行政机关为其添加了不合理的条件，可以认定为"明显不当"。综上，不论是沿用《行政协议规定》中的"显失公平"条款，抑或《行政诉讼法》第 70 条的规定，都可以在行政法的框架内认定本案中的《补偿协议》存在可撤销的事由。

二、在比例原则中理解禁止不当联结原则

(一) 禁止不当联结原则的内涵

"禁止不当联结"理论可追溯至德国，主要有毛雷尔于《行政法学总论》中提出的公民的"对待给付应当与合同的给付具有客观的联系"❶。禁止不当联结又被称为"实质关联性要求"、"相关性要求"或"不正对待给付之禁止"。"联结"通常是指行政机关要求行政相对人承受一定的负担，以此结合行政机关的一定作为或义务而言，其最主要的目的在于防止行政机关以职务上本应执行之事项，作为讨价还价之对象，即禁止行政机

---

❶ 毛雷尔. 行政法学总论 [M]. 高家伟, 译. 北京：法律出版社, 2000: 356 - 357.

关利用其优势地位，将应执行的事项作为商业化的运用。禁止不当联结原则的最主要含义在于行政机关追求一定行政目的的同时，必须考虑对相对人的侵害是否合理。❶

禁止不当联结原则还要求"目的与手段的合理联结""对待给付之间有实质关联""禁止考虑不相关因素""公共利益范围内的联结"等。这里还需要指出的是，公共利益是什么？一般认为，由于公共利益是一个典型的不确定法律概念，无法准确地下定义，因而只能通过描述公共利益来对其认知；在关于公共利益的理论中，首要的是把握公共利益的"公共性"这一形式特征，而这也是一个从"多数人"标准到"不确定多数人"标准的观念变迁，由此还引发"不确定少数人"标准的思考；总体来讲，归结到对公共利益的整体认知上，公共利益包含"受益者数量"和"利益品质"两个认识维度。❷

（二）我国的司法实践

目前我国尚无明确的法律规定将"禁止不当联结原则"作为一项正式的法律予以固定，但是在实践中，审理案件时却往往需要运用到该原则。例如本案中，针对《补偿协议》的可撤销的认定，其主要理由为协议内容不公平，并且采取了禁止不当联结这一原则。

我国学者将禁止不当原则定义为"为了追求特定目的，公权力在对公民权利进行限制时，必须证明限制基准具有事理上的必然性、实质性、正当性的关联性，从而防止肆意"❸。该原则追求的是行政手段与行政目的必须具有正当且合理的关联，但是如何定义"合理的关联"也是十分具有争议的问题。有学者认为："考量法律对系争措施所设定的要件或规范旨趣，要求考量对相对人的损害是否合理妥当"❹，而与之最接近的原则就是比例原则。因此也有观点认为，禁止不当联结原则来自比例原则。❺

---

❶ 城仲模. 行政法之一般法律原则 [M]. 台北：三民书局，1999：222-223.
❷ 杨科雄，郭雪. 行政协议法律制度的理论与实践 [M]. 北京：中国法制出版社，2021：14-16.
❸ 欧爱民，谢雄军. 不当联结之禁止原则及其适用方案 [J]. 湖南师范大学社会科学学报，2008（5）：56-58.
❹ 伍劲松. 论行政法上禁止不当结合原则 [J]. 西南政法大学学报，2004（4）：45.
❺ 城仲模. 行政法之一般法律原则 [M]. 台北：三民书局，1999：223.

行政法领域的比例原则考量的是手段与目的之间的关系，当行政机关为实现其行政目的时，其行政手段应当保障行政相对人的权益。正因如此，人们普遍认为：比例原则之于行政法正如诚实信用原则之于民法，是行政法领域之中的"帝王条款"。比例原则存在的意义体现了宪法规范中对公权力的限制，也是体现"把权力关进制度笼子"的一种重要原则。对于行政机关而言，行政行为不仅要符合依法行政原则与正当程序原则，还必须符合比例原则，以保障相对人的权益，禁止权力的肆意滥用，实现公平正义。这实际上也符合禁止不当联结原则所要表达的内涵，即行政手段与行政目的之间必须具备合理的关联性，不得为行政相对人设立不合理的实现条件。

比例原则与禁止不当联结原则一样，源于德国19世纪的警察法。奥托·迈耶曾将比例原则称为行政法中的"皇冠原则"，而如今国内也有学者将比例原则称为"平衡原则"或"均衡原则"，因为该原则存在的意义就是作为公法领域的"调节器"，用于规制公权力对私权利的影响。一般认为，比例原则由三个下位原则构成：适当性原则、必要性原则以及狭义比例原则。

第一，适当性原则，也称妥当性原则，是指行政机关所采取的手段、方式应当有助于其行政目的的实现。该原则偏向功利主义的立场，着重强调行为的有效性，或者说行为需要切实的有助于行政目的。有学者曾举例："警察要求凶猛的狗的主人在带狗外出时，要在狗身上挂警铃，就不是妥当的措施，而应当给狗戴上口罩。"❶ 因此该原则的要求就是目的与行为之间的"有效关联"。同时该原则对于目的也有限制，必须为合法的目的。

第二，必要性原则，是指行政机关在为达成行政目的而选择行政手段、方式时，应当选择对公民权利侵害最小、影响最小的手段或方式。实际上，该原则存在一个前提，即存在不止一种行政手段可以达到行政目的，只有这样才能够"选择"。如果有且仅有一种手段可以达到行政目的，则基于适当性原则，必须采取该种行政手段与方式，也就不存在必要性的

---

❶ 林腾鹞. 行政法总论 [M]. 台北：三民书局，1999：87-88.

问题。❶

第三，狭义比例原则，又称法益均衡原则，是指行政机关为完成行政目的而采取的手段，对公民的侵害应当小于其追求的行政目的的公益价值。即行政目的价值与对私权利的侵害之间需要达到一定比例，其目的价值必须大于对私权利的侵害。有学者曾指出："行政主体即使依法可以限制相对人的合法权益，设定相对人的义务，也不应当使相对人所受的损失超过所追求的公共利益。"❷ 此处的损失不仅仅指经济上的损失，还包括相对人基于行政机关身份而产生的信赖利益，因此在行政行为对相对人可能构成侵害时，必须把损失最小化，同时不得超过其需要保障的公共利益损失。

从以上分析来看，也可以将"比例原则"划分为"目的取向""法律后果"和"价值考量"。❸ 基于目的取向，应当采取最有效的行政措施；基于法律后果，应当采取损失最小的措施；基于价值考量，应当采取最能够保障相对人信赖的措施。禁止不当联结则是从目的与手段的联系层面出发，实质上就是将价值考量作为联结目的取向与法律后果之间的桥梁，这主要是因为在不当联结的行为中，行政机关往往所采取的手段与目的并不符合上述三种原则。结合本案来看，《补偿协议》中规定："卡某米公司需开展兼并重组且兼并重组投资额需大于征迁补偿额 36 182 713 元，并经荔城区政府审核后，才可以取得履约保证金。"一方面，这个条款违反了目的取向，补偿不应当增加这种不平等的条件，卡某米公司想要取得履约金未必要以"重组投资额大于补偿额"为条件，这与行政目的并无实质关联。另一方面，"如果投资额小于征迁补偿额将取消履约保证金"这对于相对人而言是一种巨大的损失，并不满足狭义比例原则的规定，这种条件下将会严重损害相对人的合理信赖。结合价值取向综合判断，《补偿协议》即构成了"不当联结"的事由，应当加以禁止。

---

❶ 余凌云. 论行政法上的比例原则 [J]. 法学家，2002（2）：33-34.
❷ 周佑勇. 行政法基本原则研究 [M]. 武汉：武汉大学出版社，2005：227.
❸ 黄学贤. 行政法中的比例原则研究 [J]. 法律科学（西北政法学院学报），2001（1）.

六、行政确认

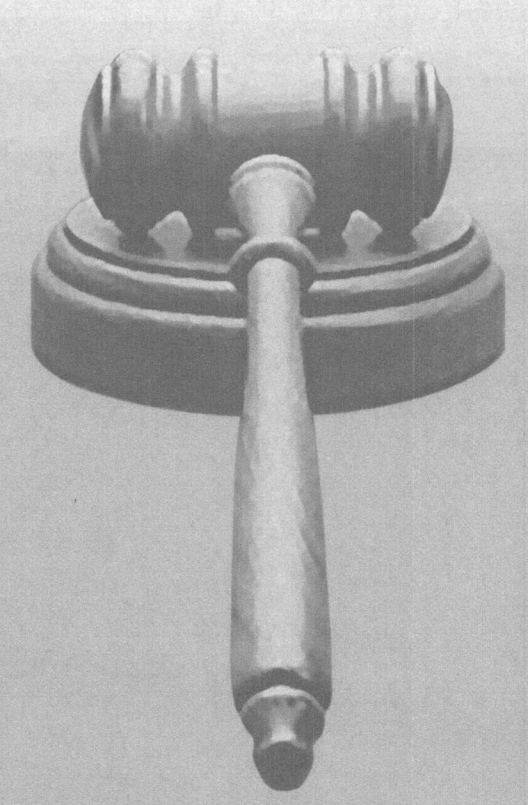

案例 8

上海温和足部保健服务部诉
普陀区人保局工伤认定案*

——工伤认定中"48 小时"条款的理解适用

基本案情

吴某海系上海温和足部保健服务部（以下简称"温和服务部"）职工。何某美、吴某波分别系吴某海之妻、之子。2013 年 12 月 23 日 14 时许，吴某海在工作时突然发病，温和服务部负责人立即将吴某海送至同济医院急诊救治并通知其家属。家属迅速赶至医院，此时，吴某海意识尚清晰。虽经过几个小时的抢救，病情仍趋于危重。医生口头告知家属，吴某海多次吐血、咯血，可能存在死亡风险，并下发了病危通知单。家属认为落叶应当归根，不愿吴某海客死他乡，经商议，决定送吴某海回江苏省射阳县老家，并与温和服务部负责人一起拨打 120 电话，呼叫救护车送吴某海返乡，温和服务部支付了 5000 元车费，吴某波支付了剩余 500 元。次日，吴某海于返乡途中在救护车上死亡，医学死亡证明书载明死亡疾病为肝硬化。2014 年 10 月 13 日何某美、吴某波向上海市普陀区人力资源和社会保障局（以下简称"普陀人保局"）提出申请，要求对吴某海于 2013 年 12 月 23 日在工作中突发疾病于次日抢救无效死亡的情形进行工伤认定。普陀人保局于 2014 年 10 月 22 日受理后，进行了工伤认定调查，并于 2014 年

---

* 此案例选自最高人民法院公报案例，"上海温和足部保健服务部诉上海市普陀区人力资源和社会保障局工伤认定案"，载《最高人民法院公报》2017 年第 2 期；另见一审案号：上海市普陀区人民法院（2015）普行初字第 31 号行政判决书；二审案号：上海市第二中级人民法院（2015）沪二中行终字第 464 号行政判决书。

12月19日作出普陀人社认（2014）字第1194号认定工伤决定，认为吴某海受到的伤害，符合《工伤保险条例》第15条第1款第1项以及《上海市工伤保险实施办法》第15条第1款第1项之规定，属于视同工伤范围，予以认定为工伤。温和服务部不服，诉至原审法院，请求撤销上述认定工伤决定。❶

一审法院认为普陀人保局作出的被诉行政行为主要事实认定清楚、适用法律正确，判决驳回温和服务部的诉讼请求。温和服务部不服，遂向上海市第二中级人民法院提起上诉。二审法院认为，普陀人保局具有作出被诉工伤认定的法定职权。普陀人保局受理何某美、吴某波的工伤认定申请后，依法进行了调查，于法定期限内作出被诉工伤认定决定并送达双方当事人，行政程序合法。普陀人保局依据温和服务部员工的调查笔录及吴某海的病历材料、居民死亡医学证明书等证据，认定吴某海于2013年12月23日工作时突发疾病，当日送同济医院救治，次日死亡的事实，证据确实充分。普陀人保局依据《工伤保险条例》第15条第1款第1项、《上海市工伤保险实施办法》第15条第1款第1项之规定，认定吴某海因病死亡的情形属于视同工伤，适用法律正确。针对其他争议，二审法院作出相应的判断。

第一，关于温和服务部对吴某海死亡医学证明真实性存疑的意见，二审法院认为，死亡医学证明系有资质的医疗机构出具，该证明形式完整、要件齐备，虽然在"死亡日期"的月份处有涂改，但该涂改不影响对吴某海死亡时间的认定，也未与其他证据相矛盾，故该证明的真实性，法院予以认可。

第二，温和服务部关于运送吴某海回乡的救护车为非正规救护车的意见，二审法院认为，普陀人保局认定吴某海死亡的依据是死亡医学证明书，该证明书载明吴某海死亡医院为急诊救护车，即已经对该救护车予以了确认。而且，吴某海家属是通过拨打120急救中心电话的正规途径呼叫的救护车，即使该救护车不属于上海市医疗急救中心直接所有，也不能推断上海化学工业区医疗中心的救护车为非正规救护车。温和服务部提供的

---

❶ 李健，王秀岩. 法亦容情：正确理解工伤认定中的生死"48小时条款"——上海温和足部保健服务部诉上海市普陀区人力资源和社会保障局工伤认定案［EB/OL］. ［2023-04-01］. https://www.shezfy.com/view.html? id=569922.

证据无法证明其该项主张，法院不予支持。

第三，关于温和服务部认为吴某海死亡系家属主动放弃治疗导致，不属于《工伤保险条例》第15条第1款第1项规定的"突发疾病死亡或者在48小时之内经抢救无效死亡"的情形的意见，二审法院认为，从吴某海发病后被送至同济医院治疗直至在救护车上死亡，其始终未脱离医疗机构的治疗抢救状态，其家属始终未有拒绝接受救治的意思表示，故温和服务部的上述主张不能成立。原审法院判决驳回温和服务部的诉讼请求并无不当。温和服务部的上诉请求和理由缺乏事实证据和法律依据，二审法院不予支持。据此，依照《中华人民共和国行政诉讼法》第89条第1款第1项的规定，判决驳回上诉，维持原判。❶

本案涉及的理论问题

《工伤保险条例》第14~16条对工伤认定采取的是列举式立法，包括应当认定为工伤的6种情形、视同工伤的3种情形以及不得认定为或视同工伤的3种排除情形。❷《工伤保险条例》对一般工伤的3种情形（"应当认定为工伤"中的前三种情形）作了规定，即"在工作时间和工作场所内，因工作原因受到事故伤害的"，"工作时间前后在工作场所内，从事与工作有关的预备性或者收尾性工作受到事故伤害的"，"在工作时间和工作场所内，因履行工作职责受到暴力等意外伤害的"。由此可见，一般工伤认定需要具备工作原因、工作时间和工作场所三个要素。

一、如何理解行政确认中的解释限度与司法审查*

本案中，针对用人单位上海温和服务部的职工吴某海死亡一事，上海市普陀区人保局根据吴某海家属提出的申请，即"要求对吴某海于2013年12月23日在工作中突发疾病于次日抢救无效死亡进行工伤认定"，"普

---

❶ 李健，王秀岩. 法亦容情：正确理解工伤认定中的生死"48小时条款"——上海温和足部保健服务部诉上海市普陀区人力资源和社会保障局工伤认定案［EB/OL］. ［2023-04-01］. https://www.shezfy.com/view.html?id=569922.

❷ 章志远，黄娟. 公报行政案例中的法理［M］. 北京：中国人民大学出版社，2022：228.

* 赵宏. 行政法案例研习·第二辑［M］. 北京：中国政法大学出版社，2020：124.

陀区人保局于 2014 年 10 月 22 日受理后，进行了工伤认定调查，同年 12 月 19 日作出普陀人社认（2014）字第 1194 号认定工伤决定，认为吴某海受到的伤害，符合《工伤保险条例》第十五条第（一）项之规定、《上海市工伤保险实施办法》第十五条第（一）项之规定，属于视同工伤范围，现予以视同为工伤"❶。此处上海市普陀区人保局作出的工伤认定实际上就是行政确认。

所谓行政确认，是指行政主体对行政相对人的法律地位、法律关系或者法律事实进行甄别，依法给予确定、认可或证明并予以宣告的行政行为。❷ 行政确认是国家行政管理的一种重要手段，并能为法院审判活动提供准确、客观的事实依据，有利于行政机关进行科学管理，有利于保护个人、组织的合法权益，有利于预防和解决各种纠纷。其主要形式包括确认、认定（认证）、证明、登记和鉴证等。常见的行政确认包括对不动产所有权或使用权的确认、对合同效力的确认、对专利权的确认等。❸

行政确认与行政许可极易混淆。二者的联系主要在于：行政确认往往是行政许可之前阶段的一个行为，即行政确认是行政许可的前提条件，行政许可是行政确认的后续结果。例如，申请律师执业资格（许可）必须以法律职业资格（确认）的获得为前提，因此前阶段性、中间性也是行政确认最为显著的特征。二者的区别主要在于：一是对象的不同，行政确认的对象是相对人的特定法律地位、法律关系以及相关的法律事实是否存在、是否真实，行政许可的对象则是申请人是否具有从事特定活动的能力；二是内容的不同，行政确认是对相对人的特定法律地位、法律关系以及相关法律事实的确认，而行政许可则是允许申请人从事特定活动，是对法律普遍禁止的活动予以解除禁止；三是行为性质不同，行政确认是对特定事实进行证明的确认性行政行为，而行政许可是直接赋予相对人从事特定活动权利的形成性行政行为；四是启动方式不同，行政确认既可以依申请启动，也可以依职权启动，但行政许可只能依申请启动；五是法律效果不

---

❶ 上海市第二中级人民法院（2015）沪二中行终字第 464 号行政判决书。
❷ 沈福俊，邹荣. 行政法与行政诉讼法学 [M]. 3 版. 北京：北京大学出版社，2019：247-249.
❸ 姜明安. 行政法与行政诉讼法 [M]. 7 版. 北京：北京大学出版社，高等教育出版社，2019：241-246.

同，行政确认仅仅是对特定事实的证明，是一种事实状态，并不意味着相对人必然获得某种权利，而行政许可的作出则必然使相对人能够获得从事特定活动的权利。❶

对于行政确认的性质，学界存在争议。有观点认为行政确认是准行政行为，即"行政确认并非法律行为，而属于准法律行为性行政行为"，因为行政确认中"不含有行政主体的效力意思，而仅仅是单纯的观念、认识的表示"，一般并不直接影响相对人的权利和义务，却是相对人获得"特定法律地位、权利或权益"的前提条件。❷ 有观点则认为行政确认是行政行为，原因在于行政确认"并不意味着其一定要直接规定行政相对人的法律地位或者权利义务"，行政确认的直接对象是特定法律事实或法律关系，通过对这些特定法律事实或法律关系的审核、鉴定来间接地确定相对人是否具备相应的法律地位或权利义务。❸ 可见，二者的分歧主要集中于行政行为的法律效果是否必须为直接作用于相对人的法律地位或权利义务。❹ "准行政行为说"持肯定观点，即行政行为必须是产生直接作用的法律效果；"行政行为"则持否定的观点，认为行政行为不是必然地要产生直接作用的法律效果，行政行为也可以通过产生间接的法律效果来影响相对人的法律地位或权利义务。笔者认为，应当认可行政确认的行政行为性质，主要理由在于行政确认原本就是一个不确定法律概念❺，出于立法目的是控制行政权，必须将行政确认纳入司法审查的范畴。如果行政确认只是作为准行政行为，将面临不可诉的困境，为此必须将行政确认纳入行政行为范畴，即使如前所言，行政确认只能通过产生间接作用的法律效果来影响行政相对人的法律地位和权利义务，那也不影响行政确认具有行政行为的这一性质。但为了防止相对人滥用诉权，必须对行政确认的可诉性加以限

---

❶ 胡建淼，江利红. 行政法学 [M]. 2版. 北京：中国人民大学出版社，2014：257.
❷ 胡建淼，江利红. 行政法学 [M]. 2版. 北京：中国人民大学出版社，2014：258.
❸ 姜明安. 行政法与行政诉讼法 [M]. 7版. 北京：北京大学出版社，高等教育出版社，2019：242.
❹ 杨海坤，章志远. 行政法学基本论 [M]. 北京：中国政法大学出版社，2004：135.
❺ 不确定法律概念是指未明确表示而具有流动的特征之法律概念，包含一个确定的概念核心以及一个多多少少广泛不清的概念外围；不确定法律概念一般可分为经验概念和规范概念两种。翁岳生. 行政法（上册）[M]. 北京：中国法制出版社，2009：248；尹建国. 行政法中的不确定法律概念研究 [M]. 北京：中国社会科学出版社，2012：56.

制：只有当行政确认实际影响了相对人的权利义务时才能提起诉讼。

二、如何理解工伤认定中的"48小时条款"

本案中的争议焦点是对《工伤保险条例》中"48小时条款"的认定问题，因此需要进一步关注该条款的内涵、渊源、合理性与存废问题。

(一)"48小时条款"的含义：工伤与视同工伤、起算时间

"48小时条款"是指《工伤保险条例》第15条第1款第1项规定的职工"在工作时间和工作岗位，突发疾病……在48小时之内经抢救无效死亡的"则视同工伤之条款。该条款有两个显著之处，即"48小时之内"和"视同工伤"。前者体现的是时间要素，后者则体现了结果要素，即满足"三工"原则（工作时间、工作地点、工作原因）下的职工在48小时之内死亡的，则可以视同工伤并予以工伤认定。笔者认为，从语义上理解，"视同工伤"意味着原本职工的死亡并不属于工伤，只是由于法律的拟制功能将其认定为工伤。如果按照"48小时条款"性质本来就是一种特殊工伤，而"视同工伤"只是强调性地进行规定的话，那么因工死亡的工伤认定范围将无限扩大，这显然与《工伤保险条例》中的立法目的相违背。❶

"48小时条款"中48小时的起算时间在《工伤保险条例》中没有规定，但在行政规范性文件中予以明确规定。《劳动和社会保障部关于实施〈工伤保险条例〉若干问题的意见》（劳社部函〔2004〕256号）中明确："48小时的起算时间，以医疗机构的初次诊断时间作为突发疾病的起算时间。"通常情况下，如无相反证据证明，一般应以医疗机构出具的病历等材料为准。❷ 这里的"初次诊断时间"一般是指医疗机构对突发疾病的职工进行必要的检查，并得出判断病情及其发展情况的结论的时间。因此需要注意的是，"医疗机构的初次诊断时间"不是患者进入医院做检查的时间，而是医院作出诊断基本确定病情的时间。如果患者突发疾病从离开单位至死亡，其间辗转了三家医院，在甲医院做了血常规检验，在乙医院做

---

❶ 王运柏，颜利，周南翔. 对"突发疾病死亡视同工伤"的理解和把握 [J]. 中国医疗保险，2015 (5)：62.

❷ 最高人民法院（2017）最高法行申7363号行政裁定书。

了尿液检验，最后在丙医院做了体格检查，并且丙医院根据甲乙两医院的检验单的辅助结果，确诊为急性白血病并实施了抢救措施，那丙医院的诊断作出时间就是"医疗机构的初次诊断时间"。❶ 由此可见，上述起算时间的认定并不是以"初次接诊的时间"为起算时间，而是以"初次确诊意见作出的时间"作为起算时间。其实这样做的目的就是更有利于保障受伤职工的合法权益。

（二）"48 小时条款"的渊源：从因果关系到时间界分

"48 小时条款"源于 1996 年 10 月 1 日起实施的《企业职工工伤保险试行办法》第 8 条第 4 项的规定，即职工"在生产工作的时间和区域内，由于不安全因素造成意外伤害的，或者由于工作紧张突发疾病造成死亡或经第一次抢救治疗后全部丧失劳动能力的"应当认定为工伤，这实际上明确了职工在工作时间和工作岗位发病死亡的工伤认定问题。后来该办法被 2004 年 1 月 1 日起施行的《工伤保险条例》所替代，并且该条例在 2010 年 12 月 8 日又作了修改。《工伤保险条例》调整了工伤认定的条件，将工伤区分为"应当认定为工伤"（第 14 条）和"视同工伤"（第 15 条）。对比《企业职工工伤保险试行办法》第 8 条第 4 项规定的"由于不安全因素造成意外伤害"和"由于工作紧张"等发病原因，可以发现《工伤保险条例》第 15 条中的"视同工伤"情形对发病原因作了简化处理，甚至在第 1 款第 1 项的"48 小时条款"中直接删去了发病原因。可见此处工伤的认定因素发生了转变，由具备发病原因这一因果关系因素直接变为仅有 48 小时的时间限制之因素。❷ 这是因为《企业职工工伤保险试行办法》中规定的"工作紧张"这一发病因素在实践中难以认定和证明，从而导致只要是在工作时间和工作岗位发生的疾病一般都认定为工伤，这样就会将许多与工作无关联的疾病都无限制地纳入工伤范畴，不符合工伤制度建立的初衷，因此《工伤保险条例》作出的"48 小时条款"实际上是限制了工伤范围，避免了所有突发疾病被毫无限制地纳入工伤范畴，同时也减少了突发疾病与工作相关联的证明责任以至于实践中更具可操作性，可谓"一

---

❶ 肖海生，王红媛. 工伤认定中死亡的判断标准 [A]. 中华人民共和国最高人民法院行政审判庭. 行政执法与行政审判（总第 85 集）. 北京：中国法制出版社，2022：153.
❷ 李海明. "依 48 小时条款"之病亡的工伤定性 [J]. 法学，2016（10）：14.

举两得"。❶

本案中，职工吴某海于2013年12月23日在工作中突发疾病于次日抢救无效死亡，显然符合48小时的时间限度。但用人单位即上诉人温和服务部在二审中主张"吴某海发病时非工作时间，死亡地点不明，吴某海患肝硬化，并非突发疾病，也不是经抢救无效死亡，而是慢性病发作并主动放弃治疗所导致"，这实际上试图通过职工吴某海的死亡是由于自身患有肝硬化所致，与其工作没有必然的因果关系，以此来否认"48小时条款"的适用。但二审法院没有正面回应这一问题，只是认定了职工吴某海的死亡并没有存在"主动放弃治疗"的情形，二审法院认为"从吴某海发病后被送至同济医院治疗直至在救护车上死亡，其始终未脱离医疗机构的治疗抢救状态，其家属始终未有拒绝接受救治的意思表示"，可见职工吴某海的家属没有放弃治疗，故不支持用人单位温和服务部的主张。回顾本案，因果关系原为用人单位温和服务部提出的一个抗辩理由，但在司法机关并未对此因果关系予以认定，只是简单地提出职工吴某海未放弃治疗而认定符合"48小时条款"的适用，这也正是"视同工伤"从早期的"因果关系认定"到如今单纯以48小时"时间限度认定"的演变。

（三）"48小时条款"的合理性：职工权利保障与工伤保险基金

虽然《工伤保险条例》中的"48小时条款"对工伤范畴作了限制性规定，缩小工伤认定的范围，同时提高工伤认定的可操作性，但不可否认的是，这一简单直接并且过于偏重死亡时间的"48小时条款"规定也时刻面临着合理性的拷问。"48小时条款"的合理性困境主要体现在：取消工作致病因素，根据时间限度区分工伤，不仅被质疑有失公平甚至容易引发伦理道德风险。上文已经谈及工作致病因素是《企业职工工伤保险试行办法》中规定的职工突发疾病与其工作之间具有因果关系的因素，这一因果关系的认定在《工伤保险条例》中被改为以单纯的时间认定"视同工伤"，即根据"48小时条款"的时间限度界定工伤。由此"48小时条款"的设定便值得令人琢磨：是不是必须在48小时内"死"，否则就没有工伤保险赔偿呢？这一疑问具体到私权利主体之间以及公权力主体之间便备受人们

---

❶ 蒋桥生. 无存活可能因过度抢救48小时外死亡应视同工伤［J］. 人民司法，2015（8）：75－76.

的指责。

一方面在私权利主体之间，也正因"48小时条款"的机械理解，作为利益冲突的家属与用人单位双方产生了截然相反的两种极端伦理道德风险，即家属这边往往会面临"保命"与"保赔"的两难选择，可能存在一些家属毅然选择后者而拼命"埋活人"，放弃治疗希望能获得工伤保险赔偿，甚至职工自己也走上以自杀或安乐死的方式获取工伤保险赔偿的道路；而用人单位这边则使劲"救死人"，对没有生存希望的病人进行过度治疗。❶

另一方面在公权力主体之间，也催生了行政机关出于保障工伤保险基金的考虑而往往对工伤认定限缩适用。例如，职工的突发疾病与工作具有一定因果关系，但由于不符合48小时的时间限度而不予认定工伤；反之，行政机关由于机械地执行法律规定将职工的突发疾病与工作本不具有因果关系，但由于符合48小时的时间限度而予以认定工伤。两种情况相比较下不免让人感到有失公平之嫌，这显然是"48小时条款"的弊端之所在。❷ 行政机关的限缩解释立场都体现在人社部发布的行政规范性文件中。人社部法规司在2016年5月20日作出的《关于如何理解〈工伤保险条例〉第十五条第（一）项的复函》以及人社部在《人力资源社会保障部对十三届全国人大二次会议第8647号建议的答复》（人社建字〔2019〕2号）、《人力资源社会保障部对十三届全国人大三次会议第4242号建议的答复》（人社建字〔2020〕209号）中指出，"48小时条款"的规定考虑了职工死亡可能还与工作劳累、工作紧张等因素有关，出于借鉴日本等少数国家将"过劳死"纳入工伤保险保障范围的做法，故将工伤保险的保障范围由工作原因造成的"事故伤害"扩大至"因病"范围，这扩大了工伤保险的职能范围，因此在对职工按"48小时条款"认定工伤时，既要考虑工伤保险的制度属性和我国现阶段国情特点，还应兼顾与用人单位、社会保险基金之间的利益平衡，不能无限度扩大，否则会造成更多的执行偏差。

对于司法机关而言，在工伤认定行政纠纷案件的司法审查中，司法机

---

❶ 章群，牛忠江.《工伤保险条例》"48小时"规定的合理性检视与完善的路径选择[J]. 中国劳动，2009（11）：27.

❷ 蒋桥生. 无存活可能因过度抢救48小时外死亡应视同工伤[J]. 人民司法，2015（8）：76.

关从有利于职工合法权益保护的立法目的考虑,作出对职工有利的事实推动,❶ 有扩大解释"48 小时条款"的倾向,这无疑会造成《工伤保险条例》的执行偏差。最高人民法院在 2021 年的最新裁定中明确了和人社部保持一致的观点,这一举动及时将司法实践中扩大解释的倾向予以纠正和制止。最高人民法院认为《工伤保险条例》第 15 条第 1 款第 1 项规定的"48 小时条款",将工伤保险的保障范围由工作原因造成的事故伤害扩大到在工作时间、工作岗位突发疾病死亡的情形,考虑了此类突发疾病可能与工作劳累、工作紧张等因素有关,最大限度地保障了职工的权益,但是"因视同工伤属于通常意义上因工伤亡之外的扩大保护,故对视同工伤的判定,应当严格掌握,不宜对视同条件随意扩大解释,不合理扩大视同工伤的保护范围"❷。这给司法实践带来了明确信号,那就是适用"48 小时条款"必须慎之又慎,不得随意扩大解释,人民法院也应当克制一味作出有利于职工合法权益保护推定的冲动。

上述种种问题的存在,导致"48 小时条款"的合理性依旧面临着巨大挑战。虽然"48 小时条款"已然法定化,但也不可避免产生了"48 小时条款"的存废论。主张废止意见的一般是主管工伤认定的行政机关,原因便是为了维持工伤保险基金的有效运转,当然对于不符合工伤认定条件不能认定为工伤的,可以按照有关规定通过其他社会保障渠道给予保障。主张保留意见的一般是司法机关和学界,原因是有利于职工合法权益保护。以上争议实质是职工合法权益保护和工伤保险基金的利益衡量问题,一方面要维护公平正义以保护职工合法权益,另一方面又要促进社会秩序稳定,保障工伤保险基金合理运行。笔者认为,应当保留"48 小时条款",既然"48 小时条款"业已存在,目前应承认其合理之处。正如有观点提出对于"48 小时条款"的认定规则应当包括三个方面:一是"48 小时条款"的认定需同时考虑形式要件与实质要件;二是"48 小时条款"立法目的是平衡工伤保险基金压力与职工权利;三是不宜因同情死者而对"48 小时条款"作过度扩张解释。❸ 还有观点通过分析"视同工伤"与"视为工伤"

---

❶ 郭修江. 在家加班期间突发疾病死亡应当视同工伤 [J]. 人民司法, 2019 (2).
❷ 最高人民法院 (2020) 最高法行申 12409 号行政裁定书.
❸ 童飞霜. 工伤认定中"48 小时条款"的实质要件和形式要件之探析 [J]. 中国审判, 2021 (16).

不同，即前者不存在因果关系这一因素的认定，扩大了该48小时条款范围，而后者则加入因果关系的考量，限制该48小时条款的范围，故认为应当将"视同工伤"修改为"视为工伤"，限制"48小时条款"，完善工伤认定制度。❶ 不过，"48小时条款"也面临着新的挑战，特别是对于远程办公突破工作地点范畴的，例如外卖、快递、网约车等网约工情形❷以及疫情期间的隔离工作情形❸，这些是否要纳入"48小时条款"，各方仍存争论。可见，"48小时条款"仍有许多需要完善之处，而这也正是我们努力的方向。

---

❶ 李海明. "依48小时条款"之病亡的工伤定性［J］. 法学，2016（10）：14.
❷ 李戈军，高蔚，寇茜玥. 新业态下网约工的工伤认定［M］//中华人民共和国最高人民法院行政审判庭. 行政执法与行政审判（总第83集）. 北京：中国法制出版社，2021：141.
❸ 黄瑶，邱兴琼，叶署铭. 疫情防控期间工伤认定及其相关行政案件审理若干问题探析［M］//中华人民共和国最高人民法院行政审判庭. 行政执法与行政审判（总第79集）. 北京：中国法制出版社，2020：60.

七、行政程序

案例 9

郝某诉平定县公安局交通警察大队行政处罚及行政复议案*

基本案情

2018年8月7日,驾校学员李某在平定县广阳路铁道桥下发现郝某发布的陪练科目三的广告,遂通过电话预约郝某,双方商定当日下午使用郝某的桑塔纳轿车在广阳路上练习科目三。李某驾驶陪练车辆途经平定县胡家庄路段时被交警查获,后移交给平定县交警大队。平定县交警大队立案后进行调查取证,于2018年10月19日制作了《道路交通安全违法行为处理通知书》,但郝某拒绝签字。平定县交警大队未向郝某告知拟作出行政处罚决定的事实、理由、依据及享有陈述和申辩的权利,亦未记录郝某的陈述和申辩理由。2018年11月21日,平定县交警大队作出晋公交决字〔2018〕第140321-2000039900号《公安交通管理行政处罚决定书》(以下简称"被诉处罚决定"),对郝某罚款1000元。郝某不服,向平定县人民政府申请行政复议。2019年1月17日,平定县人民政府作出平政行复决字〔2019〕2号《行政复议决定书》(以下简称"被诉复议决定"),维持了被诉处罚决定。

阳泉市城区人民法院一审认为,平定县交警大队提供的处罚告知笔录上无郝某签字,没有制作时间,其提供的视频中也没有显示对郝某制作过处罚告知笔录。故平定县交警大队在行政处罚程序中存在瑕疵,不符合《中华人民共和国行政处罚法》第31条的规定,属于程序轻微违法,遂判

---

* 此案例选自2019年山西行政审判十大典型案例之六。

决确认被诉处罚决定及复议决定违法。

阳泉市中级人民法院二审认为,根据《道路交通安全违法行为处理程序规定》第46条的规定,公安机关作出处罚决定前,应当采用书面形式或者笔录形式告知当事人拟作出行政处罚的事实、理由及依据,并告知其依法享有的权利,对当事人陈述申辩进行复核,复核结果应当在笔录中注明。本案中,平定县交警大队在诉讼中提交的公安交通管理行政处罚告知笔录中没有郝某的签字,也没有制作笔录的时间,且执法视频中也没有显示对郝某制作过处罚告知笔录的事实,可以推断平定县交警大队关于曾经口头告知过郝某的主张与事实不符。《最高人民法院关于适用〈中华人民共和国行政诉讼法〉的解释》(以下简称《行诉解释》)第96条规定:"有下列情形之一,且对原告依法享有的听证、陈述、申辩等重要程序性权利不产生实质损害的,属于行政诉讼法第七十四条第一款第二项规定的'程序轻微违法':(一)处理期限轻微违法;(二)通知、送达等程序轻微违法;(三)其他程序轻微违法的情形。"原判决在认定平定县交警大队未依法告知郝某拟作出行政处罚的事实、理由、依据以及享有陈述、申辩权利,已对郝某法定权利产生实质损害的情况下,仍然以程序轻微违法为由确认被诉处罚决定及复议决定违法,属于适用法律不当,应予纠正。二审法院遂改判撤销原审判决和被诉处罚决定及复议决定,责令平定县交警大队在判决生效后三十日内重新对郝某涉案行为作出行政处理。

本案涉及的理论问题

本案中,平定县交警大队对行政相对人郝某的交通违法行为作出行政处罚的过程,存在违反正当程序原则和程序严重违法等问题。

一、正当程序原则

正当程序原则源自英国的自然公正原则和美国的正当法律程序原则,是行政程序法上的一个重要原则,本质是对权力的限制。其基本含义在于行政权力运行必须遵守或符合最低限度的程序公正底线或标准。

(一)英国的自然公正原则

英国的自然公正原则,也叫自然正义原则,是一套不成文的普通法原则，是法院自身为保证公共机关遵循基本的公正要求，不断发展起来的程序保障机制。经过逐步发展，自然公正原则现已扩展涵盖听证、听证本身和公共机关的决定整个环节，而且经常被转化为制定法规规定。本质上而言，个人或机关行使权力时，若不遵循这些规则，法院将认定其行为超越管辖权，判定该行为越权。不过，自然公正原则是普通法上的最低标准要求，换言之，其是公务员必须遵守的、不容克减的基本程序要求。自然公正是行政法上的至关重要的理念。

英国历史上曾有大法官认为，自由的历史，很大程度上就是遵循程序保障机制的历史。一个毫无争议的公正听证，将有助于实现公平对待行为当事人和遵守法治这一永久性目标。一旦自然公正原则能够发挥作用限制公共机关的裁量权，达到保护公民的目的，那么它同样是对政府官员的一种保护。自然公正原则对政府官员的保护，至少可以通过两种方式实现：第一，促使公共机关更敏感地意识到它们的法律责任，由此它们在行使自己的权力时可能更为审慎；第二，公共机关正当遵守自然公正原则，应当可以提高决定的质量和成效，避免法院干预的可能。这两种方式，即控制公共机关的裁量权和促成更好的行政决定。❶

自然公正原则包含两项要求：一是反偏私，二是公平听证权。

（1）反偏私：任何人不能做自己案件的法官，即反偏私原则。

通常认为，与公正听证权相比，普通法上的反偏私原则得到了更为严格的适用。反偏私原则是任何法定程序都必须遵守的一项基本要求。英国首席大法官休厄特（Hewart）勋爵将其概括为"反偏私不只是具有某些重要意义，而且至关重要。不仅要实现公正，而且公正的实现要看得见，做到清清楚楚，毫无争议"❷。

反偏私原则包括以下几个方面的内容：

第一，裁决之人不得与程序上有任何金钱或财产上的利益牵连。有金钱利益关联的人不能参与案件的调查和决定，其主要原因不在于存在真正的偏私，而在于存在有理性之人可能怀疑破坏诉讼公正的可能。但是反偏

---

❶ 彼得·莱兰，等. 英国行政法教科书 [M]. 杨伟东，译. 北京：北京大学出版社，2007：389.

❷ 彼得·莱兰，等. 英国行政法教科书 [M]. 杨伟东，译. 北京：北京大学出版社，2007：433.

私原则也存在一些例外,如当事人同意、法律允许、所有人员可能受到同一利益的影响,而案件的审理必须进行。

第二,不得有任何偏私的迹象和可能。行使裁判权之人与行使追诉职能者,不得为同一人。

(2) 公平听证权:必须给当事人一个公平的听取其意见的机会。❶

就公平听证而言,其假定是必须赋予相关个人三项权利:第一,充分的告知,让个人能对案件进行充分的准备;第二,在任何听证中,个人都有权知悉对他或她不利的证据;第三,向裁判机构陈述案件,提出相关问题,获得正当机会对不利证据提出异议、反驳或相反意见。听证通常采用书面方式,不过有时根据对个人造成的损害程度推定采用口头听证方式。需要注意的是,自然公正原则只是最低的公正标准,而且这些要求会因背景不同而变化很大。❷

(二) 美国的正当法律程序

美国在继承自然公正原则精神的基础上形成了正当法律程序原则,并在《美国宪法修正案》第 5 条、第 14 条中予以确立。

《美国宪法修正案》第 5 条规定:"未经正当的法律程序不得剥夺任何人的生命、自由或财产。"《美国宪法修正案》第 14 条还规定:"任何州不得未经正当的法律程序而剥夺任何人的生命、自由或财产。"这些规定适用于联邦政府机关和各州政府机关,因此宪法上的正当法律程序的意义就是公正行使权力,要求行政机关对当事人作出不利的决定时,必须听取当事人的意见,而对于行政法而言,也必须符合宪法上的正当法律程序标准。

具体而言,美国的正当法律程序原则包括两方面的意义:(1) 正当的法律程序是一个实体法的规则,称为"实质的正当法律程序",要求国会所制定的法律必须符合公平与正义,否则法院将宣告该法律无效,如今该"实质的正当法律程序"观念主要是用在保护财产权以外的宪法权利;(2) 正当的法律程序是一个程序法的规则,称为"程序上的正当法

---

❶ 余凌云. 行政法讲义 [M]. 3 版. 北京:清华大学出版社,2019:106.
❷ 彼得·莱兰,等. 英国行政法教科书 [M]. 杨伟东,译. 北京:北京大学出版社,2007:411.

律程序",要求一切权力的行使剥夺私人的生命、自由或财产时必须听取当事人的意见,即当事人具有要求听证的权利,这种"程序上的正当法律程序"也正是行政法学所关注和讨论的。❶

听证是正当法律程序的主要内容。行政机关基于正当法律程序所要求的听证,内容包括不同的因素。在标准和最完全的听证中,当事人具有下列权利:(1)由无偏私的官员作为主持人的权利;(2)得到通知的权利,通知中必须适当地说明听证所涉及的主要事项和问题;(3)提出证据(包括言证和物证)和进行辩护的权利;(4)通过互相质问及其他正当手段驳斥不利证据的权利;(5)请律师陪同出席的权利;(6)只能根据听证案卷中所记载的证据作出裁决的权利;(7)取得全部案卷副本的权利。当然,正当法律程序在适用的很多方面很难确定一致的标准和原则。❷

英国的自然公正原则与美国的正当法律程序均发源于英国普通法与大宪章,对于行政法而言,都有控制行政程序正当性、适当性的价值。但是二者仍有一定区别。

第一,自然公正原则的适用范围超过正当法律程序。前者在英国的适用不区分国家行为和私人行为,故包括公行为与各种私法人及工会活动,而后者仅适用于国家行为。

第二,程序的正当性要点有三,即通知、评论期间或听证,及陈述理由。英国自然正义一般仅包括前二者,而忽略理由的陈述,以避免行政程序负担过重。

(三)本研究的界定

学界对于正当程序存在不同的表述,如"行政正当原则"❸"行政程序正当原则或正当程序"❹ "正当法律程序原则"❺ "正当程序原则"❻ 等。为了与美国的"正当法律程序"相区分以及行文方便,这里统称为"正当程序原则"。正当程序原则也存在广义和狭义之分:广义的正当程序原则

---

❶ 王名扬. 美国行政法(上)[M]. 北京:北京大学出版社,2016:285-286.
❷ 王名扬. 美国行政法(上)[M]. 北京:北京大学出版社,2016:285-286.
❸ 周佑勇. 行政法原论[M]. 3版. 北京:北京大学出版社,2018:66.
❹ 章剑生. 现代行政法总论[M]. 2版. 北京:法律出版社,2019:52-220.
❺ 姜明安. 行政法与行政诉讼法[M]. 7版. 北京:北京大学出版社,高等教育出版社,2019:77.
❻ 张树义,张力. 行政法与行政诉讼法学[M]. 4版. 北京:高等教育出版社,2020:36.

实际上泛指整个行政法的程序性原则，如公开原则、公正原则、参与原则、效率原则、避免偏私原则、听取意见、说明理由、自己不做自己的法官❶等，其中既包括行政法中程序性的一般原则，也包括行政程序法中的具体原则；狭义的正当程序原则仅指相当于英国行政法中"自然正义"和美国行政法中"正当法律程序"的原则，即自己不能做自己的法官、听取意见和说明理由。❷ 此处所论及的则是狭义上的"正当程序原则"。

第一，自己不能做自己的法官。这是指行政机关及其工作人员处理涉及与自己有利害关系的争议时，应当主动回避或应当事人的要求回避。这种回避就是为了防止行政机关及其工作人员在履行行政职责时，既做"运动员"又做"裁判员"，避免因为行政机关及其工作人员由于个人利益牵涉在内而先入为主地对行政相对人存在偏见。这就不仅要求行政机关及其工作人员在实际上不存在偏私，而且在外观上也不能令人有理由怀疑为存在偏私。❸

第二，听取意见。这是指在作出对相对人不利的行政决定时必须充分听取相对人的陈述和申辩，必要时应当依法举行听证。听取意见是行政参与原则的集中体现，也是实现公众对行政活动参与权的重要途径，体现了行政机关对相对人的人格尊重和参与权的关怀，提高了行政相对人对行政权力行使的认同感。在英国行政法自然公正原则中，行政机关必须听取意见具体包括三个内容：一是公民有在合理时间以前得到通知的权利，这其实也就是行政机关的告知义务；二是了解行政机关的论点和根据的权利，这实际上是行政机关的说明理由义务；三是为自己辩护的权利，这体现为相对人的陈述、申辩和申请听证的权利。❹

我国在 2021 年修改的《行政处罚法》第 45 条中明确规定："当事人有权进行陈述和申辩。行政机关必须充分听取当事人的意见，对当事人提出的事实、理由和证据，应当进行复核；当事人提出的事实、理由或者证

---

❶ 周佑勇. 行政法原论 [M]. 3 版. 北京：北京大学出版社，2018：66；张树义，张力. 行政法与行政诉讼法学 [M]. 4 版. 北京：高等教育出版社，2020：37-40；胡建淼，江利红. 行政法学 [M]. 2 版. 北京：中国人民大学出版社，2014：289；沈福俊，邹荣. 行政法与行政诉讼法学 [M]. 3 版. 北京：北京大学出版社，2019：74.

❷ 姜明安. 行政法与行政诉讼法 [M]. 7 版. 北京：北京大学出版社，高等教育出版社，2019：77-79.

❸ 王名扬. 英国行政法、比较行政法 [M]. 北京：北京大学出版社，2016：131-132.

❹ 王名扬. 英国行政法、比较行政法 [M]. 北京：北京大学出版社，2016：131.

据成立的，行政机关应当采纳。"另外，在"于某某诉北京大学撤销博士学位案"（以下简称"于某某案"）中，二审法院也强调了正当程序原则的核心要义，也就是行政机关作出任何使他人遭受不利影响的行使权力的决定前，应当听取当事人的意见。❶ 法院认为，北京大学在作出撤销学位决定前，仅仅是由调查小组约谈了一次于某某，约谈本身就不可能像正式听证一样操作规范，且在约谈过程中未谈及撤销学位事宜的情况下，于某某也当然地没有做好充分陈述和申辩的准备，因此北京大学作出的撤销学位决定并不符合听取意见的基本精神。该案的意义还在于，即使法律没有规定相应的行政程序，正当程序依然可以作为一种独立的价值，以约束行政行为，同时行政相对人陈述和申辩的权利要得到充分保障。另外在行政复议类案件中，法院认为，行政复议法虽然没有明确规定行政复议机关必须通知第三人参加复议，但根据正当程序的要求，行政机关在可能作出对他人不利的行政决定时，应当专门听取利害关系人的意见。❷

第三，说明理由。这是指行政机关"在作出对行政相对人合法权益产生不利影响的行政行为时，除法律有特别规定外，必须向行政相对人说明其作出该行政行为的事实因素、法律依据以及进行自由裁量时所考虑的政策、公益、形势、习惯等因素。行政行为说明理由就其内容而言，可以分为合法性理由和正当性理由"❸。日本学者盐野宏也指出："所谓说明理由，是指行政机关在作出某种（不利于相对人的）行政行为时应当说明其理由，而且其理由应当记录在决定书上，以告知相对人。"❹ 我国 2021 年修改的《行政处罚法》第 44 条规定："行政机关在作出行政处罚决定之前，应当告知当事人拟作出的行政处罚内容及事实、理由、依据，并告知当事人依法享有的陈述、申辩、要求听证等权利。"该条明确了行政机关的告知义务，其核心内容就是告知当事人"拟作出的行政处罚内容及事实、理由、依据"，这实际上就是说明理由原则的具体体现。告知是指行政主体在进行行政活动的过程中，将行政活动中的信息以一定方式让行政相对人知道、了解的程序制度，在法律规范中表现为"告知""通知""告示"

---

❶ 罗智敏. 行政法案例研习·第一辑 [M]. 北京：中国政法大学出版社，2020：197.
❷ 章剑生，等. 行政法判例百选 [M]. 北京：法律出版社，2021：85.
❸ 章剑生. 行政行为说明理由判解 [M]. 武汉：武汉大学出版社，2000：33.
❹ 盐野宏. 行政法总论 [M]. 杨建顺，译. 北京：北京大学出版社，2008：178-179.

"公告""教示"等，而说明理由往往就包含于告知义务之中。❶ 告知的方式也应当为书面形式，不可以为口头形式，该案中行政机关主张已经口头告知了相对人相关权利义务，但这显然不能作为抗辩的理由。

值得注意的是，在《行政处罚法》第 44 条中规定的告知拟作出的行政处罚的"内容及事实、理由、依据"中，其中"事实"的明确性程度问题颇具争议，即对"事实"的告知或说明应当达到何种承担才能算正当呢？在"陈某诉济南市城市公共客运管理服务中心客运管理行政处罚案"中，正是因为当事人陈某对行政机关作出的行政处罚决定没有载明事实表示不服而提起的诉讼，法院也认为行政机关所作的行政处罚决定书载明事项没有达到明确具体的要求，不符合法律规定，应予撤销。❷ 此外，对于《行政处罚法》第 44 条中规定的"事实、理由、依据"，有学者提出三者应当区分理解，因为三者具有独立的价值，有学者则提出三者应当是紧密联系的关系，共同构成行政行为理由的说明。❸ 就上述不同观点而言，笔者认为这两种观点都是可接受的，二者只是从不同角度来看待说明理由的内涵而已。前者从一种微观角度来划定"事实、理由、依据"，便于实践操作；后者从一种宏观角度来分析说明理由的构造，利于整体把握说明理由中"事实、理由、依据"三者的联系。

本案中，平定县交警大队在对郝某的交通违法行为立案后进行调查取证并制作了《道路交通安全违法行为处理通知书》，但郝某拒绝签字。于是平定县交警大队在"未向郝某告知拟作出行政处罚决定的事实、理由、依据及享有陈述和申辩的权利，亦未记录郝某的陈述和申辩理由"的情况下，就作出《公安交通管理行政处罚决定书》并对郝某罚款 1000 元。显然，平定县交警大队的行为不符合正当程序原则，这主要表现在未听取意见和说明理由。对于平定县交警大队是否符合"自己不能做自己的法官"这一点上，主要考察的是行政机关是否履行回避义务或者说是否存在偏私行为。本案中，平定县交警大队对郝某作出行政处罚决定这一行为明显不存在这类情况。但是从是否"听取意见"和"说明理由"的角度来说，平定县交警大队的行为已经明显地违反了正当程序原则的要求，因为本案

---

❶ 胡建淼，江利红. 行政法学 [M]. 2 版. 北京：中国人民大学出版社，2014：291.
❷ 《最高人民法院公报》2018 年第 2 期。
❸ 罗智敏. 行政法案例研习·第一辑 [M]. 北京：中国政法大学出版社，2020：74.

中，平定县交警大队未向相对人郝某履行拟作出行政处罚决定的告知义务，其中就包括未向郝某说明拟作出行政处罚决定的理由等，也包括未听取郝某的陈述和申辩的意见。因此从该角度而言，平定县交警大队的行为不符合正当程序原则。

二、程序轻微违法及相近概念的辨析

本案中，平定县交警大队主张其未履行拟作出行政处罚决定前告知的法定义务属于《行诉解释》第96条规定的关于"程序轻微违法"的情形，二审法院对此予以反驳，理由是平定县交警大队的未履行告知义务已经能够对行政相对人产生实质损害了，应当属于"严重程序违法"，而不是《行诉解释》第96条中的"程序轻微违法"。由此，对于行政程序上存在的瑕疵是否应当认定为程序轻微违法呢？这里便产生了程序轻微违法的识别问题。

"程序轻微违法"本身是一个不确定的法律概念，明确该概念首先得厘清其与"违反法定程序"和"程序瑕疵"三者之间的关系。

"违反法定程序"和"程序轻微违法"是法定的程序瑕疵类型二分法，有学者指出该分类的不足进而提出引入"狭义的程序瑕疵"概念。❶ 最高人民法院认为，"违反法定程序"既包括违反法律法规中明确规定的程序，也包括违反法律法规中没有规定的正当程序。❷ 行政机关违反法定程序的法律后果就是其作出的行政行为将被撤销；"程序轻微违法"是指行政行为缺乏完备程序要件的情形，如果行政机关违反了法定程序但尚未达到比较严重的程度则可以归为"程序轻微违法"，可见二者是包含关系而不是并列关系；"程序瑕疵"存在广义和狭义的理解，对于"广义的程序瑕疵"而言，既包括违反法定程序和程序轻微违法，也包括狭义的程序瑕疵，而对于"狭义的程序瑕疵"而言，仅指行政行为作出的程序不规范但对相对人的权益不产生实际影响的情形，狭义的程序瑕疵的法律后果并不是撤销被诉行政行为或确认被诉行政行为违法，只需要法院指正行政行为中的程

---

❶ 梁君瑜. 行政程序瑕疵的三分法与司法审查 [J]. 法学家，2017（3）：45.

❷ 行政行为违反法定程序或者正当程序的，都可以使用《行政诉讼法》第70条第（3）项，属于违反法定程序。《最高人民法院办公厅关于印发〈行政审判办案指南（一）〉的通知》（法办〔2014〕17号）第24条规定，行政机关作出对利害关系人产生不利影响的行政决定前，未给予该利害关系人申辩机会的，不符合正当程序原则；由此可能损害利害关系人合法权益的，人民法院可以认定被诉行政行为违反法定程序。胡建淼. 行政诉讼法学 [M]. 北京：法律出版社，2019：458.

序瑕疵并根据《行政诉讼法》第 69 条驳回当事人的诉讼请求即可。❶ 有观点还认为，一方面"程序轻微瑕疵"和"狭义的程序瑕疵"实际上并不是等同关系，"程序轻微瑕疵"与"程序轻微违法"同义，这实际上是源于德国行政法通说中"违法"和"瑕疵"含义相同的观点。我国台湾地区学者也如此认为，即"凡行政处分（即行政行为）有瑕疵，但瑕疵尚不致构成违法，顶多只是不适当、不合乎目的性要求者，即所谓'不当行政处分'。故不当行政处分与违法行政处分可谓皆属有瑕疵之行政处分，只是瑕疵程度有别而已"❷。另一方面"程序轻微违法"实际上是介于"程序严重违法"与"狭义的程序瑕疵"之间的概念。❸ 有观点也认为《行政诉讼法》第 74 条是第 70 条的例外规定，即原则上"违反法定程序"都是适用撤销判决，但在例外的"程度轻微违法"时则适用确认违法判决。❹ 综上所述，以上概念的关系如表 1 所示。笔者认为，在本案中，二审法院以平定县交警大队存在"严重程序违法"为由撤销了被诉行政行为，其中的"严重程序违法"实际上就是"程序严重违法"，这是与"程序轻微违法"相对的情形，即表 1 中的"其他违反法定程序"，故二审法院适用《行政诉讼法》第 70 条作出撤销判决。

表 1　程序轻微违法、违反法定程序、程序瑕疵之间的关系

类别		子类别	法规范		违法程度
广义的程序瑕疵	狭义的程序瑕疵	无	《行政诉讼法》第 69 条（驳回诉讼请求）		不违法
	违反法定程序	程序轻微违法（=程序轻微瑕疵）	《行政诉讼法》第 74 条（确认违法）	《行政诉讼法》第 70 条（撤销）	轻微违法
		其他违反法定程序	《行政诉讼法》第 70 条（撤销）		严重违法

"程序轻微违法"要素还要结合是否为"重要程序性权利"和"不产生实质损害"来判断。《行政诉讼法》第 74 条第 1 款规定，"行政行为有

---

❶ 确认违法判决的适用条件 [M]. 载最高人民法院行政审判庭. 最高人民法院行政审判庭法官会议纪要.（第 1 辑）. 北京：人民法院出版社，2022：163.
❷ 翁岳生. 行政法（上册）[M]. 北京：中国法制出版社，2009：675.
❸ 赵宏. 行政法案例研习·第二辑 [M]. 北京：中国政法大学出版社，2020：160.
❹ 李烁. 行政行为程序轻微违法的司法审查 [J]. 国家检察官学院学报，2020（3）：95.

下列情形之一的，人民法院判决确认违法，但不撤销行政行为：……（二）行政行为程序轻微违法，但对原告权利不产生实际影响的。"《行诉解释》第 96 条规定："有下列情形之一，且对原告依法享有的听证、陈述、申辩等重要程序性权利不产生实质损害的，属于行政诉讼法第七十四条第一款第二项规定的'程序轻微违法'……"结合这两个法条可以得出程序轻微违法的两项要素：一是重要程序性权利；二是对原告权利不产生实际影响或实质损害。所谓重要程序性权利，有人认为不限于"听证、陈述、申辩"三种程序性权利，还包括与前三种权利具有类似功能的其他重要程序性权利，重要程序性权利与正当程序具有相当性，学界和司法审判中关于正当程序的研究成果可以成为判断"重要程序性权利"的理论和实践来源。❶ 具体是指包括与有效实现参与权相关联的程序性权利，包括要求回避、说明理由等。❷ 对原告权利不产生实际影响或实质损害，是指"不影响当事人意见的有效表达"，"应当以设定相关程序性权利的目的能否实现为标准"❸。在多数情况下，程序违法的行政行为是否应被撤销，法院主要还是考虑"是否对原告权利产生了实际影响"这一实质标准。❹

《行诉解释》第 96 条还明确了法定的程序轻微违法情形，处理期限轻微违法以及通知、送达等程序轻微违法。但在本案中，平定县交警大队未履行处罚决定前的告知义务这一程序违法行为，显然超出了"轻微"的范畴，违法程度明显超过了上述《行诉解释》第 96 条规定的"程序轻微违法"情形。"行政处罚前的告知义务，属于行政机关的法定义务，不履行该告知义务不属于处理期限、通知或送达等程序方面的轻微违法，而是能够对行政相对人产生实质损害的严重程序违法。"❺ 平定县交警大队处罚决定作出前的告知义务是相对人郝某行使陈述、申辩等权利的前提，这实际上影响了相对人郝某的陈述、申辩等重要程序性权利的行使，也给相对人郝某产生了实质损害。因此，对平定县交警大队的行政处罚决定应当认定为程序严重违法，而不是程序轻微违法。

---

❶ 陈振宇. 行政程序轻微违法的识别与裁判［J］. 法律适用，2018（11）：31.
❷ 赵宏. 行政法案例研习·第二辑［M］. 北京：中国政法大学出版社，2020：164.
❸ 陈振宇. 行政程序轻微违法的识别与裁判［J］. 法律适用，2018（11）：31.
❹ 王玎. 行政程序违法的司法审查标准［J］. 华东政法大学学报，2016（5）：188.
❺ "郝某诉平定县公安局交通警察大队行政处罚及行政复议案"，载 2019 年山西行政审判十大典型案例之六。

八、行政诉讼

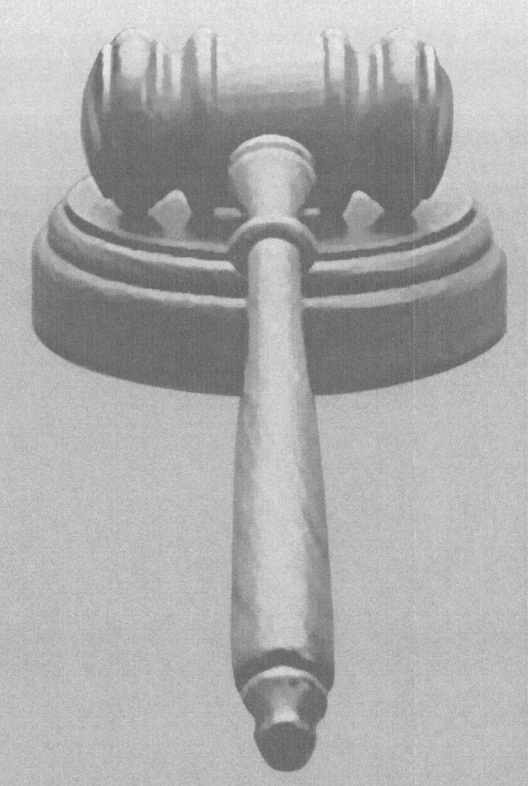

案例 10

焦某某诉河南省新乡市卫滨区人民政府行政征收管理案[*]

> **基本案情**

2014年6月27日,河南省新乡市卫滨区人民政府(以下简称"卫滨区政府")作出卫政(2014)41号《关于调整京广铁路与中同街交汇处西北区域征收范围的决定》(以下简称《调整征收范围决定》),将房屋征收范围调整为京广铁路以西、卫河以南、中同大街以北(不包含中同大街166号住宅房)、立新巷以东。焦某某系中同大街166号住宅房的所有权人。焦某某认为卫滨区政府作出《调整征收范围决定》不应将其所有的房屋排除在外,且《调整征收范围决定》作出后未及时公告,对原房屋征收范围不产生调整的效力,请求人民法院判决撤销《调整征收范围决定》。

新乡市中级人民法院一审认为,卫滨区政府作出的《调整征收范围决定》不涉及焦某某所有的房屋,对其财产权益不产生实际影响,焦某某与被诉行政行为之间没有利害关系,遂裁定驳回焦某某的起诉。焦某某提起上诉,河南省高级人民法院二审驳回上诉,维持原裁定。

> **本案涉及的理论问题**

本案中主要涉及行政诉讼原告资格的"利害关系"判断标准问题。如果行政相对人对行政机关作出的行政行为不服的话,当然享有向人民法院

---

[*] 2018年人民法院征收拆迁典型案例(第二批)。

提起行政诉讼的权利。但是对行政相对人以外的公民、法人或非法人组织却并非当然地具有该项权利，这是因为必须与被诉行政行为具有"利害关系"才能提起行政诉讼。事实上，"利害关系"判断标准在内涵上正朝着不断扩大的方向发展，而正确理解与适用"利害关系"判断标准，对规范和保护当事人依法行使诉权具有重要意义。

一、行政诉讼原告资格中的"利害关系"的内涵与发展

（一）行政诉讼原告资格的基本内涵

行政诉讼的原告，是指认为行政主体及其工作人员的行政行为侵犯其合法权益，而向人民法院提起诉讼的个人或者组织。❶ 准确判断当事人是否具备行政诉讼原告资格，是保障当事人合法权益，对行政机关的行政行为进行监督的重要前提。行政诉讼原告资格经历了一个发展过程，无论是英国的"足够利益"标准、美国的"事实不利影响"标准、德国的"权利侵害"标准，还是日本的"法律上的利益"标准，都经历了一个"从窄到宽，或者说从严格到宽松"的过程，体现为"从受害人诉讼到利害关系人诉讼，再到民众诉讼"的发展历程。❷

《行政诉讼法》第 25 条第 1 款规定："行政行为的相对人以及其他与行政行为有利害关系的公民、法人或者其他组织，有权提起诉讼。"这是关于原告资格的规定，据此可知行政诉讼原告包括两种类型：一是"行政行为的相对人"，即行政相对人；二是"其他与行政行为有利害关系的公民、法人或者其他组织"，即行政相关人。对于行政相对人而言，必然是具有行政诉讼原告资格，因为行政机关作出的行政行为所产生的法律效果直接作用于行政相对人身上，所以对行政相对人的权利义务能够直接产生实际影响。但对于行政相关人而言就并非如此简单，因为行政行为的法律效果不是直接作用于行政相关人身上，而是在作用于行政相对人身上的同时间接地波及行政相关人的权利义务，所以对行政相关人的权利义务一般是间接产生影响。这种间接影响就是判断行政相关人是否具有行政诉讼原告资

---

❶ 姜明安．行政法与行政诉讼法［M］．7 版．北京：北京大学出版社，高等教育出版社，2019：448．

❷ 黄学贤．行政诉讼原告资格若干问题探讨［J］．法学，2006（8）：6．

格的基准,很显然在《行政诉讼法》第 25 条第 1 款中已经明确了,具体是指"与行政行为有利害关系"的行政相关人才能具备行政诉讼原告资格。

(二)"利害关系"标准的发展阶段

对于"利害关系",有学者也指出"是指起诉人本人的权益受到被诉行政行为的直接影响",其要点在于:(1)起诉人具有权益;(2)必须是起诉人本人所特有的权益;(3)起诉人的权益受到行政行为的直接影响。❶ 也有人对"利害关系"的构成要件进行分析,梳理出"二要素说"、"三要素说"以及"四要素说"等观点,进而认为由"权益"要件和"因果关系"要件组成的"二要素说"才是与"利害关系"的构成要件相契合的。❷ 但无论怎么说,"利害关系"始终是一个不确定法律概念,上述解释并不能给司法实践带来具体可操作性的建议,至于如何准确把握该判断标准则仍然存在很大的争议。总体而言,利害关系判断标准的发展在我国大致经历了"直接利害关系标准""合法权益标准""法律上利害关系标准""利害关系标准"四个阶段。❸

第一阶段,直接利害关系标准。该标准是适用于《行政诉讼法》实施之前的行政审判,诚如学者所言,这个阶段"行政诉讼原告资格与民事诉讼原告相同"❹。"直接利害关系标准"的依据在于 1982 年《民事诉讼法(试行)》第 3 条第 2 款、第 81 条第 1 项的规定,即"法律规定由人民法院审理的行政案件,适用本法规定",而且必须符合"原告是与本案有直接利害关系的个人、企业事业单位、机关、团体"的这一起诉条件。以"直接利害关系"作为利害关系的判断标准,排除了"间接利害关系",实际上是限缩了具有"间接利害关系"的公民、法人或其他组织的诉权,无法充分保障公民、法人或其他组织的权利保护和监督行政机关依法行政。由于"间接"本身也具有不明确性的特性且"直接"与"间接"的区分难度颇大,因此"直接利害关系"判断标准显得极为模糊和草率。不过,在该历史背景的仔细考量下,该阶段的利害关系判断标准只是基于当时法

---

❶ 高家伟. 论行政诉讼原告资格 [J]. 法商研究, 1997 (1): 67.
❷ 李晨清. 行政诉讼原告资格的利害关系要件分析 [J]. 行政法学研究, 2004 (1): 101 – 103.
❸ 章剑生. 行政诉讼原告资格中"利害关系"的判断结构 [J]. 中国法学, 2019 (4): 249.
❹ 章剑生. 行政诉讼原告资格中"利害关系"的判断结构 [J]. 中国法学, 2019 (4): 249.

治尚未健全而为了更加注重行政审判效率的权宜之计。

第二阶段，合法权益标准。该标准适用于1989年《行政诉讼法》颁布之后的一段时间。该法第2条规定："公民、法人或者其他组织认为行政机关和行政机关工作人员的具体行政行为侵犯其合法权益，有权依照本法向人民法院提起诉讼。"第41条第1项规定"原告是认为具体行政行为侵犯其合法权益的公民、法人或者其他组织。"由此可以看出，1989年《行政诉讼法》未沿袭1982年《民事诉讼法（试行）》的"直接利害关系"判断标准，而是采取一种新的标准，即"合法权益"判断标准。这一标准由于将"'认为'自己的合法权益受到具体行政行为侵犯的公民、法人或者其他组织主要限定在行政相对人范畴"，故而该标准也被称为"行政相对人"标准。❶ 从上述第2条和第41条还可以看出，"合法权益"标准中更加强调当事人在主观上的"认为"因素，这种主观性判断标准也是同"直接利害关系"标准相区分之处，"直接利害关系"更加强调在法规范体系中与行政机关作出的行政行为具有直接的、客观上的利害关系。遗憾的是，"合法权益"判断标准的主观特性不仅无法准确把握行政诉讼中的原告资格，而且比"直接利害关系"更为模糊不定，不利于司法实践的具体操作，"实践中有的法院不愿意受理行政案件，对原告资格作过度限制，客观上造成立案难"❷，因而更不利于保障公民、法人或其他组织的合法权益。

第三阶段，法律上利害关系标准。正是因为1989年《行政诉讼法》的"合法权益"标准存在很大的缺陷，最高人民法院在该法实施若干年后出台了《最高人民法院关于执行〈中华人民共和国行政诉讼法〉的规定》（以下简称"2000年《执行解释》"），而这一举动又将行政诉讼原告资格的判断标准回归到"利害关系"这一概念上。不过对"利害关系"的限定词不再是曾经的"直接"了，而是"法律上"。2000年《执行解释》第12条规定："与具体行政行为有法律上利害关系的公民、法人或者其他组织对该行为不服的，可以依法提起行政诉讼。"对此，有观点认为该规定中的"法律上利害关系"标准相较于"合法权益"标准明显扩大了原告资格

---

❶ 程琥. 行政法上请求权与行政诉讼原告资格判定[J]. 法律适用, 2018(11): 18.
❷ 童卫东. 依法治国的助推器——《行政诉讼法》修改的进步和意义[J]. 中国法律评论, 2014(4): 134.

的范围❶，实现了由"相对人原告资格论"到"利害关系人资格论"的转变❷。在此基础上，有观点则将"法律上利害关系"的判断标准细化成三个要件，即"相对人公法上的权利""一个成熟的具体行政行为"以及"两者之间法律上的因果关系"作为"法律上利害关系"的共同构成要件。❸ 此外，还有不少观点对"法律上利害关系"标准予以解释和说明。❹ 但有观点却持批判态度：一方面，"法律上利害关系"判断标准极易被演绎为"法定权利义务"标准，在一定程度上可能会限缩公民的诉权；另一方面，"法律上"内涵、外延及其指向也不明确，到底是指向"权益影响"还是"因果关系"难以厘清，而且"法律上"与"事实上"的区分难度不亚于"直接"与"间接"的区分难度。❺

第四阶段，利害关系标准。2015年《行政诉讼法》第25条第1款规定："行政行为的相对人以及其他与行政行为有利害关系的公民、法人或者其他组织，有权提起诉讼。"相较于2000年《执行解释》中的"法律上利害关系"的表述，2015年《行政诉讼法》第25条第1款直接将"法律上"这一限定词摘去，只留下了"利害关系"作为行政诉讼原告资格的判断标准。这是因为不同的人对"法律上利害关系"有不同的理解，且为解决适用不一的情形，在客观上可能会限制公民的起诉权利，采用"直接利害关系"则易被误解为行政诉讼原告只限于行政相对人而不包括行政相关人。❻ 由此可知，立法者采用"利害关系"的表述，并不是说"利害关系"与"法律上利害关系"有实质性的区别，而是防止法院不适当地限缩

---

❶ 王成栋，覃宇婷. 行政处罚案件利害关系人原告资格认定与合法性审查 [M] //蔡乐渭. 行政法案例研习·第三辑. 北京：中国政法大学出版社，2021：293.

❷ 沈福俊. 论对我国行政诉讼原告资格制度的认识及其发展 [J]. 华东政法学院学报，2000（5）：7.

❸ 张旭勇. "法律上利害关系"新表述——利害关系人原告资格生成模式探析 [J]. 华东政法学院学报，2001（6）：48.

❹ 胡锦光，王丛虎. 论行政诉讼原告资格 [M]. 诉讼法论丛，北京：法律出版社，2000；杨寅. 行政诉讼原告资格新说 [J]. 法学，2002（5）；李晨清. 行政诉讼原告资格的利害关系要件分析 [J]. 行政法学研究，2004（1）；斯金锦. 行政诉讼原告资格——"法律上利害关系"要件研究 [J]. 公法研究，2006（4）；王克稳. 论行政诉讼中利害关系人的原告资格——以两案为例 [J]. 行政法学研究，2013（1）.

❺ 柳砚涛. 论行政诉讼中的利害关系——以原告与第三人资格界分为中心 [J]. 政法论丛，2015（2）：45.

❻ 信春鹰.《中华人民共和国行政诉讼法》释义 [M]. 北京：法律出版社，2014：69.

解释"法律上利害关系"的意涵，导致无法充分保障公民、法人或者其他组织的合法权益。❶ 有学者还指出，这种去掉"法律上"的做法，不仅可以在司法实践中防止地方法院对行政诉讼受案范围进行人为限缩，更为重要的是可以将原告资格限制放宽了，这是因为"利害关系"既包括法律上的利害关系，也包括法律以外的实际关系，即事实上的利害关系，显然，"利害关系"的范围已然大于"法律上的利害关系"。❷

以上皆为学界对行政诉讼原告资格判断标准的学理论证分析，然而对于人民法院在具体司法实践中如何判断原告资格，还得依赖于 2015 年《行政诉讼法》第 25 条第 1 款中的"利害关系"判断标准。与之前的"直接利害关系"标准、"合法权益"标准以及"法律上利害关系"标准都存在"不确定性法律概念"的通病一样，"利害关系"标准也存在不确定性概念的特点。2015 年《行政诉讼法》第 25 条第 1 款中的"利害关系"标准内涵仍旧过于宽泛、不确定，需要进行充分、合理的解释才能在司法实践中具体适用，而这项任务也自然地交由司法机关予以落实，即最高人民法院在 2018 年《行诉解释》第 12 条中对"利害关系"标准作了进一步解释。❸ 事实上，《行政诉讼法》的粗略规定，正是给予司法机关在司法实践中能够根据具体情况来把握"利害关系"判定的权限，可见 2015 年《行政诉讼法》第 25 条第 1 款也体现了立法机关对司法机关在具体行政案件确定原告资格上的尊让。

但是，当行政诉讼原告资格的判断标准已被 2015 年《行政诉讼法》第 25 条第 1 款确定为"利害关系"标准后，到底该如何对"利害关系"进一步认定呢？其实，2017 年最高人民法院在"刘某某诉张家港市人民政府行政复议案"的行政裁定书中就已经给出了答案：第一，将"利害关系"限定为具有"法律上的利害关系"和"公法上的利害关系"两大主要特征的"主观公权利"，排除了反射利益和私法上的利害关系；第二，

---

❶ 陈鹏. 行政诉讼原告资格的多层次构造 [J]. 中外法学，2017 (5)：1219.
❷ 胡建淼. 行政诉讼法学 [M]. 北京：法律出版社，2019：261.
❸ 2018 年《行诉解释》第 12 条规定："有下列情形之一的，属于行政诉讼法第二十五条第一款规定的'与行政行为有利害关系'：（一）被诉的行政行为涉及其相邻权或者公平竞争权的；（二）在行政复议等行政程序中被追加为第三人的；（三）要求行政机关依法追究加害人法律责任的；（四）撤销或者变更行政行为涉及其合法权益的；（五）为维护自身合法权益向行政机关投诉，具有处理投诉职责的行政机关作出或者未作出处理的；（六）其他与行政行为有利害关系的情形。"

采取以"保护规范理论"来判定"主观公权利"存在与否的方法，从而判断公民、法人或者其他组织是否具备行政诉讼原告资格。❶

二、将"利害关系"限定为主观公权利

（一）主观公权利的基本内涵

主观公权利是指"公法赋予个人为实现其权益而要求国家为或者不为特定行为的权能"，这是德国学者奥特玛·布勒提出的关于主观公权利的经典概念，仅用以指称个人的法律地位。❷ 简言之，从公民的角度来看，主观公权利即为"公法赋予个人为实现其权益而要求国家为或者不为特定行为的权能"❸。

前述主观公权利概念事实上是对私法权利的参照，而私法权利则被界定为"为实现个人利益，要求他人为一定行为或不为一定行为，或承担容忍义务的权能"❹。从私法权利与主观公权利的比较中可以看出，二者既具有共同点，又具有不同点：共同点表现为目的上都是实现个人的权益，手段上都是通过要求义务主体来履行义务，即"为一定行为或不为一定行为"；不同点则表现为私法权利的义务主体仍是个人，而主观公权利的义务主体则是国家或公权力机关，并且个人的主观公权利是由公法规范所赋予的，而不是私法规范所赋予的。

（二）最高人民法院的判决意见

将行政诉讼原告资格判断标准中的"利害关系"界定为"主观公权利"是最高人民法院在"刘某某案"中的重要立场，这种"主观公权利"界定也在客观上积极推动了"利害关系"判断标准的司法适用。❺ 最高人

---

❶ 最高人民法院（2017）最高法行申 169 号行政裁定书。
❷ 赵宏. 主观公权利的历史嬗变与当代价值［J］. 中外法学，2019（3）：654.
❸ 毛雷尔. 行政法学总论［M］. 高家伟，译. 北京：法律出版社，2000：152.
❹ 赵宏. 案例一：刘广明与张家港市人民政府再审行政裁定案［M］//蔡乐渭. 行政法案例研习·第三辑. 北京：中国政法大学出版社，2021：144.
❺ 最高人民法院在刘某某案中指出："有利害关系的公民、法人或者其他组织，不能扩大理解为所有直接或者间接受行政行为影响的公民、法人或者其他组织；所谓利害关系，仍应限于法律上的利害关系，不宜包括反射性利益受到影响的公民、法人或者其他组织。同时，行政诉讼乃公法上之诉讼，上述法律上的利害关系，一般也仅指公法上的利害关系；除特殊情形或法律另有规定，一般不包括私法上的利害关系。"参见最高人民法院（2017）最高法行申 169 号行政裁定书。

民法院指出:"只有主观公权利,即公法领域权利和利益,受到行政行为影响,存在受到损害的可能性的当事人,才与行政行为具有法律上利害关系。"[1]

但是,如何判断主观公权利的存在呢?最高人民法院采取了保护规范理论或者说保护规范标准,将法律规范保护的权益与请求权基础相结合,来判断公法上的利害关系。最高人民法院进一步解释道:"以行政机关作出行政行为时所依据的行政实体法和所适用的行政实体法律规范体系,是否要求行政机关考虑、尊重和保护原告诉请保护的权利或法律上的利益,作为判断是否存在公法上利害关系的重要标准。实践中,对行政实体法某一法条或者数个法条保护的权益范围的界定,不宜单纯以法条规定的文意为限……而应坚持从整体进行判断。……在依据法条判断是否具有利害关系存有歧义时,可参酌整个行政实体法律规范体系、行政实体法的立法宗旨以及作出被诉行政行为的目的、内容和性质进行判断,以便能够承认更多的值得保护且需要保护的利益,属于法律保护的利益,从而认可当事人与行政行为存在法律上的利害关系,并承认其原告主体资格,以更大程度地监督行政机关依法行政。但需要强调的是,个案中对法律上利害关系,尤其是行政法上利害关系或者说行政法上权利义务关系的扩张解释,仍不得不兼顾司法体制、司法能力和司法资源的限制;将行政实体规范未明确需要保护、但又的确值得保护且需要保护的权益,扩张解释为法律上保护的权益,仍应限定于通过语义解释法、体系解释法、历史解释法、立法意图解释法和法理解释法等法律解释方法能够扩张的范围为宜。"[2] 因此法院就该案认为,行政机关所适用的法律规范,主要"……是从维护经济安全、合理开发利用资源、保护生态环境、优化重大布局、保障公共利益、防止出现垄断等方面,判断某一项目是否应予审批、核准或备案(以下统称项目审批行为)。考察上述一系列规定,并无任何条文要求发展改革部门必须保护或者考量项目用地范围内的土地使用权人权益保障问题,相关立法宗旨也不可能要求必须考虑类似于刘某某等个别人的土地承包经营权的保障问题。发展改革部门在作出项目审批行为时,也就无须审查项目用

---

[1] 最高人民法院(2017)最高法行申 169 号行政裁定书。
[2] 最高人民法院(2017)最高法行申 169 号行政裁定书。

地范围内的征地拆迁、补偿安置等事宜，无须考虑项目用地范围内单个土地、房屋等权利人的土地使用权和房屋所有权的保护问题。因此，项目建设涉及的土地使用权人或房屋所有权人与项目审批行为不具有利害关系，也不具有行政法上的权利义务关系，其以项目审批行为侵犯其土地使用权或者房屋所有权为由，申请行政复议或者提起行政诉讼，并不具有申请人或者原告主体资格。具体到本案中，张家港市发改委作出 823 号通知即使涉及刘某某依法使用的土地，刘某某也不能仅以影响其土地承包经营权为由申请行政复议"。❶

对于最高人民法院在上述案件中的见解，有学者认为，这是法官对立法者意图的倚重，而这种解释方法从本质上而言仍旧属于旧保护规范理论的范畴，该理论的主观恣意与偏狭严苛早已受到指摘，而在德国现代保护规范理论中，对规范保护目的的探求，也不再主要从立法者可验证的主观意图中导出，而依赖于对利益的客观评价，且这种利益评价是对当下利益，即规范适用时的现实和事实效果，并不依赖于法律在颁布时的利益评价。❷

当然，较之前将利害关系等同于不利影响，该案裁定对于主观权利以及保护规范理论的纳入，可以说是我国行政审判在原告资格领域的重大迈进，有积极影响：❸一是将利害关系置换为主观公权利，并将其诉诸保护规范理论，使我国行政诉讼原告资格的判定有了相对清晰的分析框架和相对确定的推导步骤；二是主观公权利和保护规范理论的纳入同样有助于我国行政诉讼整体定位的厘清和纯化；三是纳入保护规范理论，将对原告权益的保护引入案件所涉及的具体法律规范的解释，同样会使我国行政诉讼对原告权益的保障彻底摆脱诉讼法明确列举的局限。

采用主观公权利的原因在于：一是防止陷入反射性利益。最高人民法院认为，"对于仅具有反射性利益，而非法律上权益的当事人而言，也不能以被诉行政行为被作否定性评价后，可能会间接有利于保护其所主张的权益为由取得原告主体资格""有权提起诉讼的原告，一般宜限定为主张

---

❶ 最高人民法院（2017）最高法行申 169 号行政裁定书。
❷ 赵宏. 行政法学的主观法体系 [M]. 北京：中国法制出版社，2021：249.
❸ 赵宏. 行政法学的主观法体系 [M]. 北京：中国法制出版社，2021：246.

保护其主观公权利而非主张保护其反射性利益的当事人"❶。

如何区分主观公权利和反射性利益呢？一般而言，当某项法律规范的目的主要在于保护公共利益而并非保护个别特定人利益，但该项法律规范却附随地可能对个别特定人产生有利时，个别特定人因此产生的利益就称为反射性利益。有学者也指出，反射性利益是指个人因公法法规而获得事实上的利益，该个人不能单独对行政机关有所请求之谓。❷ 这种"事实上的利益"也就是在保护公共利益中附随地形成，正是由于这种"事实上的利益"不属于法律上的权益，因此不能作为第三人提起行政诉讼的理由。例如，我国《公务员法》第 59 条规定，公务员不得旷工、不得不作为、不得贻误工作等，该规定本身设定的目的在于保护公众的福祉（或公共利益），主要是防止因公务员的渎职等行为而影响广大民众的权益，以督促公务员要有担当、有作为，让广大民众可以从中受益。但这规定并不是专门为了特定人而设定，个别特定人因该规定所获得的办事更为公正、快捷等利益在实质上属于反射性利益，因此个别特定人在遭遇公务员旷工的情况下只能通过举报投诉的方式寻求救济，而不能提起行政诉讼。

（三）关于本案的理解

本案中，行政机关作出的《调整征收范围决定》是根据行政征收相关法律法规行使的法定职责行为，目的在于推动公共事业发展，提高公共服务水平，促进广大民众的公共利益效应，而不是为了促进房屋征收范围内房屋所有权人的个人利益增加，虽然这些房屋所有权人因其房屋纳入征收范围而受益，但就广大民众而言，其房屋是否能够被纳入征收范围而受益则并不是行政征收的目的，因而广大民众的房屋是否能够被纳入征收范围并不受法律所保护。因此，即便焦某某的房屋被《调整征收范围决定》排除在外，也不能认为行政机关对焦某某的合法权益造成侵犯，焦某某更不能就此提起行政诉讼。

另外还要防止陷入行政公益诉讼等客观诉讼。一方面，最高人民法院认为："行政诉讼虽有一定的公益性，却显然不能将原告主体资格范围无

---

❶ 最高人民法院（2017）最高法行申 169 号行政裁定书。
❷ 李年清. 主观公权利、保护规范理论与行政诉讼中原告资格的判定——基于（2017）最高法行申 169 号刘广明案的分析 [J]. 法律适用（司法案例），2019（2）：47.

限扩大,将行政诉讼变相成为公益诉讼。"❶ 公益诉讼是相对于私益诉讼而言的,正如梁慧星教授指出,"公益诉讼是指与自己没有直接利害关系,就是诉讼针对的行为损害的是社会公共利益,而没有直接损害原告的利益"❷。简言之,公益诉讼就是指维护国家利益、社会公共利益的诉讼,而私益诉讼则是维护公民、法人或其他组织的个人利益的诉讼。私益诉讼中的受害者一般都是公民、法人或其他组织等个体,理应由这些个体受害者作为原告来提起诉讼;而公益诉讼中的受害者往往是抽象的、集体的概念,而司法实践中却无法让这些公益诉讼的真正受害者行使诉权,通常由法律规定一些特定组织来代行诉权。本案中,所涉及的主要是公民焦某某对区政府作出的《调整征收范围决定》未将其房屋纳入征收范围一事不服而寻求司法救济。显然,焦某某并不是以维护国家、社会公共利益为主要目的,而是出于维护自身利益的立场而向法院提出相应诉讼请求,因此本案实质上是一个私益诉讼,主要围绕着私益救济的问题,而焦某某作为公民个体也无法提起公益诉讼。正如本案一审法院所认为的那样:《调整征收范围决定》并不涉及焦某某所有的房屋,对其财产权益不产生实际影响。如果放任类似焦某某这种与被诉行政行为没有利害关系的原告进入行政诉讼的话,无疑会扩大了原告主体资格范围,也极大可能会导致以私益救济为核心功能的行政诉讼异化为公益诉讼。

另一方面,最高人民法院还指出:"现行行政诉讼法在确定原告主体资格问题上,总体坚持主观诉讼而非客观诉讼理念,行政诉讼首要以救济原告权利为目的。"❸ 可见,我国《行政诉讼法》在"保护公民、法人和其他组织的合法权益"与"监督行政机关依法行使职权"的价值选择上还是偏向于前者,即我国《行政诉讼法》总体上仍坚持"保护公民、法人和其他组织的合法权益"的主观诉讼。主观诉讼和客观诉讼是大陆法系的划

---

❶ 最高人民法院(2017)最高法行申169号行政裁定书。
❷ 梁慧星,等. 关于公益诉讼[M]//吴汉东. 私法研究(创刊号). 北京:中国政法大学出版社,2002:361; 王珂瑾. 行政公益诉讼制度研究[M]. 济南:山东大学出版社,2009:40. 有学者还归纳出公益诉讼的三种类型:他益形式的公益诉讼、自益形式的公益诉讼和法律援助形式的公益诉讼。林莉红. 公益诉讼的含义和范围[J]. 法学研究. 2006(6):149.
❸ 最高人民法院(2017)最高法行申169号行政裁定书。

分方法，最早由法国学者莱昂·狄骥于1911年创立。❶ 一般而言，主观诉讼是指以保护公民、法人或其他组织等个人合法权益或主观公权利为主的诉讼类型，而客观诉讼则是指以维护国家、社会公共利益为主的诉讼类型。❷ 在主观诉讼中"起诉人以其个人权利为起诉理由"，而在客观诉讼中"起诉人维护的是法律"，❸ 如此来看，可以说主观诉讼的功能与私益诉讼相一致，而客观诉讼的功能则与公益诉讼相一致。主观诉讼与客观诉讼的划分以法国、德国、日本以及我国台湾地区最为典型，其中法国是按照诉讼标的来划分的，以客观诉讼为主并"侧重于客观法律秩序的维护"，德国、日本以及我国台湾地区则是按照诉讼目的来划分的，以主观诉讼为主并"侧重于相对人权利的保护"。❹ 主观诉讼与客观诉讼的划分既有优点又有缺点：优点在于能够明确表示两种诉讼的当事人资格和判决的效果不一样，而缺点在于不能够划分全部行政诉讼，而且对于客观和主观的认识也不可能完全一致。例如，撤销诉讼有时是客观诉讼，有时则是主观诉讼，还有一些属于主观诉讼的反被认为是客观诉讼，属于客观诉讼的反被认为是主观诉讼。❺ 正因存在这些局限性，有学者也指出我国行政诉讼表现为"内错裂"状态，即"既不是完整意义上的主观诉讼，也不是完整意义上的客观诉讼"。❻ 虽然有学者坚持认为我国行政诉讼属于客观诉讼❼，但笔者认为，应当肯定最高人民法院所指：我国行政诉讼总体上坚持主观诉讼理念。在本案中，也正是秉持了这种主观诉讼的理念进而判断出焦某某不具有原告主体资格。从主观诉讼的角度讲，由于区政府作出的《调整征收范围决定》并不会实际影响到焦某某的个人合法权益或主观公权利，因此

---

❶ 薛刚凌，杨欣. 论我国行政诉讼构造："主观诉讼"抑或"客观诉讼"[J]. 行政法学研究，2013（4）：30.

❷ 于安. 行政诉讼的公益诉讼和客观诉讼问题[J]. 法学，2001（5）：16.

❸ 让·里韦罗，让·瓦利纳. 法国行政法[M]. 鲁仁，译. 北京：商务印书馆，2008：787.

❹ 马立群. 主观诉讼与客观诉讼辨析——以法国、日本行政诉讼为中心的考察[M]//中山大学法律评论. 北京：社会科学文献出版社，2010，8（2）：250-257.

❺ 王名扬. 法国行政法[M]. 北京：北京大学出版社，2016：521.

❻ 薛刚凌，杨欣. 论我国行政诉讼构造："主观诉讼"抑或"客观诉讼"？[J]. 行政法学研究，2013（4）：29.

❼ 梁凤云. 行政诉讼法修改的若干理论前提（从客观诉讼和主观诉讼的角度）[J]. 法律适用，2006（5）：72；薛刚凌. 行政公益诉讼类型化发展研究——以主观诉讼和客观诉讼划分为视角[J]. 国家检察官学院学报，2021（2）：89.

焦某某不存在维护自身合法权益的正当性，不符合主观诉讼的适用范围。从客观诉讼的角度讲，在我国行政公益诉讼的原告主体资格范围限定为检察机关，不包括普通公民、法人或其他组织。焦某某作为与被诉行政行为不存在利害关系的公民，如果法院允许其提出对自身无利害关系的行政行为进行合法性审查的话，那么将会导致该类行政诉讼行使客观诉讼功能而成为行政公益诉讼，这无疑是扩大了行政公益诉讼的原告主体资格，显然与现行法律规范相冲突。

那么，对于主观公权利是否存在又该如何判定呢？司法实践中通过引入保护规范理论来具体判定主观公权利是否存在。保护规范理论源自德国，具体是指"如果法规范制定是有利于特定人或者特定范围的人，并满足这些人的个人利益，而不仅仅是保护公共利益，那么，该法规范就是个人在公法上主张权利的依据"❶。保护规范理论又可分为旧保护规范理论（以布勒为代表）和新保护规范理论，但其本质上仍是一个法律解释问题，即解释行政实体法规范中是否具有"个人利益保护指向"。事实上，对于保护规范理论是否真的可以引入我国行政审判的司法实践仍存有争议。支持者认为，保护规范理论的中国式表述之功能在于"有利于原告资格判断的客观化和精细化"和"有利于扩大而不是限缩原告资格范围"，保护规范理论的重大贡献在于"将诉权与请求保护的权益相联结，始终以坚持'规范性'作为权利判定的基准，强调借助实定法查明权利连接点"。❷ 反对者则认为，保护规范理论在主观诉讼的适用前提、个人主义的哲学前提、合法权益保障的充分保障、诸多理论前提和制度装置上都无法在我国当下的制度环境中得到满足，因此贸然引入保护规范理论"必将造成一个可以预见且被初步证实的后果，就是大量处于模糊地带的原告资格都被否定，保护规范理论沦为立案登记制度背景下法院摆脱案多人少责任重困境的一招利器"❸。反对者的担忧是合理的，最高人民法院在"刘某某案"中就是采用保护规范理论解释了相关实体法规范内不具有个人利益保护的立法意图，从而判定原告不存在主观公权利，这无疑在一定程度上限缩了原

---

❶ 章剑生. 行政诉讼原告资格中"利害关系"的判断结构 [J]. 中国法学, 2019 (4): 253.
❷ 耿宝建. 主观公权利与原告主体资格——保护规范理论的中国式表述与运用 [J]. 行政法学研究, 2020 (2): 11-12.
❸ 成协中. 保护规范理论适用批判论 [J]. 中外法学, 2020 (1): 102.

告主体资格。本案中，如果运用保护规范理论判定焦某某是否具有主观公权利的话，那么焦某某也必然会由于在相关行政实体法规范中找不到个人利益保护的立法意图而被认定为不存在主观公权利，不具有原告主体资格。但这并不意味着应当抛弃掉保护规范理论，实际上，保护规范理论在我国目前行政诉讼原告资格的判定中仍起着积极作用，为原告资格判定提供了相对可行的分析框架，可以在整体上把握原告权益的保护范围，而不再局限于"列举式"的原告资格认定方案。

案例 11

何某某诉华中科技大学拒绝授予学位案*

> **基本案情**

原告何某某系第三人华中科技大学武昌分校（以下简称"武昌分校"）2003级通信工程专业的本科毕业生。武昌分校是独立的事业法人单位，无学士学位授予资格。根据国家对民办高校学士学位授予的相关规定和双方协议约定，被告华中科技大学同意对武昌分校符合学士学位条件的本科毕业生授予学士学位，并在协议附件载明《华中科技大学武昌分校授予本科毕业生学士学位实施细则》（以下简称《实施细则》）。其中第2条规定"凡具有我校学籍的本科毕业生，符合本《实施细则》中授予条件者，均可向华中科技大学学位评定委员会申请授予学士学位"，第3条规定"……达到下述水平和要求，经学术评定委员会审核通过者，可授予学士学位。……（三）通过全国大学英语四级统考"。2006年12月，华中科技大学作出《关于武昌分校、文华学院申请学士学位的规定》，规定通过全国大学英语四级考试是非外国语专业学生申请学士学位的必备条件之一。

2007年6月30日，何某某获得武昌分校颁发的《普通高等学校毕业证书》，由于其本科学习期间未通过全国英语四级考试，武昌分校根据上述《实施细则》，未向华中科技大学推荐其申请学士学位。8月26日，何某某向华中科技大学和武昌分校提出授予工学学士学位的申请。2008年5月21日，武昌分校作出书面答复，因何某某没有通过全国大学英语四级考

---

* 参见最高人民法院指导性案例39号："何某某诉华中科技大学拒绝授予学位案"。另见一审：湖北省武汉市洪山区人民法院（2008）洪行初字第81号行政判决书；二审：湖北省武汉市中级人民法院（2009）武行终字第61号行政判决书。

试,不符合授予条件,华中科技大学不能授予其学士学位。

湖北省武汉市洪山区人民法院于 2008 年 12 月 18 日作出(2008)洪行初字第 81 号行政判决,驳回原告何某某要求被告华中科技大学为其颁发工学学士学位的诉讼请求。湖北省武汉市中级人民法院于 2009 年 5 月 31 日作出(2009)武行终字第 61 号行政判决,驳回上诉,维持原判。

本案涉及的理论问题

法院对高校学位授予行为的司法审查范围,需要从学位授予的全过程予以分析。一般而言,学位授予的全过程包括"高校学位授予的资格审核过程""学位授予标准的制定过程""建议授予学位中的学术判断过程"以及"授予学位的最终决定过程"。至于司法审查标准主要是合法性审查而不是合理性审查,这是考虑到法院对高校学术自治权的尊让。

一、高校学位授予的资格审核过程

(一)现行有关规定

在我国,高校的学位授予并不是其本身所具有的,而是必须经相关部门进行资格审核后方可获得相应的学位授予权,即高校必须通过"学位授予单位审核"才能具备颁发学位的资格。对此,有观点认为,高校学位授予审核制度属于一种"授权"性质的制度,这与采"许可"说观点论者的态度截然不同。[1]《学位条例》第 8 条规定:"学士学位,由国务院授权的高等学校授予;硕士学位、博士学位,由国务院授权的高等学校和科学研究机构授予。授予学位的高等学校和科学研究机构(以下简称学位授予单位)及其可以授予学位的学科名单,由国务院学位委员会提出,经国务院批准公布。"实际上,该规定是对《教育法》和《高等教育法》两部上位法的补充说明。2021 年《教育法》第 23 条规定:"国家实行学位制度。学位授予单位依法对达到一定学术水平或者专业技术水平的人员授予相应的学位,颁发学位证书。"2018 年《高等教育法》第 22 条规定:"国家实行

---

[1] 李煜兴. 许可与授权:论学位授权审核法律性质的双重性[J]. 南京师大学报(社会科学版),2019(3):87.

学位制度。学位分为学士、硕士和博士。公民通过接受高等教育或者自学，其学业水平达到国家规定的学位标准，可以向学位授予单位申请授予相应的学位。"前者《教育法》以学位授予权人的视角规定了学位授予单位具有依法授予符合条件的人员相应学位的资格，后者《高等教育法》则以学位被授予权人（学位申请者）的视角规定了公民享有向学位授予单位申请授予相应学位的权利，但两者都未曾对"学位授予单位"作进一步规定，于是《学位条例》第8条才进一步对"学位授予单位"相关审核程序予以明确。由此可以看出，合法设立的高校并不一定是学位授予单位，合法设立的高校"仅仅解决了高等学校或者承担研究生教育任务的科学研究机构的主体地位问题"❶，只能认为当然地具备了合法的招生资格。如果合法设立的高校要想获得学位授予资格而成为学位授予单位的话，必须履行"由国务院学位委员会提出，经国务院批准公布"的法定审核程序。这与美国大学学位制度截然不同，因为"在美国，只要按照法律规定的程序设立并通过州高等教育管理机关许可的大学即可颁发学位"，"并不一定需要经过认证组织的认证"才可具有学位授予权。❷正因如此，为了防止无学位授予权的高校违法授予公民相应学位的行为，必须将高校是否为学位授予单位的认定纳入司法审查的范畴。

（二）对学位授予单位审核的审查

对学位授予单位审核的司法审查，需要结合我国中央主导、地方统筹的学位管理体制来具体分析。在中央主导层面，《学位条例》第7条的相关规定："国务院设立学位委员会，负责领导全国学位授予工作。"可见在中央层面由国务院承担学位授予工作，并由国务院学位委员会具体负责领导该项工作，其中就包括《学位条例》第8条第2款对学位授予单位和学科名单的审核工作。《学位条例》第8条第2款中关于审核工作的程序规定，即"由国务院学位委员会提出，经国务院批准公布"，则进一步表明了学位授予审核权最终归属于国务院而并非国务院学位委员会。结合《学

---

❶ 马怀德.学位法研究——《学位条例》修订建议及理由［M］.北京：中国法制出版社，2014：29.

❷ 马怀德.学位法研究——《学位条例》修订建议及理由［M］.北京：中国法制出版社，2014：32-33.

位条例》第 18 条关于国务院对不合格的学位授予单位予以资格撤销的规定，即"国务院对于已经批准授予学位的单位，在确认其不能保证所授学位的学术水平时，可以停止或撤销其授予学位的资格"，也能得出学位授予单位审核权最终由国务院所享有。据此，在中央层面，并不是所有高校都能当然地通过学位授予单位审核，因此存在司法审查的必要性。在地方统筹方面，根据《学位条例》第 9 条第 1 款的规定，"学位授予单位，应当设立学位评定委员会，并组织有关学科的学位论文答辩委员会"。由此可知，在地方层面，由学位授予单位承担学位授予工作，并通过所设立的学位论文答辩委员会和学位评定委员会来具体负责各地区、各学科的学位授予工作。学位评定委员会主要负责最终决定是否授予相应学位授予，学位论文答辩委员会则主要负责对学位授予申请资格的专业性学术判断。但通过"应当设立"的表述来看，上述地方层面的学位评定委员会与学位论文答辩委员会都只是学位授予单位根据上位法当然地设立的，其合法性并不存在过多质疑，因此可以不予纳入司法审查范畴。结合以上我国学位管理体制的具体情况可以看出，在对学位授予纠纷案件中"高校学位授予的资格审核过程"的司法审查，应当以学位授予单位是否通过国务院的审核为主要标准，而学位授予单位下设相关部门的合法性问题则是次要标准。

（三）关于本案

本案中涉及的主要是学士学位授予纠纷，当时原告何某某就读于华中科技大学武昌分校，该武昌分校虽然是独立的事业单位法人，具有独立的招生和教学资格，但其并不享有授予毕业生相应学士学位的资格。根据《学位条例》第 12 条❶、《学位条例暂行实施办法》第 4 条第 2 款❷的相关规定，其毕业生都可以向华中科技大学学位评定委员会申请学士学位。根

---

❶ 《学位条例》第 12 条规定："非学位授予单位应届毕业的研究生，由原单位推荐，可以就近向学位授予单位申请学位……"

❷ 《学位条例暂行实施办法》第 4 条第 2 款规定："非授予学士学位的高等学校，对达到学士学术水平的本科毕业生，应当由系向学校提出名单，经学校同意后，由学校就近向本系统、本地区的授予学士学位的高等学校推荐。授予学士学位的高等学校有关的系，对非授予学士学位的高等学校推荐的本科毕业生进行审查考核，认为符合本暂行办法第三条有关规定的，可向学校学位评定委员会提名，列入学士学位获得者的名单。"

据《学位条例》第9条和第11条的相关规定❶，华中科技大学学位评定委员会作为华中科技大学依法设立的学位授予工作机构，其职责主要是对学位申请人作出是否授予学位的决议，而不需要履行颁发学位证的职责，这是因为颁发学位证的职责依法应当由学位授予单位也就是华中科技大学来履行。由于华中科技大学学位评定委员会的合法性是建立在华中科技大学为学位授予单位的基础之上，如果后者未通过国务院审核程序，前者自然不具有合法性，反之，则前者当然地具备合法性。因此，法院主要审查华中科技大学的学位授予单位资格是否已经通过了国务院审核程序，并不需要对华中科技大学学位评定委员会的合法性予以审查。当然，如果当事人要求法院对华中科技大学学位评定委员会的合法性进行审查的话，法院也可以审查，但审查强度应当较弱，即低于对华中科技大学是否通过学位授予单位审核程序的司法审查强度。

二、学位授予标准的制定过程

（一）学位授予的一般程序

高校通过学位授予审核成为学位授予单位后，即获得学位授予资格，此时学位申请人便可以向学位授予单位申请相应学位。

一般而言，学位申请人申请学位的过程主要包括以下步骤：第一步，学位申请人向学位授予单位提交申请材料；第二步，学位授予单位对申请材料进行审查批准；第三步，学位授予单位成立"学位论文答辩委员会"，筹备论文答辩工作；第四步，"学位论文答辩委员会"对答辩人的答辩情况作出学术判断，并向"学位评定委员会"提出对符合授予学位条件的答辩人授予相应学位的建议；第五步，"学位评定委员会"对"学位论文答辩委员会"授予学位的建议作出是否批准的最终决定；第六步，学位授予单位向学位获得者颁发学位证书。❷根据法定程序的精神，在这一系列步

---

❶ 《学位条例》第9条规定："学位授予单位，应当设立学位评定委员会，并组织有关学科的学位论文答辩委员会。学位论文答辩委员会必须有外单位的有关专家参加，其组成人员由学位授予单位遴选决定。学位评定委员会组成人员名单由学位授予单位确定，报国务院有关部门和国务院学位委员会备案。"第11条规定："学位授予单位，在学位评定委员会作出授予学位的决议后，发给学位获得者相应的学位证书。"

❷ 朱玉苗. 大学法论纲 [M]. 北京：中国政法大学出版社，2012：215 – 216.

骤中，前一步程序必须符合一定的标准或条件才能进入下一步程序，而这也就涉及学位授予标准的问题。

(二) 学位授予标准的制定

学位授予标准是指在学位授予过程中制定的对申请学位者的衡量标准。我国学位授予标准一般由两部分构成，即"国家学位授予标准"和"高校学位授予标准"。❶

1. 国家标准学位授予标准

对于国家学位授予标准而言，在《学位条例》第 4 条关于"授予学士学位"、第 5 条关于"授予硕士学位"以及第 6 条关于"授予博士学位"必须达到相应学位授予标准的规定中，明确要求申请学位者应当掌握本门学科基础理论、专门知识和基本技能，具有从事科学研究工作或担负专门技术工作的能力。从上述规定来看，国家学位授予标准基本与相应学位所要求具备的学术能力紧密关联，比如，要求申请学位者掌握本门学科的基础理论和专门知识都是为后续探索和研究本门学科中存在的学术问题夯实基础，又如通过论文答辩则是对申请学位者的学术能力检测。当然，国家学位授予标准也规定了一些"非学术标准"❷，比如，《学位条例》第 2 条中关于"拥护中国共产党的领导、拥护社会主义制度"的政治标准。但是国家层面制定的学位授予标准基本都表现为原则性的要求，对于申请者必须掌握的"本门学科的基础理论、专门知识和基本技能"该掌握到何种程度，以及对于申请者必须具有的"从事科学研究工作或担负专门技术工作的能力"具体该如何考量，这在《学位条例》中也没有具体明确规定。虽然在《学位条例暂行实施办法》第 7 条和第 11 条中关于考试课程包括马克思主义理论课、基础理论课和专业课、外国语，其中硕士学位一般需要掌握三至四门基础理论课和专业课以及一门外国语，博士学位一般需要掌握两门外国语等规定，似乎在一定程度上对《学位条例》作了细化，但是

---

❶ 杨铜铜. 高校学位授予标准的合法设定——兼论《学位条例》的修订 [J]. 东方法学, 2020 (3): 116.

❷ 《国务院学位委员会关于对〈中华人民共和国学位条例〉等有关法规、规定解释的复函》(学位 [2003] 65 号)曾对"非学术标准"进行过解读。依据该复函的解读，非学术标准不仅涵盖政治标准，而且包括遵纪守法、道德品行。高晨辉. 学位授予标准的司法现状、存在问题与完善对策 [J]. 黑龙江高教研究, 2021 (11): 48.

客观地说，这些规定依旧属于原则性规定，不具有可操作性，因此需由学位授予单位根据上位法规定制定出学位授予标准明确的、具可操作性的细则。

2. 学校学位授予标准

对于高校学位授予标准而言，《学位条例暂行实施办法》第 25 条规定："学位授予单位可根据本暂行实施办法，制定本单位授予学位的工作细则。"由此可知，高校学位授予标准的正当性基础体现为"法律授权"，是依据上位法的规定授予了学位授予单位制定学位授予标准的资格。不过，在对高校学位授予标准的司法审查中，却采取了"法律授权+学术自治"的审查模式。

本案中，法院在审查被告华中科技大学制定的《华中科技大学武昌分校授予本科毕业生学士学位实施细则》第 3 条的规定时，认为华中科技大学在《学位条例暂行实施办法》授权范围内"将全国大学英语四级成绩与学士学位挂钩，属于学术自治范畴"，不违反上位法规定，可见此处针对学位授予标准的"法律授权"和"学术自治"进行了司法审查判断。但有观点则认为并非如此，"将法律授权作为高校学位授予标准的合法性基础，忽视了法律授权的内在界限，产生学术自治的工具主义，导致司法审查的约束松绑"，可见高校学位授予标准的理论基础应当是"学术自治"而不是"法律授权"。[1] 事实上，不论是"法律授权"还是"学术自治"，抑或"法律授权+学术自治"的正当性基础，都必须坚持不当联结禁止原则。所谓不当联结禁止原则，又称"禁止不当结合原则"，是指"行政机关行使公权力、从事行政活动，不得将不合事理关联的事项与其欲采取的措施或决定相互结合，尤其是行政机关对公民课以一定的义务或负担，或造成公民其他的不利益时，其采取的手段与所欲追求的目的之间，必须存在合理的联结关系"[2]。此处高校虽说不是行政机关，但是不可否认高校行使的学位授予职权仍属于一种公权力，这种公权力的行使应当遵循不当联结禁止原则，不能因为高校学位授予标准是对国家学位授予标准的细化，就漫

---

[1] 伏创宇. 高校学位授予标准的正当性逻辑 [J]. 法学, 2022 (6) 46-49.

[2] 李建良. 行政法上不当联结禁止原则 [J]. 月旦法学杂志, 2002 (3). 转引自伍劲松. 论行政法上禁止不当结合原则 [J]. 西南政法大学学报, 2004 (4): 45.

无边际地设置各类不合理的学位授予标准。

实践中,高校出于提高自身竞争力、培养高质量毕业生的种种目的,往往在制定学位授予标准的同时加入各式各样的考核标准,譬如政治立场正确、遵纪守法、道德品行良好、通过全国大学英语四六级考试(以下简称"英语四六级")、发表论文数量和质量、无学术不端行为等。其中对于将发表论文等学术标准作为高校学位授予标准显然是合理的❶,但将英语四六级、道德品行等非学术标准作为高校学位授予标准还是值得推敲的。

首先,非学术标准中政治立场正确的政治标准已是《学位条例》第2条以及《教育法》《高等教育法》等法律法规中明确规定的,这种政治标准显然是一种国家学位授予标准,任何时候都应当遵循,因此高校学位授予标准在制定时也只是沿袭了上位法的相关规定,并无不妥之处。

其次,非学术标准中遵纪守法、道德品行良好等品行标准的设定,主要是为了确保高校作为教育机构能够"落实立德树人根本任务,培养德智体美劳全面发展的社会主义建设者和接班人"❷。但是,在"杨某某案"❸中对品行标准的设定存在争议,根据不当联结禁止原则,该案法院认为学位申请人因违纪受到处分属于学生管理的法律关系,而不是学位授予的法律关系,据此否认了违纪处分与学位授予标准的关联性。同理,对于"于某某案"中存在学术不端行为的纠纷,北京大学将于某某非在学期间发表的非学位论文的抄袭作为撤销学位的考量因素,显然是不恰当的。❹

最后,就非学术标准中英语四六级的设置而言,"全国大学英语四级考试是目前全国大多数高等院校普遍用于检验大学英语课程教学学习水平的一种标准化外语考试,这种标准化外语考试的目的在于通过考试检测本

---

❶ 虽然有观点对于"将研究生在校期间公开发表学术论文的数量或论文所刊载的刊物等级,作为准予其参加学位论文答辩的前提,相当于将发表论文的数量与授予研究生学位'挂钩'"的做法质疑,但发表论文有考量学术水平的功能,这其实并不影响发表论文作为高校学位授予标准。丁伟,阎锐. 以论文发表数量作为学位论文答辩前提的法理追问[J]. 政法论坛,2008(2).

❷ 习近平. 高举中国特色社会主义伟大旗帜 为全面建设社会主义现代化国家而团结奋斗——在中国共产党第二十次全国代表大会上的报告[J]. 求是,2022(21).

❸ 参见杨某某诉济南大学不授予学士学位纠纷案,山东省济南市中级人民法院(2011)济行终第29号行政判决书。

❹ 罗智敏. 行政法案例研习·第一辑[M]. 北京:中国政法大学出版社,2020:200.

科生大学英语课程的学习水平和实际掌握运用英语开展学术研究的能力"❶。华中科技大学将英语四级考试成绩与学士学位挂钩,是完全合法的。但实际上这并不太合理,虽说《学位条例》和《学位条例暂行实施办法》中都明确规定了学位申请人应当掌握相应的外语水平,但外语水平毕竟只是作为科研的辅助工具,并不能真正衡量一个人的学术水平。况且只要学位申请人掌握了本门学科相关的外语,能够通过学位英语考试即可,不需要严格要求英语四六级等综合性外语水平的证明。

综上,对学位授予标准制定的司法审查可以按照国家和高校两个层面来区分审查强度。国家学位授予标准属于上位法和原则性规定,可以不予司法审查;而高校学位授予标准则掺入了各个高校对学生培养的理念和模式,有些标准甚至与学位授予中要求的学术水平并无直接关联,因此对高校学位授予标准应当予以司法审查,其中对非学术标准的审查应当严于对学术标准的审查。

三、建议授予学位中的学术判断过程

学术判断是学位授予单位或学位论文答辩委员会对学位申请人学术水平的专业性判断,这种判断体现的就是一种学术自由。学术自由(Academic Freedom)是指高等学校的师生自由地开展科学研究、进行教学和学习,不受宗教、政治等因素的不合理干扰,这种自由是做学问的自由,是探究客观事物、发现真理的自由,其本质是思想及其表达的自由。❷ 有观点认为,学术自治与学术自由存在区别,即前者"主要针对高等教育机构(比如大学)要求享有自治权",后者"侧重于高等教育的教师(学生)要求享有学术自由的权利",也就是说,学术自治强调"机构的权利",而学术自由则强调"个人的权利"。❸ 还有观点认为,"大学自治是宪法上学术自由的

---

❶ 石磊.《何某某诉华中科技大学拒绝授予学位案》的理解与参照——高等学校在学术自治范围内有依法制定学术评价标准职权[J]. 人民司法,2016(20):24.

❷ 李晓燕. 学术自由、学术规范与学术秩序治理[J]. 陕西师范大学学报(哲学社会科学版),2010(6):14-15.

❸ 舒志定. 大学学术自治与学术自由的比较阐述[J]. 山西财经大学学报(高等教育版),2002(3):45.

一种制度保障，进而使其获得了宪法上的地位"❶。虽然上述学术自治和学术自由的区分具有一定合理性，但二者区分不是此处讨论的重点，而且在一定程度上可以说"大学学术自由即大学自治权利"❷，因此在论述中对学术自治与学术自由不予细分。

在规范基础上，《宪法》上的言论自由和科学研究自由都是学术自由的体现。我国《宪法》第 35 条规定："中华人民共和国公民有言论、出版、集会、结社、游行、示威的自由。"该条规定中的言论自由是指公民可以通过各种语言形式表达、传播自己的思想和观点的自由。❸ 另外，第 47 条还规定："中华人民共和国公民有进行科学研究、文学艺术创作和其他文化活动的自由。国家对于从事教育、科学、技术、文学、艺术和其他文化事业的公民的有益于人民的创造性工作，给以鼓励和帮助。"其中的科学研究自由作为一种对未知领域的探索、寻求真理的过程，公民享有对包括自然科学与哲学社会科学领域的问题进行探讨的权利，不允许任何机关、团体和个人非法干涉。此外，《教育法》第 11 条第 3 款❹、《高等教育法》第 33～35 条以及第 51 条，❺也都明确了高校的学术自由。正因如此，就学位授予单位或学位论文答辩委员会而言，学术自由作为宪法基本权利所具备的防御性功能，才容许学术判断过程能够以此对抗国家公权力的不法侵害。反之，就学位申请人而言，诚如学者所指出的，"作为中间环节的学位评议权，如对学位论文的专家外审、学位论文的答辩而引起的争议

---

❶ 马晓燕. 大学自治权的法源探析——基于学术自由制度性保障的视角 [J]. 复旦教育论坛, 2008（2）: 52.

❷ 朱玉苗. 大学法精神 [M]. 北京: 中国政法大学出版社, 2017: 38.

❸ 《宪法学》编写组. 宪法学 [M]. 北京: 高等教育出版社, 人民出版社, 2018: 211.

❹ 《教育法》第 11 条第 3 款规定："国家支持、鼓励和组织教育科学研究，推广教育科学研究成果，促进教育质量提高。"

❺ 《高等教育法》第 33 条规定："高等学校依法自主设置和调整学科、专业。"第 34 条规定："高等学校根据教学需要，自主制定教学计划、选编教材、组织实施教学活动。"第 35 条规定："高等学校根据自身条件，自主开展科学研究、技术开发和社会服务。国家鼓励高等学校同企业事业组织、社会团体及其他社会组织在科学研究、技术开发和推广等方面进行多种形式的合作。国家支持具备条件的高等学校成为国家科学研究基地。"第 51 条规定："高等学校应当为教师参加培训、开展科学研究和进行学术交流提供便利条件。高等学校应当对教师、管理人员和教学辅助人员及其他专业技术人员的思想政治表现、职业道德、业务水平和工作实绩进行考核，考核结果作为聘任或者解聘、晋升、奖励或者处分的依据。"

只能由专家解决,不能直接诉诸行政复议或行政诉讼"❶。这种"中间环节的学位评议权"即为专业性的学术判断,如果学位申请人不服该学术判断的结果,那也无法直接通过国家权力的介入来寻求救济。

司法机关应当秉持对学术判断行为保持司法尊让的原则。司法尊让也称"司法克制"或"司法谦抑",是指司法机关在裁判案件的过程中,应当隐忍、克制行使司法权力的冲动,尊重社会自身的净化作用,尊重学术授予单位等科研单位对学术问题的判断、决定权。实践中,法官根据其自身知识能力是很难判断出学位申请人的毕业论文是否达到相应学位的学术水平、有无创新之处或重复研究等情形,正所谓"闻道有先后,术业有专攻"。这种困境在同行评议中更加突出,同行评议是对学术成果是否优秀、是否具有学术价值的专业性判断、评估模式,当前硕士毕业论文和博士毕业论文都存在同行评议的制度,而司法机关对同行评议的结果应当更加秉持尊让的态度。除非学术判断过程严重违反法定程序,不符合正当程序的基本精神。如在"田某案"和"刘某某案"中,❷ 只有当学位授予单位对学位申请人申请学位所应当享有的合法、正当的程序权利没有予以充分保障时才能诉诸司法救济,否则司法机关不能直接介入学术判断过程。总的来说,根据司法尊让原则,学术授予过程中的学术判断体现的是学术自由,原则上不应当纳入司法审查范畴。

四、授予学位的最终决定过程

学位申请人是向"学位授予单位"申请学位,而不是向"学位评定委员会"申请学位;对学位申请人提交的申请材料也是由"学位授予单位"进行审查和通知。❸ 在"授予学位的最终决定过程"中,学位评定委员会根据学位论文答辩委员会的建议,作出是否授予学位的决定,之后由学位授予单位颁发学位证。可见,"授予学位的最终决定过程"中涉及的主体主要包括学位评定委员会、学位授予单位以及学位论文答辩委员会,其中

---

❶ 周佑勇. 法治视野下学位授予权的性质界定及其制度完善——兼述《学位条例》修订[J]. 学位与研究生教育,2018(11):7.

❷ "田永案":北京市海淀区人民法院(1998)海行初字第142号行政判决书;"刘燕文案":北京市海淀区人民法院(1999)海行初字第103号行政判决书、北京市海淀区人民法院(1999)海行初字第104号行政判决书。

❸ 朱玉苗. 大学法论纲[M]. 北京:中国政法大学出版社,2012:215.

学位论文答辩委员会的履职过程属于学术判断过程，可以不予司法审查，而学位评定委员会与学位授予单位则需要进行司法审查，主要是因为二者具有终局性的学位授予决定权。但问题是，学位申请人对不予授予学位决定不服时，应当是对学位评定委员会还是对学位授予单位提起诉讼呢？

《行政诉讼法》及其司法解释关于"诉讼参加人"部分中已经对被告资格进行了详细规定，但学位授予纠纷案件因其自身特殊性而并未在《行政诉讼法》及其司法解释中予以明确。学位授予纠纷案件的特殊性在于：作出学位授予决定的是学位评定委员会，而实际颁发学位证的是学位授予单位。其中对于学位评定委员会与学位授予单位二者被告资格该如何确定呢？在司法实践中存在"择一告"和"共同告"的不同做法。根据相关裁判文书表明，在"田某案"（最高人民法院指导性案例38号）中，原告田某只对北京科技大学也即学位授予单位"拒绝颁发毕业证、学位证"提起行政诉讼，并未将北京科技大学学位评定委员会列为被告或第三人，可见"田某案"中采取的是择一告模式；而在"刘某某案"中，原告刘某某不仅对北京大学"拒绝颁发博士毕业证书"提起行政诉讼，还对北京大学学位评定委员会"不批准授予博士学位的决定"另行提起行政诉讼，可见"刘某某案"中采取的是共同告模式，但需要注意该案中的共同告模式是分别起诉而不是一并起诉。❶ 与前述颁发学位证纠纷案件相比，法院似乎对撤销学位证纠纷案件的被告资格更为明确。在"于某某案"❷中，原告于某某对北京大学"作出的撤销博士学位决定"不服向法院提起行政诉讼。根据《学位条例》第9条、第11条以及第17条❸的规定，原告于某某主张学位授予单位即北京大学是适格被告，因为其属于《行政诉讼法》第2条中规定的"法律授权的组织"，而且"学位评定委员会是被告的内设机构，不具备独立的责任能力"，"学位授予权和学位撤销权针对的是学位授予单位即高校，而非学位评定委员会"，被告对此并不予质疑，法院也对此予以确认。事实上，在学位授予纠纷案件中，应当肯定学位授予单

---

❶ 湛中乐. 高等教育与行政诉讼 [M]. 北京：北京大学出版社，2003；499-541.

❷ 于艳茹诉北京大学撤销博士学位纠纷案，一审：北京市海淀区人民法院（2015）海行初字第1064号行政判决书；二审：北京市第一中级人民法院（2017）京01行终277号行政判决书。

❸ 《学位条例》第17条规定："学位授予单位对于已经授予的学位，如发现有舞弊作伪等严重违反本条例规定的情况，经学位评定委员会复议，可以撤销。"

位的被告资格，对于学位评定委员会的诉讼主体资格已经被学位授予单位所吸收，因此学位评定委员会可以不再需要列为被告。

本案中，根据《实施细则》第2条的规定，学位申请人"可向华中科技大学学位评定委员会申请授予学士学位"，而实际上，原告何某某在2007年8月26日已向华中科技大学和武昌分校提出学位授予的申请。但华中科技大学并未作出不予授予学位的决定，而是武昌分校对何某某作出不符合授予学位条件的书面答复。由此可以看出，最终导致华中科技大学未授予原告何某某学位的结果，主要原因在于华中科技大学武昌分校根本没有将何某某的学位授予申请提交给华中科技大学，华中科技大学对何某某的学位授予申请也并不知情。对此，华中科技大学武昌分校给出的理由是，《实施细则》第3条中明确了必须通过英语四级才可申请授予学士学位，原告何某某则未通过英语四级，不符合学位授予条件，故未向华中科技大学推荐其申请学士学位。就《实施细则》本身而言，它是调整华中科技大学武昌分校中毕业生学士学位授予关系的规定，但客观来说，《实施细则》是华中科技大学武昌分校在具体贯彻执行华中科技大学的学士学位授予关系的相关规范，问题源头在于华中科技大学制定了必须通过英语四级才能授予学士学位的强制性规定。[1] 从利害关系角度而言，华中科技大学的该项强制性规定显然对原告何某某产生了直接利害关系，因此原告何某某将华中科技大学也即学位授予单位作为本案被告诉至法院，而法院将华中科技大学武昌分校列为本案第三人的做法并无不妥之处。至于华中科技大学学位评定委员会，其诉讼主体资格已经被华中科技大学也即学位授予单位所吸收，故无须将其列为被告。

---

[1] 2006年12月，华中科技大学作出《关于武昌分校、文华学院申请学士学位的规定》，规定通过全国大学外语四级考试是非外国语专业学生申请学士学位的必备条件之一。参见最高人民法院指导性案例39号："何某某诉华中科技大学拒绝授予学位案"。

案例 12

余姚市某兴气体分滤厂与余姚市住房和城乡建设局燃气经营许可纠纷案*

> 基本案情

2018年8月17日,被告余姚市住房和城乡建设局(以下简称"余姚市住建局")收到原告余姚市某兴气体分滤厂(以下简称"某兴气体分滤厂")的瓶装燃气经营许可证核发行政许可申请。2018年8月27日,余姚市住建局以泗门镇已有一座瓶装液化石油气储配站,可以满足当地需求,不存在供求不足为由,依据《行政许可法》第38条第1款规定作出不予核发原告瓶装燃气经营许可证决定,并同时作出"关于余姚市某兴气体分滤厂申请瓶装燃气经营许可证不予许可的补充说明"。原告不服该决定,于2018年11月8日向浙江省余姚市人民法院提起行政诉讼。2019年4月4日,浙江省余姚市人民法院经审理认为,被告余姚市住建局于2018年8月27日作出的行政许可决定,适用法律不当,补充说明依据不足,理由难以成立,依法应予撤销。法院遂作出(2018)浙0281行初94号行政判决书,判决:(1)撤销被告于2018年8月27日作出的《行政许可决定书》;(2)责令被告对原告提出的瓶装燃气经营许可证的核发申请于本判决生效之日起20个工作日内重新作出决定;(3)驳回原告的其他诉讼请求。被告余姚市住建局不服该判决提起上诉,但后来又撤回上诉。

---

* 此案例选自最高人民法院公报案例,载《最高人民法院公报》2022年第2期;另见一审:浙江省余姚市人民法院(2018)浙0281行初94号行政判决书、浙江省余姚市人民法院(2019)浙0281行初47号行政判决书;二审:浙江省宁波市中级人民法院(2019)浙02行终622号行政判决书;再审:浙江省高级人民法院(2021)浙行再7号行政判决书。

2019年7月11日，被告余姚市住建局以城建设计公司出具的《相关情况说明》作为依据，以不符合规划条件作为理由，根据《行政许可法》第38条第2款的规定，重新作出《不予行政许可决定书》。原告某兴气体分滤厂不服该重新作出的《不予行政许可决定书》，遂再次向浙江省余姚市人民法院提起行政诉讼。

2019年10月30日，浙江省余姚市人民法院一审认为：被告重新作出的行政决定，于理有据，证据充分，程序合法，适用法律、法规正确，应予以维持。原告某兴气体分滤厂提出被告以同一事实和理由作出与原行政行为基本相同的行政行为违反法律规定，要求被告撤销重作的主张，理由不能成立，不予支持。判决驳回原告余姚市某兴气体分滤厂的诉讼请求。某兴气体分滤厂不服一审判决，向浙江省宁波市中级人民法院提起上诉。

2019年12月24日，浙江省宁波市中级人民法院二审认为：在行政诉讼中，人民法院判决被告重新作出行政行为，被告重新作出的行政行为与原行政行为的结果相同，但主要事实或者主要理由有改变的，不属于"以同一事实和理由作出与原行政行为基本相同的行政行为"的情形。根据本案查明的事实，生效的（2018）浙0281行初94号行政判决认为被上诉人余姚市住建局于2018年8月27日作出的《行政许可决定书》适用法律不当，补充说明依据不足，责令被上诉人重作。一审法院认定事实清楚，适用法律正确，审判程序合法。上诉人的上诉理由不足，不予支持。据此，浙江省宁波市中级人民法院依照我国《行政诉讼法》第89条第1款第（1）项之规定，作出驳回上诉，维持原判的判决。某兴气体分滤厂不服二审判决，向浙江省高级人民法院申请再审。

2021年1月18日，浙江省高级人民法院裁定提审该案。5月21日，浙江省高级人民法院再审认为，余姚市住建局在余姚市人民政府复议和余姚市人民法院判决撤销其不予行政许可行为的情况下，仍然以相同理由作出不予行政许可决定，严重违反了《行政诉讼法》第71条规定，浪费了有限的司法资源，增加了当事人的讼累，显系滥用职权。综上，一审、二审判决认定余姚市住建局非以同一事实和理由作出与原行政行为基本相同的行政行为，适用法律错误，依法应当予以纠正。某兴气体分滤厂的申请再审理由正当，予以采纳。遂判决撤销一审、二审判决，撤销行政机关余姚市住建局于 2019 年 7 月 11 日重新作出的《不予行政许可决定书》，责令余姚市住建局重新作出行政行为。

> **本案涉及的理论问题**

一、问题的源起：撤销判决

（一）撤销判决的一般理论

撤销判决是法院部分或全部撤销被诉性行为，对被诉行政行为进行否定性评价的判决。一般而言，撤销判决是基于撤销诉讼而形成的裁判结果，因此有必要对撤销诉讼加以说明。撤销诉讼是行政诉讼种类的一种划分，不过我国大陆地区的实体法中并无行政诉讼种类的划分规定。我国台湾地区则对撤销诉讼进行了一定程度上的界分："分离的撤销之诉"和"一般撤销之诉"；同时我国台湾地区还明确了撤销诉讼的实体判决要件，包括"一般实体判决要件"和"特别实体判决要件"。❶ 具体来看，"一般实体判决要件"与其他种类诉讼的实体判决要件基本一致，而"特别实体判决要件"则需要从分离的撤销之诉与一般的撤销之诉两个方面分析。前者（分离的撤销之诉）的"特殊实体判决要件"如下：一是原告曾向行政机关依法提出申请；二是受理申请之行政机关驳回原告之申请（程序标的之存在）；三是原告须主张因行政机关之驳回其所申请处分违法，致权利受到损害；四是原告须已经诉愿而未获得救济；五是须遵守二个月之起诉期间。后者（一般的撤销之诉）的"特殊实体判决要件"如下：一是须以行政处分为诉讼之程序标的；二是须为诉讼程序标的之行政处分之存在；三是原告须主张因行政机关之处分违法致权利受到损害；四是须原告经诉愿而无结果；五是须遵守二个月之起诉期间。❷

撤销判决的适用条件：（1）被诉行政行为违法；（2）被诉行政行为成立且有拘束力，对于没有成立或者没有拘束力的行政行为，法院可判决确认无效；（3）被诉行政行为属于"作为"，撤销判决不能适用不作为的行

---

❶ 蔡志方. 行政救济与行政法学（四）[M]. 台北：正典出版文化有限公司，2004：233.
❷ 蔡志方. 行政救济与行政法学（四）[M]. 台北：正典出版文化有限公司，2004：234-240.

政行为；（4）具有可撤销的内容，如果违法的行政行为不具有可撤销的内容，则应当作出确认违法的判决；（5）被诉行政行为仍然存在，如果违法的行政行为已经被变更或者撤销则应当作出确认违法判决；（6）撤销不会给国家利益或社会公共利益造成重大损失。❶

撤销判决的情形：2014年修正的《行政诉讼法》第70条规定："行政行为有下列情形之一的，人民法院判决撤销或者部分撤销，并可以判决被告重新作出行政行为：（一）主要证据不足的；（二）适用法律、法规错误的；（三）违反法定程序的；（四）超越职权的；（五）滥用职权的；（六）明显不当的。"该条对行政行为可撤销情形增加了一项"明显不当"的审查标准，旨在适度引入合理性审查标准，这既是对合法性审查标准的有益补充，也是对滥用职权情形适用的一种减负，能够更好地实现对行政裁量权行使的监控。❷ 但在本案中，再审法院认为："具有行政许可权的行政机关作出不予行政许可决定的理由不能成立，且该决定已被人民法院判决撤销并责令重作的情况下，行政机关仍以相同理由再次作出不予行政许可决定，应认定为滥用职权。"可见，本案是因为涉及"滥用职权"而被法院撤销行政行为。实践中"滥用职权"和"明显不当"经常出现混淆，那二者有什么区别呢？通说认为，滥用职权是从主观上来讲的，属于主观标准，例如目的不当、武断专横、打击报复等；而"明显不当"则是从客观上和结果上来讲的，属于客观标准，例如比例分寸没把握好、没有遵循先例、同事不同罚等。❸

（二）撤销判决的三种具体形式

撤销判决的具体形式可以分为三种："全部撤销判决"、"部分撤销判决"以及"重作判决（判决撤销并同时判决重新作出行政行为）"。"全部撤销判决"适用于整个行政行为全部违法或行政行为部分违法但行政行为

---

❶ 姜明安. 行政法与行政诉讼法 [M]. 7版. 北京：北京大学出版社，高等教育出版社，2019：527.

❷ 值得注意的是，从司法实践角度讲，我国行政诉讼对行政行为的司法审查只是一种合法性审查，并不涉及合理性审查。但学界部分观点坚持认为《行政诉讼法》第70条的"滥用职权"和"明显不当"审查标准是一种合理性审查。沈福俊，邹荣. 行政法与行政诉讼法学 [M]. 3版. 北京：北京大学出版社，2019：482.

❸ 《行政法与行政诉讼法学》编写组. 行政法与行政诉讼法学 [M]. 2版. 北京：高等教育出版社，2018：426.

不可分的情形;"部分撤销判决"适用于行政行为部分违法且行政行为可分,人民法院只作出撤销违法部分的判决;"重作判决"适用于违法行政行为被撤销后,行政法律关系中的具体法律问题并未解决,尚需被告对行政行为所涉及的事项作出处理的情形。❶

值得注意的是,重作判决,也被称为"重作行政行为判决",是指法院对已受理的行政案件经过审理,认定被告所作出的行政行为违法后,判决撤销或者部分撤销这一行政行为,并同时作出"要求被告重新作出行政行为"的一种判决。简言之,重作判决,即判决被告重新作出行政行为,是撤销判决的附属判决❷、从判决❸。下面具体介绍重作判决。

二、如何理解撤销判决的补充:重作判决*

重作判决规定在我国《行政诉讼法》第 70~71 条以及《最高人民法院关于适用〈中华人民共和国行政诉讼法〉的解释》(以下简称《行诉解释》)第 90 条之中。《行政诉讼法》第 70 条规定:"行政行为有下列情形之一的,人民法院判决撤销或者部分撤销,并可以判决被告重新作出行政行为……"重作判决具有两方面基本特征:第一,重作判决在形式上不是一个独立的判决,而是依附于撤销判决的一个从判决或补充判决,没有撤销判决就没有重作判决,甚至还有观点认为,重作判决所依附的主判决应当不限于撤销判决;❹ 第二,重作判决在内容上要求被告或其他有关行政主体依据其法定职权,对管辖的行政法律关系再作一个法律处理的新行政行为,该新行政行为既可以和原行政行为存在某种联系,也可以没有任何联系,但要受到"禁止重复条款"(《行政诉讼法》第 71 条的规定)的限制,以防止循环诉讼。❺

---

❶ 张树义,张力. 行政法与行政诉讼法学 [M]. 4 版. 北京:高等教育出版社,2020:286.
❷ 关保英. 行政法学 [M]. 2 版. 北京:法律出版社,2018:718.
❸ 杨海坤. 行政诉讼法学 [M]. 中央广播电视大学出版社,1994:199.
* 1989 年《行政诉讼法》第 54~55 条中规定的是"具体行政行为",但 2014 年《行政诉讼法》第 70~71 条将"具体行政行为"修改为"行政行为",为与现行立法保持一致,本书采取"行政行为"的表述,而不采取"具体行政行为"的表述。
❹ 张旭勇. 行政判决原论 [M]. 北京:法律出版社,2017:255.
❺ 章剑生. 判决重作具体行政行为 [J]. 法学研究,1996(6):25.

(一) 重作判决的存废论和正当性

持废止论者认为，重作判决在立法上和实践中都存在严重弊端，其必要性和合理性都值得质疑，一定程度上也侵犯了行政机关的首次判断权。❶因此重作判决也经常被人诟病为"无诉而判"、"诉外裁判"、可有可无的"花瓶式"判决、没有法理根基的"问题判决"等。持存在论者则认为，重作判决的正当性在于其与我国行政诉讼客观法秩序维护功能相兼容，弥补了撤销判决功能的不足，具有监督行政与保护个人利益的双重功能。❷笔者比较认可后者观点，认为重作判决有存在的必要性，这主要是基于我国司法权与行政权的关系而言。在我国行政权不断扩张的情况下，必须保证对行政权的司法监督，而重作判决作为有效途径，可以在一定程度上督促行政机关重视司法裁判，让行政争议得到有效解决，并有效预防行政机关的违法行为，所以说，当前主要任务是如何完善重作判决而并非舍弃它。因此，也有人从重作判决的法理基础来剖析其存在的正当性，认为重作判决的法理基础主要体现在四个方面，即职权主义诉讼（容许性）、法秩序安定（必要性）、诉讼效率（合理性）和作为义务（根本性）。❸

(二) 重作判决的适用条件和情形

重作判决的适用条件包括四个方面：第一，必须存在一个撤销行政行为的判决（可能性），这是因为撤销判决作为重作判决的存在前提和首要条件，已成为理论共识。第二，被诉行政行为针对的问题应当重新处理（必要性），这是由于被诉行政行为被撤销后并不一定完全解决行政争议，行政争议双方的权利义务关系可能仍然不明确，致使行政法律关系处于不确定的状态。第三，被告对应当重作的行政行为具有法定管辖权，这主要基于"司法能动性不能冲破法律底线"和"诉判一致的诉讼原理"之考虑，不能将被诉行政机关以外的行政机关纳入行政争议之中并要求它们重作行政行为。第四，被告能够依职权作出具体行政行为（限制性），这考虑到由于行政机关行政行为的作出分为依申请和依职权两类；在依申请的

---

❶ 张宏，高辰年. 反思行政诉讼之重作判决 [J]. 行政法学研究，2003 (3).
❷ 邓刚宏. 行政诉讼中重作判决的理论基础与完善 [J]. 华东理工大学学报（社会科学版)》，2014 (4).
❸ 项一丛. 行政诉讼重作判决的法理分析 [J]. 公法研究，2004.

情况下法院作出重作判决，那行政机关还是必须根据相对人的申请重新作出行政行为，而不能主动作出；如果此时相对人不向行政机关再次申请的话，必将导致重作判决陷入无法实现的困境，因此重作判决应当排除依申请作出具体行政行为的情形，只适用于被告能够依职权作出的具体行政行为。❶

关于重作判决的适用情形，有观点认为，重作判决原则上只针对授益性行政行为作出。❷ 也有观点在坚持授益性行政行为没有重作判决适用空间的情况下，讨论了负担性行政行为能否适用重作判决的各个情形，包括因"主要证据不足、超越职权和滥用职权"被撤销不能责令重作、因"适用法律法规错误、明显不当"被撤销可以责令重作、因"违反法定程序"被撤销应视具体情况责令重作，以及各个违法类型的组合情况下的重作判决适用。❸

此外，重作判决在《行政诉讼法》第 70 条中表述为"并可以判决被告重新作出行政行为"，此处立法上采用的是"可以"一词，是否说明重作判决属于任意性规范呢？肯定说认为，应当属于任意性规范。人民法院在被诉行政行为符合重作的条件下，既可以判决重作，也不判决重作❹。否定说认为，应当属于强制性规范，这是因为《行政诉讼法》中设定重作判决的立法本意，在于让行政法律关系中的具体问题得到全面解决，使公共利益和个人利益得到切实保护。❺ 因此，人民法院在审理行政案件时，应当兼顾公共利益和个人利益，在撤销判决时，发现具有重作的必要而且被告机关有权处理的，应当作出重作判决。❻

（三）重作判决的法律后果

正如前面所述，对持废止重作判决观点的人来说，绝大多数都主张通

---

❶ 罗英. 论行政诉讼重作判决之价值与适用条件［J］. 武汉大学学报（哲学社会科学版），2010（2）：277-278.

❷ 张旭勇. 行政判决原论［M］. 北京：法律出版社，2017：255.

❸ 刘欣琦. 新《行政诉讼法》实施后重作判决适用探析［J］. 政治与法律，2016（5）：145-148.

❹ 胡建淼. 行政诉讼法学［M］. 北京：法律出版社，2019：479.

❺ 石佑启. 判决被告重作具体行政行为探析［J］. 上海市政法管理干部学院学报，2001（5）：23.

❻ 石佑启. 判决被告重作具体行政行为探析［J］. 上海市政法管理干部学院学报，2001（5）：23.

过完善撤销判决效力制度来替代重作判决的路径。那撤销判决的效力是如何实现其能够有效化解行政争议的功能呢？

重作判决的效力问题。关于行政判决的效力问题，有学者指出行政判决效力内容包括确定力、拘束力和实现力。❶ 关于行政撤销判决的效力问题，在日本行政法中，一旦裁判所作出撤销（认可请求）的判决，除了产生作为裁判所判决通常的效力，一般还产生在《日本行政事件诉讼法》上所特有的效力；裁判的效力一般包括既判力、形成力和拘束力。❷ 根据前面所诉，重作判决作为撤销判决的附属判决、从判决，撤销判决的效力自然也适用于重作判决的范畴中。

对于重作判决的可诉性问题，有持肯定的观点❸。本案中涉及的"禁止重复条款"是重作判决效力的体现，又由于重作判决本身就是撤销判决的补充，因此可以说"禁止重复条款"实际上也是撤销判决拘束力的体现。

三、如何理解重作判决的限制："禁止重复条款"

禁止重复条款，即不得以同一事实和理由作出与原行政行为基本相同的行政行为。《行政诉讼法》第71条规定："人民法院判决被告重新作出行政行为的，被告不得以同一的事实和理由作出与原行政行为基本相同的行政行为。"此即所谓"禁止重复条款"❹，也被称为"禁止重复行政行为"❺ "禁止重复处分"❻ "禁止反复效力"❼等。

（一）"禁止重复条款"的理论基础

禁止重复条款其实是先前撤销判决拘束力（禁止反复效力❽）的体

---

❶ 姜明安. 行政法与行政诉讼法［M］. 7版. 北京：北京大学出版社，高等教育出版社，2019：525.

❷ 中西又三. 日本行政法［M］. 江利红，译. 北京：北京大学出版社，2020：240.

❸ 胡建淼. 行政诉讼法学［M］. 北京：法律出版社，2019：479.

❹ 黄先雄. 行政诉讼中禁止重复条款的实践反思［J］. 中南大学学报（社会科学版），2016（3）.

❺ 赵宏. 行政法案例研习·第二辑［M］. 北京：中国政法大学出版社，2020：280.

❻ 江利红. 日本行政诉讼法［M］. 北京：知识产权出版社，2008：474.

❼ 吴东都. 行政诉讼与行政执行之课题［M］. 台北：台湾学林文化事业有限公司，2003：8-9.

❽ 盐野宏. 行政法［M］. 杨建顺，译. 北京：法律出版社，1999：376-378.

现。❶ 我国学者认为，"行政诉讼判决和民事诉讼判决一样，具有形成力、既判力和拘束力"，撤销诉讼判决的形成力，是指被诉行政行为的撤销判决一旦确定，不必等待作出该行政行为的行政主体予以撤销，该行政行为便当然地失去效力，产生于当初未作出行政行为相同状态的效果的效力；既判力也叫确定力，是指在形式的诉讼审级关系上，当事人不得上诉，在实质的终局判决内容中，当事人不得进行与该判决内容相矛盾的主张，法院亦不能任意变更判决内容；拘束力类似于但又不同于执行力，这里的行政判决拘束力不同于行政行为的拘束力，是指行政诉讼判决的内容必须得到尊重、必须得以遵守，当事人等负有按照该判决采取行动的义务的效力，这确保了法院作出的判决得以切实贯彻，如《行政诉讼法》第 71 条的"禁止重复条款"就体现了"重作判决对行政主体的拘束力"。❷ 根据前面所述，重作判决作为撤销判决的从判决，因此"禁止重复条款"自然也就体现了撤销判决的拘束力。撤销判决拘束力的内容通常可以为消极效果和积极效果，"禁止重复条款"只是撤销判决拘束力的消极效果，即行政机关在行政行为被撤销后不得再以同一事实和理由作出相同的行政行为；积极效果则是指行政机关应根据撤销判决的意旨采取措施。❸

但是，"禁止重复条款"的概念并非源于我国，而是来自日本行政法中的行政撤销判决的拘束力理论。在日本行政法上，拘束力是撤销判决作出后与事后措施相关的《日本行政事件诉讼法》上的特殊效力；拘束力是指对行政机关课予尊重并接受认为行政行为违法的判决，之后依据该判决行动如果存在与该判决冲突的行政行为等时，必须采取措施等义务的效力；因此《日本行政事件诉讼法》第 33 条第 1 款规定"撤销判决拘束作为当事人的行政机关以及其他相关行政机关"，其宗旨就是禁止行政机关基于被裁判所判定为违法的同一理由或者资料对同一人作出同一行为，即"禁止基于同一理由重复作出同一行政行为"。❹

---

❶ 程排超，蒋红珍. 论重作具体行政行为 [J]. 行政与法，2001 (5)：42.
❷ 杨建顺. 论行政诉讼判决的既判力 [J]. 中国人民大学学报，2005 (5)：17-18.
❸ 王贵松. 行政诉讼判决对行政机关的拘束力——以撤销判决为中心 [J]. 清华法学，2017 (4)：90.
❹ 中西又三. 日本行政法 [M]. 江利红，译. 北京：北京大学出版社，2020：242.

我国台湾地区学者也指出"禁止重复条款"中体现的是"判决之实质羁束力"（也就是行政判决拘束力），即"判决撤销违法之行政处分（即行政行为）后，原处分机关于事实及法律状况未变更之情况下，再为内容相同之处分，或重为处分时，未依原撤销判决意旨为之，以致当事人必须就行政机关违反前判决所作成之新处分起诉，以保护其于前诉讼程序所获胜诉判决之结果"。❶

（二）"禁止重复条款"的认定

"同一事实和理由"的内涵在理论界和实务界尚未达成共识。在司法实践中，最高人民法院在其判例中指出，同一事实和理由是指"行政机关重新作出的行政行为依据的主要证据、事实和理由，与被撤销的行政行为所依据的主要证据、事实和理由基本相同，从而造成重新作出的行政行为直接与人民法院的生效判决认定的事实和理由相抵触的情形"。❷ 从上述观点来看，法院认定同一事实和理由主要基于三个要素，即"主要证据、事实和理由"。但从《行政诉讼法》第71条的表述上来看，同一事实和理由应当既包括"同一事实"，也包括"同一理由"。至于同一事实和理由是否包含"同一主要证据"，《行政诉讼法》第71条中未能体现。可以肯定的是，法院在适用该条款时将同一事实和理由作了扩大解释，把"主要证据"也纳入"同一事实和理由"范畴。因此，法院对行政机关依据新的"主要证据"而作出"与原行政行为基本相同的行政行为"持肯定态度。

学界有观点通过将"事实"分为客观事实、证据事实和要件事实三类，并认为所谓"同一事实"是指，原证据事实与原行政行为构成要件事实的并存状态，即主要根据原有行政证据认定原行政行为构成要件事实成立。❸ 该观点还同时指出了不属于"同一事实"的两种情况：一是行政主体根据先前的证据事实，认为其涵摄于另一行政行为构成要件事实，从而重新作出该行政行为；二是行政主体原行政行为被撤销后，通过补充调查搜集主要证据，并认定该证据事实涵摄了原行政行为或新行政行为的构成

---

❶ 翁岳生. 行政法（下册）[M]. 北京：中国法制出版社，2009：1470.
❷ 最高人民法院（2019）最高法行再115号行政判决书.
❸ 程排超，蒋红珍. 论重作具体行政行为[J]. 行政与法，2001（5）：41.

要件事实，重新作出一行政行为。

具体到本案，余姚市住建局在一审法院撤销其于 2018 年 8 月第一次作出的不予行政许可决定（第一次行政行为）后，其间经历了上诉并撤回上诉的过程，最终余姚市住建局于 2019 年 7 月第二次作出不予行政许可决定（第二次行政行为）。行政相对人余姚市某兴气体分滤厂对第二次不予行政许可决定不服再次向法院提起诉讼。（1）审理中，一审法院认为第二次行政行为所依据的主要证据发生变更，即余姚市住建局于 2018 年委托杭州城乡建设设计公司出具的《相关情况说明》已经"作为新的证据事实，具有客观性、专业性和关联性"，不属于"禁止重复条款"情形，此处一审法院对行政机关以此作为新的"依据和理由"予以支持。（2）二审法院则根据余姚市住建局第二次行政行为的法律适用不同、证据依据不同而认为"主要事实或主要理由有改变"并驳回上诉、维持原判决。（3）再审法院则直接否定了余姚市住建局第二次行政行为中依据的《相关情况说明》之证明能力，即《相关情况说明》与《余姚市域燃气专项规划（2014—2030）》自相矛盾，《相关情况说明》无权作出与上位规范性文件《余姚市域燃气专项规划（2014—2030）》不同的规定，进而认定《相关情况说明》不能作为定案依据，因此在缺乏新的主要证据情形下判定余姚市住建局以"同一理由"作出的第二次行政行为落入"禁止重复条款"范畴，应当对此予以否定性评价。

根据上述审理过程，一审法院将《相关情况说明》认定为新的"依据和理由"，二审法院将《相关情况说明》认定为新的"事实和理由"，再审法院则将《相关情况说明》认定为一种不能作为定案依据的证据材料，而未认定为一类理由。由此可知，对于"禁止重复条款"中的主要证据、事实和理由，在司法实践中也存在较大分歧，未来还需要对该内容展开深入研究，明确相应的界定标准。

此外，对于"禁止重复条款"的排除事由，2018 年《行诉解释》第 90 条第 1 款规定："人民法院判决被告重新作出行政行为，被告重新作出的行政行为与原行政行为的结果相同，但主要事实或者主要理由有改变的，不属于行政诉讼法第七十一条规定的情形。"在司法实践中，最高人民法院在其判例中也指出："如果生效判决仅是以事实不清、主要证据不足为由撤销原行政行为，行政机关重新作出行政行为时，依据新的证据，补充认定相关事实，完善决定理由，重新作出与原行政行为处理结果相同的行政行为，不属于以'同一事实和理由'作出与原行政行为基本相同行政行为的情形。"❶ 对于"禁止重复条款"的例外事由，2018 年《行诉解释》第 90 条第 2 款规定："人民法院以违反法定程序为由，判决撤销被诉行政行为的，行政机关重新作出行政行为不受行政诉讼法第七十一条规定的限制。"可见，以违反法定程序为由被撤销的可以不适用"禁止重复条款"的规定。

（三）违反"禁止重复条款"的法律后果

一方面行政机关为了试图规避拒不履行判决罪的风险而不得不重作行政行为❷，另一方面又要维护自身利益，正因如此，往往形成行政机关肆无忌惮地违反"禁止重复条款"的乱象。2018 年《行诉解释》第 90 条第 3 款规定："行政机关以同一事实和理由重新作出与原行政行为基本相同的行政行为，人民法院应当根据行政诉讼法第七十条、第七十一条的规定判决撤销或者部分撤销，并根据行政诉讼法第九十六条的规定处理。"可见，司法实践中对违反"禁止重复条款"的处理方式是，先撤销或部分撤销，再按"行政机关拒绝履行判决、裁定"的措施处理。

本案中，浙江省高级人民法院再审认为："余姚市住建局在余姚市人民政府复议和余姚市人民法院判决撤销其不予行政许可行为的情况下，仍然以相同理由作出不予行政许可决定，严重违反了行政诉讼法第七十一条规定，浪费了有限的司法资源，增加了当事人的讼累，显系滥用职权。"可见，再审法院将本案中的行政机关余姚市住建局"以同一的事实和理由作出与原行政行为基本相同的行政行为"认定为滥用职权。本案已形成最高人民法院公报案例，并在《最高人民法院公报》刊发，这表明了最高人民法院认可违反"禁止重复条款"的性质是滥用职权的这一观点。但在之前的最高人民法院行政裁定书中，最高人民法院却指出，行政机关以相对人不具备安置资格为由，再次拒绝对相对人进行安置补偿，"是以同一事实和理由作出与原行政行为基本相同的行政行为，其实质是拒绝履行人民

---

❶ 最高人民法院（2019）最高法行再 115 号行政判决书。
❷ 黄先雄. 行政诉讼中禁止重复条款的实践反思 [J]. 中南大学学报（社会科学版），2016（3）.

法院的生效判决"[1]。那么违反"禁止重复条款"的性质到底是属于"滥用职权"还是属于"拒不履行生效判决"呢？从执行的角度来看，笔者认为应当属于"拒不履行生效判决"，这主要是为了更好地督促行政机关依法行政、合理行政。

---

[1] 最高人民法院（2018）最高法行申 6904 号行政裁定书。

案例 13

郑某某诉浙江省温岭市人民政府土地行政批准案[*]

基本案情

郑某琴与其父母郑某兴、张某香同户,均系浙江省温岭市西城街道某村村民。1997年8月,郑某兴户在个人建设用地补办申请中将郑某琴列为在册人口。2013年3月,郑某兴因拆迁复建提交个人建房用地申请时,在册人口中无郑某琴。温岭市人民政府(以下简称"温岭市政府")根据《温岭市个人建房用地管理办法》(以下简称《用地管理办法》)有关"申请个人建房用地的有效人口计算:(一)本户在册人口(不包括应迁出未迁出的人口)",以及《温岭市工业城二期用地范围房屋迁建补偿安置办法》(以下简称《安置补偿办法》)有关"有下列情形不计入安置人口:(一)……已经出嫁的妇女及其子女(含粮户应迁未迁)只能在男方计算家庭人口"之规定,认为郑某琴虽系郑某兴之女,其户口登记在郑某兴名下,但业已出嫁,属于应迁未迁人口,遂于2014年7月确认郑某兴户有效人口为2人,并审批同意郑某兴的个人建房用地申请。郑某琴不服诉至法院,请求判令撤销温岭市政府的审批行为,并重新作出行政行为;附带审查上述两个规范性文件并确认不合法。

浙江省台州市黄岩区人民法院一审认为,温岭市政府在作出被诉审批行为时,未对村委会上报的温岭市个人建房用地审批表中村委会的公布程序等相关事实进行认真审查,属认定事实不清,证据不足,程序违法,应当予以撤销。《用地管理办法》与《补偿安置办法》系温岭市政府制定的

---

[*] 浙江省台州市中级人民法院(2015)浙台行终字第186号行政判决书。

规范性文件。该文件的相关规定，不适用于郑某琴。据此，判决撤销温岭市政府 2014 年 7 月 25 日作出的（温政个许字〔2014〕585 号）《温岭市个人建房用地审批表》中同意郑某兴户新建房屋的审批行为，责令温岭市政府在判决生效之日起 60 日内对郑某兴户的建房用地重新作出审批。郑某琴和温岭市政府不服均提起上诉。台州市中级人民法院二审认为，《用地管理办法》与《补偿安置办法》相关规定不作为认定被诉审批行为合法的依据，一审法院认为对郑某琴不适用的表述有所不当，予以指正。二审判决驳回上诉，维持原判。其后，人民法院向温岭市政府发送司法建议，该市政府及时启动了相关规范性文件的修订工作，并表示将加强规范性文件制定的审查工作。

本案涉及的理论问题

一、附带性审查制度概述

（一）本案中涉及的附带性审查制度

附带性审查，又称为附带审查、规范审查、一并审查，是指原告在提起行政诉讼时一并请求对规范性文件进行的合法性审查。❶ 此处的附带性审查仅指行政诉讼领域中的附带性审查，不包含行政复议中的附带性审查。我国《行政诉讼法》第 53 条❷中已经明确了附带性审查制度。《行政诉讼法》第 64 条❸还规定了对不合法规范性文件的处理。在《行政诉讼法》作出附带性审查的规定后，《最高人民法院关于适用〈中华人民共和国行政诉讼法〉的解释》（法释〔2018〕1 号）（以下简称 2018 年《行诉解释》）的第十一部分"规范性文件的一并审查"专门对附带性审查制度

---

❶ 《行政法与行政诉讼法学》编写组. 行政法与行政诉讼法学［M］. 2 版. 北京：高等教育出版社，2018：417.

❷ 《行政诉讼法》第 53 条规定："公民、法人或者其他组织认为行政行为所依据的国务院部门和地方人民政府及其部门制定的规范性文件不合法，在对行政行为提起诉讼时，可以一并请求对该规范性文件进行审查。前款规定的规范性文件不含规章。"

❸ 《行政诉讼法》第 64 条规定："人民法院在审理行政案件中，经审查认为本法第五十三条规定的规范性文件不合法的，不作为认定行政行为合法的依据，并向制定机关提出处理建议。"

的相关问题作了进一步解释。在司法实践中,华源案作为我国2015年《行政诉讼法》修改以来的首案,为行政规范性文件附带性审查制度运行带来了一定实践基础。❶

本案中,涉及的规范性文件主要是《温岭市个人建房用地管理办法》和《温岭市工业城二期用地范围房屋迁建补偿安置办法》。前者规定了申请个人建房用地的有效人口计算是以"本户在册人口(不包括应迁出未迁出的人口)"为标准来计算;后者则规定了不计入安置人口的限制情形,即"已经出嫁的妇女及其子女(含粮户应迁未迁)只能在男方计算家庭人口"。浙江省温岭市人民政府根据这两个规范性文件的规定,认为本案"外嫁女"郑某琴虽然户口登记在其父郑某兴名下,但应认定为前一规范性文件中的"应迁未迁人口",属于后一规范性文件中的"已经出嫁的妇女及其子女",因此不能将"外嫁女"郑某琴认定为"本户在册人员",故不计入安置人口。实际上,这种将"外嫁女"排除在原有户口之外的做法很大程度上与《妇女权益保障法》中保护妇女此类弱势群体合法权益的立法精神背道而驰。❷因此"外嫁女"郑某琴请求法院对涉案的两个规范性文件附带审查并确认不合法。

审理过程中,一审法院并没有对该两份规范性文件进行实质审查,只是指出不适用于郑某琴。对此,二审法院在二审判决书中认为,由于一审法院对上诉人郑某琴要求审查的两份规范性文件已经进行审查,不存在遗漏诉讼请求的情形,所以二审法院对案涉的两份规范性文件也没有进行实质审查,即使二审法院指正了一审法院认为的该两份规范性文件"对郑某琴不适用"的表述错误,那也无法撇清二审法院规避审查行政规范性文件的嫌疑。二审法院的做法只是一种简单的形式审查,根本不是对规范性文件的附带审查。这表明,一审、二审法院对涉案的两份规范性文件,既没有实质审查、附带审查,也没有在最终判决中确认规范性文件不合法,这体现了实践中法院对审查规范性文件的消极、逃避态度。

---

❶ 王春业.从全国首案看行政规范性文件附带审查制度完善[J].行政法学研究,2018(2).
❷ 孙晓峰,温贵能."外嫁女"能否享受村民安置补偿待遇的裁判规则[M]//中华人民共和国最高人民法院行政审判庭.行政执法与行政审判(总第81集).北京:中国法制出版社,2021:176.

（二）作为附带性审查对象的规范性文件

1. 规范性文件的界定

附带性审查的对象，根据《行政诉讼法》第 53 条的规定来看就是"国务院部门和地方人民政府及其部门制定的规范性文件"，其范围不包括行政法规、规章和国务院制定的规范性文件。规范性文件存在广义和狭义之分：广义的规范性文件是指各类机关和社会组织等主体制定的就有关事务在一定范围内普遍适用并可反复适用的文件，也即俗称的"红头文件"。❶ 狭义的规范性文件仅指行政机关制定的规范性文件，也称为"行政规范性文件"，而不包括立法机关和司法机关等其他主体制定的其他规范性文件。显然，根据《行政诉讼法》第 53 条的规定，行政诉讼附带性审查中的规范性文件仅指行政机关制定的行政规范性文件，并且还是"规章以下的行政规范性文件"❷。为了行文方便，如无特别说明，本书所指规范性文件仅指《行政诉讼法》第 53 条中规定的规章以下的行政规范性文件。

2. 规范性文件的特点

附带性审查中的规范性文件具有如下特点。第一，规范性。规范性文件应当具有规范性，这体现在规范性文件的普遍适用性和具有一定约束力上，有学者认为从附带性审查的目的出发，应将约束力作宽泛标准解释，这实际上将规范性文件的范围扩大，让更多行政机关制定的规范性文件落入附带性审查这一司法审查的范畴中。❸ 第二，行政性。附带性审查中的规范性文件必须是行政规范性文件，因为附带性审查是依附于行政诉讼的，解决的是行政主体与行政相对人的行政争议。对于立法机关和司法机关等其他国家机关以及党的机关、政协组织、人民团体等制定的规范性文件❹，一般不涉及行政诉讼的问题，因此不能纳入附带性审查中的规范性文件。第三，低位阶性。这是指附带性审查中的规范性文件必须是规章以下的规范性文件，而不是规章以及规章以上的法律规范。一方面，从《行

---

❶ 胡建淼. 行政诉讼法学 [M]. 北京：法律出版社，2019：592.
❷ 也有直接表述为"其他规范性文件"、"规章以下的规范性文件"或"行政规定"的。沈福俊，邹荣. 行政法与行政诉讼法学 [M]. 3 版. 北京：北京大学出版社，2019：471.
❸ 何海波. 行政诉讼法 [M]. 3 版. 北京：法律出版社，2022：568.
❹ 黄金荣. '规范性文件'的法律界定及其效力 [J]. 法学，2014（7）：11.

政诉讼法》第 53 条第 1 款的规定中可以看出，附带性审查中的规范性文件是不包括国务院制定的行政规范性文件，因为《立法法》规定国务院制定的法律效力位阶是行政法规，这一位阶的法规范实际上属于较高位阶的法规范，其违法性概率极低，即使存在也是少量的存在，并可以及时通过立法监督的方式予以纠正；另一方面，从《行政诉讼法》第 53 条第 2 款的规定也能看出，附带性审查中的规范性文件不包含规章，这里的规章实际上包括部门规章和地方政府规章，而且由于地方性法规属于立法机关制定而不是行政机关制定的，则其更不属于附带性审查的范畴。综上来看，能进行附带性审查的只能是规章以下的规范性文件，因此具有低位阶性。第四，关联性。关联性表现在附带性审查的规范性文件与被诉行政行为之间具有关联性，而这种关联性具体是指附带性审查的规范性文件应当是被诉行政行为作出的所依据的规范基础。换言之，二者必须具有一定"依据"关系，才有可能进入审查程序。❶

二、附带性审查制度存在的现实困境

由于附带性审查制度是《行政诉讼法》自 2014 年修正后新增的制度，从目前实施的现状来看，还存在诸多问题，主要表现在：审查范围不明确、审查标准不统一、审查强度有差异、审查结果刚性仍不足。

（一）审查范围不明确

依据《行政诉讼法》第 53 条的规定，在一定程度上可以明确附带性审查的范围。但问题在于即使《行政诉讼法》第 53 条已经指出附带性审查的范围是规范性文件，但对于数量庞杂的官方红头文件和模棱两可的规章而言，规范性文件与它们还是较难辨别，这主要表现在：第一，规章与规范性文件之间难以区分。有一些"规章"名义上为规章，实际上却为规范性文件，如果规章与规范性文件之间没有一定辨识度，将引起很大的负面效应。❷ 还有学者提出，建立行政立法与规范性文件的程序区分标准，"只有通过立法程序发布的政策才有可能获得法院较高程度的尊重，没有

---

❶ 王春业. 实证视角下规范性文件一并审查制度研究 [M]. 北京：中国政法大学出版社，2019：16.

❷ 杨如冰，宋冬梅. 完善规范性文件一并审查制度的几点思考 [J]. 山东审判，2016（1）.

经过立法程序的规则只能是规范性文件",这种立法主义的区分标准确实可以在制度上控制规范性文件的"不规范",行政相对人可以通过立法主义区分标准有效地辨识出是否为规范性文件并诉诸司法救济。❶ 有人甚至认为"规章的效力范围、实质作用与规范性文件也大致相同",因此应当将那些能够发挥规范性文件作用的规章也纳入附带性审查的范围中,接受及时的司法审查。❷ 可见,学界对于规范性文件与规章的区分尚且存在争议,更不用说司法实践中法官能否正确地识别规范性文件与规章。第二,对于政府发布的红头文件而言,这类官方文件能否归属于规范性文件的范畴也存有争议。因为"一些红头文件有明确的指向性,在外化表现上针对的是不特定对象,但实际上仅影响特定对象",因此对于此类红头文件就不能归属于规范性文件的范畴,因为此种情形下的红头文件已经特定化而具备具体行政行为的要件,此时抽象行政行为尚且难说,更别说是规范性文件。❸ 特别是对于党政合署文件是否应当纳入附带性审查范围存在争议。实践中,法院对于同级党委文件往往持审慎态度,或不予审查,或模糊审查。这种审查范围不明确的现状在一定程度上制约着规范性文件附带审查制度的有效推进和落实。

(二)审查标准不统一

审查标准包括启动标准、要件标准和体系构建标准。审查启动标准上存在的争议主要集中于:第一,法院能不能依职权主动审查规范性文件?如果可以,又是否突破了"不告不理"的诉讼原则?对此,支持法院依职权主动审查的学者认为,如果法院不享有依职权主动审查规范性文件的职权,那么将"不符合立法精神和时代潮流,也不符合我国行政诉讼的实际情况和诉讼规律"❹。该看法虽说有一定合理性,但考虑到我国目前司法审查的实际,主动审查的做法似乎太过干预行政权,而且附带性审查制度在一定程度上能够解决大多数相对人对规范性文件合法性产生怀疑的窘境,另行赋予法院依职权主动审查的职权是完全没有必要的。第二,第三人能

---

❶ 王留一. 论行政立法与行政规范性文件的区分标准 [J]. 政治与法律, 2018 (6): 129.
❷ 许国祥, 李劲. 规范性文件附带审查制度研究 [J]. 行政与法, 2019 (6): 25.
❸ 河南省平顶山市中级人民法院课题组. 行政规范性文件一并审查制度研究 [J]. 山东法官培训学院学报, 2022 (2): 156.
❹ 何海波. 论法院对规范性文件的附带审查 [J]. 中国法学, 2021 (3): 143.

否提起附带性审查？有观点认为，应当增设启动主体，具体包括增加第三人的规范性文件附带审查请求权，这是出于保护第三人合法权益的诉讼目的出发来考虑的，以及增加人民法院的主动审查权，这是借鉴英国法院主动审查的做法，将会提高审判质量和节约司法资源。❶对此还是应当持审慎态度，因为我国行政诉讼中还存在很多待完善之处，目前《行政诉讼法》未作规定的地方都是参照《民事诉讼法》执行，如果增加第三人的规范性文件附带性审查权，带来的可能并非审判质量的提高和司法资源的节约，而会适得其反，导致当事人滥诉，法院粗略审查甚至不予审查，行政诉讼流于形式而起不到对行政权进行监督的功能。

审查要件标准上，根据《行诉解释》第148条第1款❷的规定，可见附带性审查的审查标准存在职权标准、内容合法性标准及程序合法标准三个维度，但实践中，法院更多的是从内容合法性角度进行审查，即采取的是"有限性"审查标准，该标准具体体现在规范性文件和被诉行政行为之间是否存在"依据"关系的"关联性"问题。❸有学者认为，在合法性要件的审查框架下，应当采用"瑕疵性标准"：权限瑕疵、上位法瑕疵、制定程序瑕疵、依据瑕疵及其他瑕疵。❹在华源案中，虽然法院审查范围仅局限于部分具体条款，但法院首次提出了规范性文件附带性审查中的合法性审查应当包括主体、权限、内容和程序。❺该案中的审查要件标准无疑在一定程度上给司法实践指明方向，具有较高的可操作性。因此，在对规范性文件附带性审查应当坚持只限于合法性审查的基础上，围绕主体、权限、内容和程序的合法性予以审查：在主体上，是否为合法主体，有无制定相应规范性文件的权力；在权限上，不得超越其职权范围；在内容上，不得与上位法相抵触、不得违反上位法的基本精神或原则；在程序上，应

---

❶ 许国祥，李劲. 规范性文件附带审查制度研究[J]. 行政与法，2019（6）：26.

❷ 《行诉解释》第148条第1款规定，"人民法院对规范性文件进行一并审查时，可以从规范性文件制定机关是否超越权限或者违反法定程序、作出行政行为所依据的条款以及相关条款等方面进行"。

❸ 薛小蕙. 行政规范性文件附带审查制度实施困境的解决之道——基于最高人民法院典型案例的观察[J]. 山东科技大学学报（社会科学版），2020（6）：62-63.

❹ 蒋盼. 论行政规范性文件的司法审查标准——基于最高人民法院公布的案例（1989—2018）[J]. 公法研究，2020（20）：114.

❺ 朱芒. 规范性文件的合法要件——首例附带性司法审查判决书评析[J]. 法学，2016（11）.

当遵循正当程序原则，不得违反法定程序和正当程序。虽然有学者提出程序要件不应当作为附带性审查的标准，因为会引起具体行政行为被撤销而导致行政效率大跌，❶但笔者认为该观点明显不符合依法行政的要求，试图规避在程序上的司法审查。

审查体系构建的标准也众说纷纭。有观点认为，可以通过权威性审查框架来引导不同层次的合法性审查，即规范性文件权威性程度大时则合法性审查程度小，权威性程度小时则合法性审查强度增大。❷有观点认为应当包括形式有效性审查和实质合法性审查双层结构，其中有效性审查是合法性审查的前提。❸有观点指出，规范性文件这类公共政策决定不应当采取"事实论审查"和"形式主义审查"的模式，而应选择"规范主义的分层审查"模式，公共政策决定区分为"政策事项"和"执行措施"予以分层审查。❹有观点认为，应当采取分类审查和分层审查相结合的方式，在横向上，由解释基准与裁量基准这两类审查标准构成，在纵向上，由前置性的制定权限审查、合法性审查以及合理性审查这三个层级按次序构成，这样最终形成完整的规范性文件司法审查标准。❺有观点还提出可以引入美国行政规则审查标准。❻有观点则在借鉴美国经验的基础上提出构建"识别—复合审查标准"，以识别产生不同法律效力的规范性文件。❼

总体来看，不论是哪一种观点，无非就是分类审查与分层审查该不该兼容的问题，这都是因为规范性文件在实践中确实存在诸多问题所致，即位阶效力高低不一、规范性程度各异、识别度不够明晰。特别是其中的该

---

❶ 徐肖东. 行政诉讼规范性文件附带审查的认知及其实现机制 [J]. 行政法学研究，2016 (6)：80.

❷ 俞祺. 规范性文件的权威性与司法审查的不同层次 [J]. 行政法学研究，2016 (6)：67.

❸ 王红卫，廖希飞. 行政诉讼中规范性文件附带审查制度研究 [J]. 行政法学研究，2004 (4)：33.

❹ 谭清值. 公共政策决定的司法审查 [J]. 清华法学，2017 (1)：189 – 199.

❺ 张富利，郑海山. 行政规范性文件司法审查的基本进路探讨 [J]. 河南财经政法大学学报，2019 (2)：4. 需要说明的是，解释基准是指在法律或行政立法的语言等意思内容不明确时"解释"法律或行政立法的规范性文件，裁量基准是指法律或行政立法委任行政机关进行裁量性判断、选择时规定该裁量权行使方法的规范性文件。平冈久. 行政立法与行政基准 [M]. 宇芳，译. 北京：中国政法大学出版社，2014：213.

❻ 孙首灿. 论行政规范性文件的司法审查标准 [J]. 清华法学，2017 (2)：143.

❼ 沈开举，任佳艺. 行政规范性文件附带司法审查的实现机制研究——美国经验与中国探索 [J]. 湖北社会科学，2018 (9)：139.

不该进行合理性审查争议颇大。但是，上述审查标准是现阶段比较适合我国司法实践的审查模式，但未来随着法治国家、法治政府、法治社会的完善，相信规范性文件附带性审查的审查标准体系也将更加完善。

（三）审查强度有差异

审查强度方面的争议主要体现为：是对规范性文件中全部条文进行全部条款审查，还是只对案件涉及的具体条文规定进行部分条款审查，以及是否应当对规范性文件进行合理性审查的问题。

1. 全部条款审查和部分条款审查

全部条款审查论者指出，规范性文件审查和具体行政行为审查应当做到无缝衔接，给法院足够的空间，鼓励法官大胆审查，高度尊重法院的审查努力，避免形成司法审查的"黑洞"，凡是在行政诉讼中作为行政行为合法性的支持材料的，法院都应当进行审查，即"应审查的，不能回避审查；可审查可不审查，也可以审查"。❶但从司法解释可以看出并不是采纳全部条款审查的做法，《行诉解释》第 148 条第 1 款规定，附带性审查可以从"作出行政行为所依据的条款以及相关条款等方面进行"，可见"所依据的条款"和"相关条款"是指具有关联性的部分条款审查模式，而不是全部条款审查模式。这其实主要还是考虑到司法效率的问题，只针对当事人的请求进行附带性审查，法院要做到"诉判一致"，不可越俎代庖。

2. 合法性审查和合理性审查

根据《行政诉讼法》和相关司法解释的规定来看，当前对于规范性文件的审查强度尚且处于合法性审查层面，但今后是否应当进行合理性层面的审查呢？持否定观点者认为，合法性审查在目前来看已然足够，如果更深一步到合理性审查层面的话，对法院而言会带来诉讼激增甚至滥诉的可能，会进一步加大审判工作的难度。❷持肯定观点者认为，合理性审查标准的确立是实质法治内在要求，有助于鼓励和引导司法权对行政权的有效监督，而合理性审查标准具体包括"滥用职权""明显不当""比例原则"

---

❶ 何海波. 论法院对规范性文件的附带审查 [J]. 中国法学, 2021 (3): 154.
❷ 吕楠. 行政规范性文件附带审查制度的理论与实践——基于浙江省司法实践的考察 [J]. 浙江万里学院学报, 2020 (2): 40-41.

等要求。❶ 正如前文所述，目前的司法环境还是不太适合对规范性文件进行合理性审查，只能寄托于鼓励和督促行政机关内部进行自查自纠的行政复议合理性审查模式，相信在未来法治环境更加健全的大背景下可以迎来曙光。

（四）审查结果刚性不足

法院是否能够直接宣告案涉规范性文件无效呢？持否定论者认为，由于法院对于不合法的规范性文件缺乏充分的处置权，因此法院不能在判决中径行否认规范性文件的效力或直接予以撤销。❷ 还有学者也认为，法院对于违法的规范性文件应当给出低调的阐明，在判决书中最好不要出现"不合法""违法"甚至"无效"之类的表述，可以宣布与某某上位法"不符合"，并作出不予适用的决定。❸ 但是，有观点对否定论者进行了委婉的批判，指出他们的论证理由存在不充分之处，因为法院直接宣告不合法的规范性文件无效或撤销并非（主观）不能，否定论者用《宪法》中规定的立法机关才有权撤销行政机关不适当的"决定和命令"作为"人民法院不宜直接判决撤销不合法的规范性文件"的理由并不充分，因为"决定和命令"不仅包括规范性文件，还包括具体行政行为，而现实中，人民法院当然享有撤销具体行政行为的权力，因此否定论者的该论证理由显然是矛盾的、不充分的。❹ 也有观点指出，评述是司法权中的浅层次的评价权，而真正意义上的司法权应当包括对规范性文件的处分权、形成权，遗憾的是，我国法院目前尚不具备深层次评价权，这也说明法治建设道路仍任重道远。❺ 当然，笔者对该观点比较认可，司法权应当具备完整的监督功能，其中就应当包括对行政权的处分权和形式权。然而，在现实中，更多的是由政治机关对国家行政机关的权力进行监督，而较少由国家司法机关来监督国家行政机关。

---

❶ 穆美丽. 行政规范性文件司法审查制度研究——以司法审查强度为论域 [J]. 法大研究生, 2017 (2)：91-92.

❷ 耿玉娟. 规范性文件附带审查规则的程序设计 [J]. 法学评论, 2017 (5)：132.

❸ 王春业. 从全国首案看行政规范性文件附带审查制度完善 [J]. 行政法学研究, 2018 (2)：100.

❹ 章剑生. 论行政诉讼中规范性文件的合法性审查 [J]. 福建行政学院学报, 2016 (3)：15.

❺ 梁凤云. 新行政诉讼法讲义 [M]. 北京：人民法院出版社, 2015：362.

立法层面以及司法实践中还是采用否定论者的观点，因而法院未被赋予对不合法的规范性文件宣告无效的权力。根据《行政诉讼法》第64条和2018年《行诉解释》第149条之规定，如果人民法院审查后认为规范性文件不合法的：第一，可以"不适用"，即不作为人民法院认定行政行为合法的依据，并在裁判理由中予以阐明；第二，使用"提建议"的措施，向制定机关提出"处理建议"，在裁判生效之日起3个月内，向规范性文件制定机关提出修改或者废止该规范性文件的"司法建议"；第三，采取"告领导"的方式，即可以将处理建议抄送制定机关的同级人民政府、上一级行政机关、监察机关以及规范性文件的备案机关。

此外，对于审查结果后作出的"不予适用"决定而言，是具有普遍效力还是只具有个案效力呢？"个案拒绝适用说"认为只具有个案效力，属于消极的、有限的司法审查。❶ "普遍拒绝适用说"则往往认为审查结果不仅限于个案，还可以具有普遍效力。笔者比较认可"普遍拒绝适用说"，因为规范性文件附带性审查制度就是为了纠正违法的规范性文件而设立的，其目的在于消除侵害不特定相对人的合法权益的规范性文件的普遍效力，如果仅仅是限于"个案拒绝适用说"显然会导致法院的诉讼数量增加，浪费司法资源，不利于提高司法效率。当然该"普遍拒绝适用说"也存在矛盾之处：一方面，让不特定相对人"搭便车"的做法，存在纵容不特定相对人在"权利上睡觉"的嫌疑，这是同要求当事人积极行使权利的诉讼原则相矛盾的地方；另一方面，既然附带性审查的结果能够具有普遍拒绝适用的效力，那是否在实质上已经意味着被司法机关宣告的涉案的规范性文件已经违法、无效了呢？这是存在困惑的，需要在后续的进一步深入研究中得到回应。

三、附带性审查制度困境的成因分析

对行政诉讼附带性审查制度的现存困境的成因进行分析，可以从客观层面和主观层面展开。在客观上，主要是针对附带性审查的对象即规范性文件本身而言，在主观上，则是从法院对规范性文件的审查结果后续处理

---

❶ 马得华. 论"不予适用"：一种消极的司法审查——以《行政诉讼法》第63条和64条为中心的考察［J］. 环球法律评论，2016（4）：58.

的权限视角审视司法机关的权力缺位。

(一) 客观上行政规范性文件确实难以识别

如前所述,规范性文件具有数量繁多、位阶不一、内容广泛等特点,将非规范性文件的普通文件当作规范性文件、将部门规章或地方政府规章等当作规范性文件予以附带性审查,或者相反,将规范性文件当作非规范性文件的普通文件、将规范性文件当作部门规章或地方政府规章等不予以附带性审查,都是在客观上未能正确识别出规范性文件所导致的结果,其中也折射出了规范性文件制发过程中存在的问题。

规范性文件作为行政机关作出具体行政行为的直接依据,直接影响到行政机关作出的具体行政行为是否具有合法性、是否符合行政法治的基本要求,实践中,一些不合法规范性文件的存在往往导致行政机关作出不符合行政法治要求的具体行政行为。从我国立法现状看,规范性文件数量最多、情况最为复杂,问题当然也最多,涉及面和社会影响也最大。从立法监督现状看,法律、法规和规章都已经纳入《立法法》的调整范围,进行备案审查,接受立法监督,但是数量和影响巨大的规范性文件却很少受到什么约束。得不到有效监督的规范性文件,背离依法行政的理念,极为容易其对公民、法人或其他组织的合法权益构成威胁。因此,必须将规范性文件纳入司法审查范畴,接受司法监督。

(二) 主观上受科层化体制下的司法消极主义影响

我国规范性文件司法审查缺位主要表现在,法院对规范性文件附带性审查往往是不予审查或回避审查、浅层审查或粗略审查、不敢评述或模糊评述、柔性审查或隐性审查。❶ 这一方面是因为法官能力不足,包括对"缺乏上位法依据的规范性文件"的审查力不从心和无力审查技术规范或标准类的规范性文件;另一方面更多的则是受科层化体制下的司法消极主义影响,法官一般不会主动审查规范性文件,首要原因就是法官贸然行使审判权可能引起政治与法律风险的担忧,有的法官不愿甚至不敢审理级别

---

❶ 朱远军. 论行政规范性文件司法审查的缺位——以法官的行动选择为视角 [M] //中华人民共和国最高人民法院行政审判庭. 行政执法与行政审判 (总第81集). 北京: 中国法制出版社, 2021: 113 – 116.

较高的行政机关制定的规范性文件。❶ 因此，实践中存在对规范性文件隐形审查的现象，隐形审查的主要方式是"不在裁判文书中明确指出规范性文件是否合法，而是通过对具体行政行为的论证来隐射规范性文件是否适用的问题"❷。可见，科层化体制下的司法消极主义影响了法院在权力体系中的地位以及法官审理规范性文件的积极性，破解这种困境还得在制度改革中探索，否则难以达到有效监督规范性文件的目的。

四、附带性审查制度的完善建议

客观上的识别困难、主观上的权力欠缺，以及其他各种因素的影响，导致行政诉讼附带性审查制度不能真正得到有效监督。故此，需要在立法、行政和司法层面完善相应的规定、措施和办法。

（一）立法层面完善附带性审查范围、标准等制度

在上位法规则不明确时，在"不抵触上位法"规则（禁止规则抵触）无法适用的情况下，法院得以适用"不违背法律基本原则或精神"规则（禁止原则抵触）来审查规范性文件，而非盲目尊重行政机关的"专业判断"，为规范性文件恣意损害行政相对人合法权益予以司法背书。❸ 例如，有人提出通过建立一种从弱尊重（明显性审查）、中等尊重（可支持性审查）到强尊重（详尽性审查）构成的由高到低不同梯度的审查强度规则，三种不同审查强度对应三种不同的证明标准，即排除合理怀疑标准、明显优势证明标准和优势证明标准。❹ 因此，应当建立完善的附带性审查范围、标准、强度、结果等制度，从立法上赋予该类制度的合法性与正当性，在这样的审查框架下对规范性文件进行分层次审查、分标准审查。

（二）行政层面建立规范性文件审查考核、结果共享机制

不合法的规范性文件仅仅依靠法院系统并不能得到很好的实效，因为法院只有审查合法与否的权力，真正要消除违法的源头，还得依靠行政机

---

❶ 余军，张文. 行政规范性文件司法审查权的实效性考察 [J]. 法学研究，2016（2）：59.

❷ 王春业. 实证视角下规范性文件一并审查制度研究 [M]. 北京：中国政法大学出版社，2019：77.

❸ 李成. 行政规范性文件附带审查进路的司法建构 [J]. 法学家，2018（2）：71.

❹ 郑博涵. 检视与完善：规范性文件附带审查标准化路径研究 [J]. 东南法学，2017（1）：243.

关的积极参与。❶ 有学者认为，一方面要健全对不及时纠正与法律相违背的规范性文件制定机关及其领导人的法律责任追究制度，另一方面还必须健全行政机关系统内相应的考核制度，将之纳入行政机关考核体系。❷ 除了考核机制，还应当建立规范性文件附带性审查结果的信息共享机制。有学者提出可以具体通过两种方式实现信息共享：一是法院系统内部建立"全国法院规范性文件附带审查信息系统"，二是规范性文件的制定机关按照《政府信息公开条例》的规定主动公开信息。❸ 这两种方法确实在一定程度上能够解决规范性文件审查结果刚性不足的问题，但附带性审查信息系统不仅局限于法院内部，应当是建立立法、行政、司法机关之间联动的信息共享平台，更大范围地保证规范性文件的合法性受到监督。

（三）司法层面加强司法建议的法律约束力

司法建议包括诉讼保障型和社会治理型两类，其中社会治理型司法建议具有多重功能，最主要的就是基础功能和衍生功能。诉讼保障型包含改错补漏和教育宣传的功能，社会治理型包含防范、纠纷解决、政策引导、权利保障等功能，因此司法建议的优势在于补足审判模式的个案救济，突破不告不理原则，促进对类案中相对人的合法权益保障。❹ 在保证司法权适当尊重行政权的基础上，应当从司法建议的建议内容、质量保障和跟踪监督方面完善司法建议的法律约束力。在司法建议的内容上，也应当具有审查动因、审查过程、审查结果、审查建议和回复要求等基本部分。❺

规范性文件在行政诉讼中的地位如何，实质上还是司法权与行政权关系的问题，规范性文件作为当下政策的主要载体，在根本上实现对规范性文件完全的司法审查还有赖于更为基础性的一些制度变革。❻ 目前，一些

---

❶ 朱远军. 论行政规范性文件司法审查的缺位——以法官的行动选择为视角 [M] //中华人民共和国最高人民法院行政审判庭. 行政执法与行政审判（总第81集）. 北京：中国法制出版社，2021：126.

❷ 王春业. 论行政规范性文件附带审查的后续处理 [J]. 法学论坛，2019（5）：127.

❸ 程琥. 新《行政诉讼法》中规范性文件附带审查制度研究 [J]. 法律适用，2015（7）：94.

❹ 刘箭. 审判中心视野下的司法建议制度 [J]. 法学杂志，2017（6）：120 – 121.

❺ 王庆廷. 隐形的"法律"——行政诉讼中其他规范性文件的异化及其矫正 [J]. 现代法学，2011（2）：88.

❻ 黄学贤. 行政规范性文件司法审查的规则嬗变及其完善 [J]. 苏州大学学报（哲学社会科学版），2017（2）：85.

地方正在积极制定行政规范文件的管理办法，从制定程序的规范化、制度化源头破解行政规范文件的制度困境，形成行政规范性文件的合法性审查、负面清单、"三统一"、有效期等管理制度。本书则着重强调从司法审查角度对行政规范性文件的困境纾解，未来对行政规范性文件的司法审查还有必要从后续处理机制中寻求出路，即对法院认定为违法的规范性文件该如何处理的问题，这值得进一步深入研究。

案例 14

确认违法判决的适用条件[*]

基本案情

1996年4月30日,甲市政府批准乙公司在案涉土地上投资建设"庄园广场"项目,建筑规模为八层。乙公司于1998年动工建设该项目到三层框架后于当年停建。2001年,甲市处置办将该项目列为甲市停缓建工程项目。2003年7月,甲市政府批复同意乙公司续建,乙公司于当年底续建到五层框架后再次停建。2005年3月,甲市政府根据乙公司的申请批复同意复工续建"庄园广场"项目。乙公司先后向甲市政府递交三份书面报告,请求批准将"庄园广场"项目改变用途并自主处置。甲市政府2006年5月19日委托评估。7月6日,甲市建设局和甲市处置办作出《关于停缓建工程"庄园广场"自主处置的答复》。8月21日,甲市政府作出《关于庄园广场停缓建工程项目复工方案等问题的复函》。8月31日,该项目被拍卖给案外人。乙公司提起行政诉讼,请求撤销甲市政府作出的"复函"和甲市建设局作出的"答复"。

本案涉及的理论问题

本案涉及的法律问题:在涉案项目被列为停缓建工程项目后,行政机关先后两次批准续建,却仍将涉案项目作为停缓建工程项目进行处置,且

---

[*] 确认违法判决的适用条件 [M] //最高人民法院行政审判庭.最高人民法院行政审判庭法官会议纪要(第1辑).北京:人民法院出版社,2022:163.

在处置过程中存在诸多程序违法的问题，对此类行政案件如何适用判决类型。"判决确认违法说"认为，被诉行为存在认定事实不清，适用法律、法规错误，依法应予撤销。但鉴于"庄园广场"项目处于城市中心地段，乙公司的资金能力不能保证完成"庄园广场"项目建设，影响到城市市容和当地的经济建设，撤销被诉行为会造成既存法律关系的不稳定，故确认被诉行为违法为宜。"判决撤销并责令重作说"认为，被诉行政行为在认定事实和程序上都有问题，但乙公司也有责任，如判决确认违法缺乏法律根据。判决撤销之后由政府重作，比确认违法采取补救措施更宜操作。法官会议意见认为，应当采"判决确认违法说"。

我国行政诉讼法脱胎于民事诉讼法。❶ 民事诉讼的类型可以分为形成之诉、给付之诉和确认之诉，按照这一诉讼类型的分类，民事诉讼的判决形式也可相应地分为形成判决、给付判决和确认判决。按理说，行政诉讼的判决形式也应当像民事诉讼的判决那样分为形成判决、给付判决和确认判决，但实际并非如此简单。这是因为民事诉讼的诉讼标的是民事法律关系，而行政诉讼的诉讼标的则是行政行为，而非行政法律关系。由于行政行为的类型化远比行政法律关系的类型化复杂得多，这就决定了我国行政诉讼并没有类似于民事诉讼的诉讼类型划分。在这种缺乏诉讼类型划分的行政诉讼领域中，《行政诉讼法》也只能按照被诉行政行为在审理过程中违法与否的具体情况作出特定的判决形式：驳回判决（第69条）、撤销判决（第70条，第71条的重作判决）、履行判决（第72条）、给付判决（第73条）、确认判决（第74～75条）、变更判决（第77条）和其他形式判决（第76条、第78条）等。不过，也有观点参照民事诉讼类型的划分，分为形成类判决（包括撤销和重作、变更判决）、给付类判决（包括一般给付判决和课予义务判决）和确认类判决（包括确认判决、驳回原告诉讼请求判决和情况判决）。❷

本案主要涉及的是确认判决中的确认违法判决。分析确认违法判决还得先从确认判决说起。

---

❶ 1982年《民事诉讼法（试行）》第3条第2款："法律规定由人民法院审理的行政案件，适用本法规定。"这为《行政诉讼法》尚未制定之前的法院审理行政案件提供了诉讼法依据。

❷ 梁凤云. 行政诉讼讲义（下）[M]. 北京：人民法院出版社，2022：955.

一、如何理解确认判决

确认判决，是指法院对行政行为的合法性和法律效力的有无作出确认的判决。就确认判决的定位而言，确认判决是确认行政行为效力的诉讼，而不是确认法律关系的诉讼。因此有学者指出，"确认判决是行为诉讼中的判决，而非法律关系的一般确认诉讼的判决"，只有"确认无效判决"和"被诉行政行为是事实行为的确认违法判决"这两种判决具有独立性，而"被诉行政行为是非事实行为的确认违法判决"和"确认不作为违法判决"等判决则均为撤销诉讼和课予义务诉讼的衍生品。❶ 那为什么要适用确认判决而不适用撤销判决或课予义务的履行判决呢？主要理由在于：第一，在被诉行政行为已经付诸执行的情况下，已经不具有可撤销内容了，此时当事人再请求撤销被诉行政行为就失去了意义，简单的做法就是确认该行政行为违法，然后依照国家赔偿法的规定决定是否给予行政赔偿；第二，在限期要求行政机关履行法定职责的情形下，由于行政机关的不履行或拖延履行法定职责导致判决履行已经无法挽回当事人所遭受的损失时，仍适用履行判决反而使争议复杂化，因此可以考虑适用确认判决。❷

确认判决主要包括确认违法判决和确认无效判决两种类型。❸ 在适用上，撤销判决极易与确认判决特别是确认违法判决发生混淆。从性质上讲，确认违法与撤销判决不同，前者属于确认判决，而后者则属于形成判决。确认判决和撤销判决具有密切的联系，例如撤销判决和确认判决（仅包括确认违法判决与确认无效判决）都是对行政行为的否定性评价；二者不同之处则在于行政行为法律效力的存废上，以确认违法判决为例，确认违法判决不对违法的行政行为在法律上彻底消灭，而撤销判决则是通过判决将认定为违法的行政行为在法律上彻底消灭。❹

对于确认判决中是否应当设定"确认合法或有效判决"的问题，在2000年施行的《最高人民法院关于执行〈中华人民共和国行政诉讼法〉

---

❶ 王贵松. 论我国行政诉讼确认判决的定位［J］. 政治与法律, 2018（9）: 14.
❷ 王克稳. 行政诉讼应增加确认判决［J］. 政治与法律, 1999（6）: 24.
❸ 周佑勇. 行政法原论［M］. 3 版. 北京: 北京大学出版社, 2018: 395.
❹ 确认违法判决的适用条件［M］//最高人民法院行政审判庭. 最高人民法院行政审判庭法官会议纪要（第1辑）. 北京: 人民法院出版社, 2022: 163.

若干问题的解释》(以下简称2000年《执行解释》)中予以规定。该解释第57条第1款规定:"人民法院认为被诉具体行政行为合法,但不适宜判决维持或者驳回诉讼请求的,可以作出确认其合法或者有效的判决。"但该解释被2018年《行诉解释》废止,该条规定也相应废除。笔者认为,确认合法或有效判决其实并不具有现实存在之可能,因为对于被诉行政行为属于合法或有效的情形下,法院可直接驳回当事人的诉讼请求,不需要另行作出确认合法或有效判决。在功能上,确认合法或有效判决是对当事人诉请的否定,因而它可以被驳回诉讼请求判决所替代,有利于简化当前的行政判决体系。❶

此外,对于确认判决的补救措施和赔偿责任,2015年《行政诉讼法》第76条规定:"人民法院判决确认违法或者无效的,可以同时判决责令被告采取补救措施;给原告造成损失的,依法判决被告承担赔偿责任。"责令采取救济措施和判决赔偿是确认判决的保障措施,是确保原告实体权益得以实现的基础,仅作出确认判决而不附加上述两种救济方式则确认判决也将失去意义,使原告陷入"赢了官司,输了钱"的尴尬境地,最终沦为"精神抚慰性"判决类型。❷

二、如何理解确认违法判决的种类

确认违法判决,是指法院在对行政行为合法性审查之后,认为行政行为违法,确认该行政行为违法的一种判决形式。《行政诉讼法》第74条规定:"行政行为有下列情形之一的,人民法院判决确认违法,但不撤销行政行为:(一)行政行为依法应当撤销,但撤销会给国家利益、社会公共利益造成重大损害的;(二)行政行为程序轻微违法,但对原告权利不产生实际影响的。行政行为有下列情形之一,不需要撤销或者判决履行的,人民法院判决确认违法:(一)行政行为违法,但不具有可撤销内容的;(二)被告改变原违法行政行为,原告仍要求确认原行政行为违法的;(三)被告不履行或者拖延履行法定职责,判决履行没有意义的。"按照上述规定来看,对确认违法判决的种类划分存在多种观点。第一种观点认

---

❶ 张旭勇. 行政判决原论[M]. 北京:法律出版社,2017:269.
❷ 赵宏. 行政法案例研习·第二辑[M]. 北京:中国政法大学出版社,2020:94-96.

为，一般将第1款的2项情形和第2款的3项情形总计5项情形合并起来，得到确认违法判决可以分为5种类型。第二种观点认为，确认违法判决按照《行政诉讼法》第74条第1款和第2款内容，可以分为2种类型：确认违法不撤销保留效力判决（第1款）、确认违法否定被诉行政行为法律效力判决（第2款）。❶ 第三种观点则认为，《行政诉讼法》第74条第2款第1项和第3项可以视为同属于"诉讼类型选择错误的替代型"确认违法判决，据此可将确认违法判决归纳为4种类型：第一种，利益衡量型确认违法判决，也称为情况判决（第74条第1款第1项）；第二种，程序轻微违法型确认违法判决（第74条第1款第2项）；第三种，诉讼类型选择错误的替代型确认违法判决（第74条第2款第1项、第3项）；第四种，继续确认型确认违法判决（第74条第2款第2项），其中第一种和第二种也叫衡平判决。❷ 但笔者认为，还是应当采纳第二种观点来划分确认违法判决的种类，这符合法律规定，较为直接简单、易于理解和操作，但在表述上应当优化一下，即《行政诉讼法》第74条第1款为"保留效力型确认违法判决"或"肯定效力型确认违法型判决"，《行政诉讼法》第74条第2款为"否定效力型确认违法判决"。

（一）保留效力型确认违法判决

该类型确认违法判决一般是指通过确认被诉行政行为具有违法性，但又不撤销被诉行政行为的方式，主观上或实质上保留了违法的行政行为的法律效力，使得该违法行政行为得以存续下去。一般而言，合法的行政行为当然地具有法律效力，违法的行政行为当然地不具有法律效力，但实际上行政行为的合法性和效力性是具有可分性的。❸ 一些违法的行政行为并非就完全地不具有法律效力，例如，此处保留效力型确认违法判决中的被诉行政行为。这是由于存在特定因素阻断了被诉行政行为会被人民法院撤销的可能而采取的"无奈之举"。这里的"特定因素"主要是指2015年《行政诉讼法》第74条第1款第1~2项内容：一是行政行为依法应当撤

---

❶ 郭修江. 行政诉讼判决方式的类型化——行政诉讼判决方式内在关系及适用条件分析[J]. 法律适用, 2018（11）：14-15.

❷ 梁凤云. 行政诉讼讲义（下）[M]. 北京：人民法院出版社, 2022：1004-1009.

❸ 叶平. 不可撤销具体行政行为研究——确认违法判决适用情形之局限及补正[J]. 行政法学研究, 2005（3）：52.

销但撤销会给国家利益、社会公共利益造成重大损害;二是行政行为程序轻微违法但对原告权利不产生实际影响。前者另称为"利益衡量型确认违法判决"或"情况判决",后者则简称为"程序轻微违法型确认违法判决"。2015年《行政诉讼法》第74条第1款第1项的内容基本上是承继了2000年《执行解释》第58条❶的规定,但2015年《行政诉讼法》第74条第1款第2项的内容则相较于2000年《执行解释》第58条来说是属于新增的规定。

1. 利益衡量型确认违法判决(情况判决)

利益衡量型确认违法判决(情况判决),即指"行政行为依法应当撤销,但撤销会给国家利益、社会公共利益造成重大损害的",不适用撤销判决,而适用确认违法判决。当然有人也提出,"确认违法判决"违背了"禁止诉外裁判"原则,应当用"驳回原告诉讼请求判决"取代"确认违法判决",这是因为情况判决原本属于撤销判决的例外情况,由于特定情形的阻断,而不能对原行为撤销,所以适用驳回判决在逻辑上能够自洽。❷这种观点虽然能够自圆其说,却忽视了行政诉讼法解决行政争议、监督行政权的立法目的,这是因为确认违法判决尚且不能够彻底解决此利益衡量下的行政争议问题,更别说单凭驳回判决就想有效解决行政争议,实践中,由于机械地适用驳回判决而极有可能升级行政机关和相对人之间更大的矛盾冲突,造成更加不利的社会效应。

情况判决的适用条件包括两个方面:一是行政行为因违法而依法应当撤销;二是撤销会给国家利益、社会公共利益造成重大损害。对于第一个适用条件而言,这是情况判决适用的前提条件,即情况判决必须先符合撤销判决的条件,即行政行为违法。这里的违法是指"一般违法",即《行政诉讼法》第70条规定的行政行为存在主要证据不足、适用法律法规错误、违反法定程序、超越职权、滥用职权和明显不当的一般违法情形。当行政机关作出的行政行为出现上述违法事由时,为维护相对人的合法权益,法院对此的首选判决形式应当是撤销判决,但是由于在相对人的利益

---

❶ 2000年《执行解释》第58条规定:"被诉具体行政行为违法,但撤销该具体行政行为将会给国家利益或者公共利益造成重大损失的,人民法院应当作出确认被诉具体行政行为违法的判决,并责令被诉行政机关采取相应的补救措施;造成损害的,依法判决承担赔偿责任。"

❷ 金成波. 行政诉讼之情况判决检视[J]. 国家检察官学院学报,2015(6):96.

与国家或社会公共利益发生冲突特定情形下,一味地迎合相对人合法权益保护的立场就会导致国家或社会公共利益发生重大损失,此时就不能简单地适用撤销判决来撤销行政机关的违法行政行为。这也就是情况判决适用的第二个条件,即"撤销被诉行政行为将给国家利益、社会公共利益造成重大损害"。

但"重大损害"属于一个不确定法律概念,有人甚至认为"损害"一词的范畴比"损失"大,❶ 如果要在司法实践中具体适用就必须予以解释、说明。此时问题就在于如何判断造成"将给国家利益、社会公共利益造成重大损害"。有观点认为,应当对情况判决作从严解释,这是因为情况判决是确认判决的一种例外情形,有时不利于相对人实现自己的诉讼请求。❷有观点也指出,如果对此进行宽松解释,就很容易造成"将给国家利益、社会公共利益造成重大损害"认定标准的过度泛化,出现"倒果为因"的事例,即行政机关为了达成维持违法行政行为效力的目的,在城市拆迁过程中刻意加快执行步伐,营造国家利益或公共利益造成重大损害的既定事实,最终逼迫法院作出"基于公益考量"的确认违法判决,这种"公益"泛滥和"重大"缩水场合下的确认违法判决(情况判决)便成为行政机关抢拆行为的"定心丸",在一定程度上激化了行政机关与公民之间的拆迁矛盾。❸ 可见,仅凭确认违法判决并不能彻底解决行政争议。正因如此,为了防止在情况判决中出现个人利益保护缺失的问题,在确认违法判决之后应当在判决中明确《行政诉讼法》第 76 条规定的补救措施,以弥补相对人的利益损失。诚如有学者所言,利益衡量作为一种法律解释方法必须在确认违法判决保护下的利益与补救措施下的利益之间找到一种各方主体都能接受的方案,同时在利益衡量过程中不能以国家利益和公共利益来否定个人利益,必须将三者利益都纳入利益考量因素的范畴,予以最大限度内的兼顾和平衡。❹ 因此,必须严格限定对"将给国家利益、社会公共利益造成重大损害"的认定。

---

❶ 马艳. 情况判决的适用标准[J]. 行政法学研究, 2020(2): 155.
❷ 章剑生. 现代行政法总论[M]. 2 版. 北京: 法律出版社, 2019: 503.
❸ 郑春燕. 论"基于公益考量"的确认违法判决——以行政拆迁为例[J]. 法商研究, 2010(4): 63.
❹ 章剑生. 论利益衡量方法在行政诉讼确认违法判决中的适用[J]. 法学, 2004(6): 57.

作为两难选择之下平衡公私利益的工具，情况判决制度在日本创立之后，中国和韩国也先后予以借鉴。相较而言，对于不适用情况判决的国家和地区则通过"事中、事后"型司法工具来处理公私利益发生冲突时两难选择的困境，如德国的中间判决制度、行政诉讼和解制度等。❶

2. 程序轻微违法型确认违法判决

程序轻微违法型确认违法判决，即指"行政行为程序轻微违法，但对原告权利不产生实际影响的"，不适用撤销判决，而适用确认违法判决。一般而言，学界对行政行为违法通常划分为三种程度：一是行政行为严重违法（"重大且明显违法"），二是行政行为一般违法，三是行政行为存在瑕疵（轻微违法）。❷ 对于第一种行政行为严重违法的情形，应当适用确认无效判决，2018年《行诉解释》第99条还具体解释了"重大且明显违法"的具体情形。对于第二种行政行为一般违法的情形，可直接适用撤销判决，而无须另行适用确认违法判决。对于第三种行政行为轻微违法情形，如果直接适用撤销判决则没有太大必要，因此可以选择适用确认违法判决，这也是相较于2000年《执行解释》第58条而言，2015年《行政诉讼法》第74条首次予以规定，即程序轻微违法型确认违法判决。

该类判决的适用条件包括两个方面：一是行政行为程序轻微违法；二是对原告权利不产生实际影响。对于"程序轻微违法"而言，应当肯定其不属于《行政诉讼法》第70条规定的"违反法定程序"的情形，因为在此种情形下的行政行为应当予以撤销，可以直接适用撤销判决，无须另行适用确认违法判决。❸ 那如何认定"程序轻微违法"呢？对此，2018年《行诉解释》第96条作了进一步规定："有下列情形之一，且对原告依法

---

❶ 张宁. 行政诉讼中情况判决的适用条件 [J]. 南大法学, 2021（6）：58.

❷ 宋冬梅，郝帅，杨如冰. 论否定型行政确认判决的局限及突破 [J]. 山东审判, 2017（1）：15.

❸ 对此，有人提出质疑，理由是：2015年《行政诉讼法》中新增的第74条第2款第2项内容本身就存在不妥之处，"程序轻微违法"和"违反法定程序"的关系本身就存在解释不明的问题。该观点还指出，如果程序轻微违法尚不足以构成"违反法定程序"，那么确认违法判决就无法适用，人民法院应当作出驳回诉讼请求判决。即使从理论的可能性上讲，人民法院至多也只能作出补正判决。如果程序轻微违法也属于"违反法定程序"的一种情形，那么这意味着立法者对行政行为的程序要件提出了更高的要求，但是仅仅因为"对原告权利不产生实际影响"就不撤销程序违法的行政行为，似乎又是在大大降低司法审查对行政行为的程序要求。这个矛盾如何解释或化解，尚且不知。张旭勇. 行政判决原论 [M]. 北京：法律出版社，2017：200.

享有的听证、陈述、申辩等重要程序性权利不产生实质损害的，属于行政诉讼法第七十四条第一款第二项规定的'程序轻微违法'：（一）处理期限轻微违法；（二）通知、送达等程序轻微违法；（三）其他程序轻微违法的情形。"有人通过指出"程序轻微违法"和"对原告权利不产生实际影响"之间是否要求具有因果关系存在解释难题，来质疑 2015 年《行政诉讼法》中新增的第 74 条第 2 款第 2 项内容的合理性，并认为应当适用驳回诉讼请求判决或是补正判决，而不应当是确认违法判决。❶ 在客观上，程序轻微违法属于一个不确定的法律概念，理论上并不存在一个具有可操作性的法律概念，更多的则是需要法官在个案中把握，因此抽象定义程序轻微违法难度大且不具有实际意义，是否"轻微"的判断往往需要结合个案情况，而 2018 年《行诉解释》的列举式规定无疑是具有一定可行性和可操作性的，适合法官在个案中进行利益衡量。❷ 就目前现状而言，"程序轻微违法"主要指一方面属于对处理期限、通知和送达等非重要程序性权利存在的轻微违法情形，同时另一方面还必须要满足对当事人的听证、陈述和申辩等重要程序性权利不产生实质损害的条件，这两个方面的要求必须同时满足，否则不能认定为"程序轻微违法"。可见，应当肯定"程序轻微违法"和"对原告权利不产生实际影响"之间具有因果关系。

因此，在本案中之所以不适合选择以"程序轻微违法"为由作出确认违法判决，而是以在利益衡量下"应当撤销，但撤销会给国家利益、社会公共利益造成重大损害"为由作出确认违法判决，原因就在于考虑到甲市政府的处置行为存在处置变现价格和委托拍卖等程序违法情形，损害了乙公司的合法利益，对当事人的权利产生了实质损害，已经明显不属于 2018 年《行诉解释》第 96 条规定的"程序轻微违法"的情形。❸

（二）否定效力型确认违法判决

该类型确认违法判决一般是指客观上或形式上人民法院不需要作出撤销或者判决履行判决，而是通过确认被诉行政行为具有违法性，来否定违

---

❶ 张旭勇. 行政判决原论 [M]. 北京：法律出版社，2017：200.
❷ 赵宏. 行政法案例研习·第二辑 [M]. 北京：中国政法大学出版社，2020：183.
❸ 确认违法判决的适用条件 [M]//最高人民法院行政审判庭. 最高人民法院行政审判庭法官会议纪要（第 1 辑）. 北京：人民法院出版社，2022：163.

法行政行为的法律效力，以达到消除违法行政行为给原告带来不利影响的目的。

这里需要"否定违法行政行为的法律效力"的情形主要是指2015年《行政诉讼法》第74条第2款第1~3项的内容，即"行政行为违法但不具有可撤销内容""被告改变原违法行政行为但原告仍要求确认原行政行为违法"以及"被告不履行或者拖延履行法定职责但判决履行没有意义"，其中前两种情形针对的是行政机关作为的确认违法判决，属于"不需要撤销"的情形，而最后一种则是针对行政机关不作为的确认违法判决，属于"不需要判决履行"的情形。2015年《行政诉讼法》第74条第2款的内容基本上是承继了2000年《执行解释》第57条第2款❶的规定，不过区别之处就在于2015年《行政诉讼法》第74条第2款第2项的内容相较于2000年《执行解释》第58条第2款第3项来说发生了变动，即由原先的"被诉具体行政行为依法不成立或者无效"改为现在"被告不履行或者拖延履行法定职责，判决履行没有意义"的情形。这种变动实际上是增加了对于被告不作为的一种确认违法判决情形。另外，第2款中规定的"不需要撤销"与第1款中规定的"不撤销行政行为"也有所不同。前者是客观上或形式上的"不撤销"，即不存在需要撤销的对象，具体包括第2款中第1项的行政事实行为执行完毕而导致不具有可撤销内容、第2项的因被告改变了原行政行为导致不存在可撤销的对象，故而不需撤销，只需通过确认违法以否定违法行政行为的效力；而后者则是主观上或实质上的"不撤销"，即虽然存在可撤销的对象，但该考虑到在利益衡量原则下如果撤销将会造成公益的重大损害的，以及在比例原则下撤销程序轻微违法但对原告不产生实际影响的行政行为没有必要，故而不予撤销，只能通过确认违法以保留违法行政行为的法律效力。

1. 行政行为违法，但不具有可撤销内容

"不具有可撤销内容"是指，行政行为虽然具有违法性，但是已经执

---

❶ 2000年《执行解释》第57条规定："人民法院认为被诉具体行政行为合法，但不适宜判决维持或者驳回诉讼请求的，可以作出确认其合法或者有效的判决。有下列情形之一的，人民法院应当作出确认被诉具体行政行为违法或者无效的判决：（一）被告不履行法定职责，但判决责令其履行法定职责已无实际意义的；（二）被诉具体行政行为违法，但不具有可撤销内容的；（三）被诉具体行政行为依法不成立或者无效的。"

行完毕，无法撤销的情形。该种确认违法判决是相对于撤销判决而言的，根据《行政诉讼法》第70条之规定，"行政行为有下列情形之一的，人民法院判决撤销或者部分撤销，并可以判决被告重新作出行政行为：（一）主要证据不足的；（二）适用法律、法规错误的；（三）违反法定程序的；（四）超越职权的；（五）滥用职权的；（六）明显不当的"。

"不具有可撤销内容的违法行政行为"适用确认违法判决而不是适用撤销判决的正当性法理基础，有观点认为应当从行政行为合法性和效力性两个方面探寻。❶一方面，行政行为的合法性与有效性之间具有可分性，这表现在行政行为的合法与有效两者性质各异，是从不同角度对已经成立的行政行为所作的评价，即合法的行政行为都是有效的，但有效的行政行为并不一定都合法，反之，违法的行政行为也不一定无效，仍可能产生法律效果，具有法律效力；另一方面，撤销判决的功能在于使被诉行政行为产生的法律效力终止，这是与前述部分行政行为虽然违法但仍具有效力的状态产生冲突，故而将此类行政行为界定为"不具有可撤销内容的违法行政行为"，也正因如此，不得不适用确认违法判决来予以否定性评价。❷

"不具有可撤销内容的违法行政行为"是否仅仅适用事实行为也存在争议。持肯定论者认为，主要是适用于事实行为，我国行政法中的行政行为不仅包括法律行为，还包括事实行为，当事实行为违法时往往不具有可撤销的内容，只能确认违法，例如行政机关公开了涉及行政相对人个人隐私或商业秘密的政府信息、行政机关对公民非法拘留已经执行完毕等。❸持否定论者则认为，行政事实行为不宜作为确认违法行政判决的对象，主要理由在于：行政事实行为不具有法律效果这一特征只能推导出可以使用确认判决救济行政事实行为，而无法推导出应当或必须以确认判决救济行政事实行为的结论，实际上对行政事实行为完全可以靠两种方法予以控制和救济，没有必要另行适用确认违法判决来救济，即可以将"程序性或阶段性的违法行政事实行为"作为"攻击最终具体行政行为违法的一个理

---

❶ 叶平. 不可撤销具体行政行为研究——确认违法判决适用情形之局限及补正 [J]. 行政法学研究, 2005 (3): 52.

❷ 叶平. 不可撤销具体行政行为研究——确认违法判决适用情形之局限及补正 [J]. 行政法学研究, 2005 (3): 52.

❸ 胡建淼. 行政诉讼法学 [M]. 北京：法律出版社, 2019: 469.

由"附带的获得间接救济，也可以将"违法行政事实行为造成的实际损害后果"通过提起行政赔偿诉讼一并获得救济。❶ 笔者认为，应当承认确认违法判决在确认事实行为上的积极作用。违法的事实行为确实可以通过其他途径得到救济，但作为司法救济中的替代性判决，行政相对人将行政机关的违法事实行为诉至法院时一般是提起撤销该违法事实行为，但由于实际该事实行为已经执行完毕，无法进行撤销，因此选择适用确认违法判决，一方面是考虑到抚慰当事人对行政机关不公平待遇的内心感受；另一方面是通过对撤销判决的替代适用，监督行政机关合法行政，不能纵容行政机关事实行为的违法性效果的存续。

2. 被告改变原违法行政行为，原告仍要求确认原行政行为违法

"原告仍要求确认原行政行为违法"是指原告对先前提起的诉讼采取不撤诉的方式，坚决要求法院对被告作出的原违法行政行为予以确认违法的情形。与《行政诉讼法》第74条第2款第1项中的确认违法判决一样，该种确认违法判决也是相对于撤销判决而言的。

该种确认违法判决源于"继续确认判决"理论，但有观点将第2款第2项视为继续确认违法判决❷，这显然有待质疑。我国并不存在继续确认违法判决的规定，只有德国等大陆法系国家才有相关规定，继续确认判决在德国法上也被称为"续行确认诉讼判决"或"追加确认诉讼判决"，《德国行政诉讼法》第113条第1款第4句将继续确认诉讼作为一种单独的诉讼类型。❸

对于《行政诉讼法》第74条第2款第1项和第2项这两种"对作为的行政行为确认违法判决"的关系而言，实际上存在重复交叉的嫌疑或发生竞合关系，"不可撤销内容"实质上就包括了因为行政机关改变原违法行政行为，而使得不具有可撤销的内容。那能不能从第2项是第1项的补充强调功能角度，认为第1项包含第2项呢？笔者对此表示不认可。《行政诉讼法》之所以如此规定，应当理解为，第1项专指违法的行政行为"已经执行完毕"，第2项专指违法的行政行为"已经变更"，这样第1项

---

❶ 张旭勇. 行政判决原论 [M]. 北京：法律出版社，2017：92-98.
❷ 梁凤云. 行政诉讼讲义（下）[M]. 北京：人民法院出版社，2022：1004.
❸ 明天. 行政公益诉讼中继续确认违法判决的困境及完善路径——基于贵州省100份裁判文书的考察 [J]. 山东行政学院学报，2019（3）：67.

和第 2 项就在逻辑上并列了。

3. 被告不履行或者拖延履行法定职责，判决履行没有意义

"判决履行没有意义"是指因客观情况发生变化，继续履行没有必要或没有可能的情形。❶ 该种确认违法判决是相对于履行判决而言的，《行政诉讼法》第 72 条规定："人民法院经过审理，查明被告不履行法定职责的，判决被告在一定期限内履行。"2018 年《行诉解释》第 91 条还对此作了进一步解释："原告请求被告履行法定职责的理由成立，被告违法拒绝履行或者无正当理由逾期不予答复的，人民法院可以根据行政诉讼法第七十二条的规定，判决被告在一定期限内依法履行原告请求的法定职责；尚需被告调查或者裁量的，应当判决被告针对原告的请求重新作出处理。"可见，适用履行判决的要件之一就是，在人民法院作出判决时判决行政机关履行作为义务依然具有实际可能性和必要性，如果在行政机关原不作为履职行为违法且无判决履行必要的情况下，法官可仅作出确认违法判决。❷

有观点认为，《行政诉讼法》第 74 条第 2 款第 1 项和第 3 项属于"诉讼选择错误"类型的判决。❸ 这样界定实际上是存在疑问的，因为诉讼选择错误不是该类判决的核心特征。可能当初《行政诉讼法》第 74 条第 2 款第 1 项和第 3 项的设定就是因为许多当事人存在诉讼选择错误的大背景下作出的规定，但不可否认，在满足第 1 项和第 3 项情形下原告也可以直接对违法的行政行为提起确认违法诉讼，并不是同上述观点所描述的那样，只能是因为原告错误地提起了撤销违法行政行为的诉讼请求或履行一定行政行为的诉讼请求。

---

❶ 郭修江. 行政诉讼判决方式的类型化——行政诉讼判决方式内在关系及适用条件分析 [J]. 法律适用，2018（11）：15.

❷ 候曼曼，周骁然. 论环境行政公益诉讼确认违法判决的适用规则——基于《行政诉讼法》第 74 条的体系解释 [J]. 东北农业大学学报（社会科学版），2020（1）：58.

❸ 梁凤云. 行政诉讼讲义（下）[M]. 北京：人民法院出版社，2022：1008.

九、国家赔偿

八　国家と個人

案例 15

周某某诉湖州经济技术开发区管理委员会拆迁行政赔偿案*

基本案情

周某某在某自然村集体土地上拥有房屋两处。该村于 2010 年起开始实施农房拆迁改造,因未能与周某某达成安置补偿协议,2012 年 3 月,拆迁办组织人员将涉案建筑强制拆除。周某某不服诉至法院,请求判令某经济技术开发区管理委员会对其安置赔偿人民币 800 余万元。

一审、二审法院认为,涉案房屋已被拆除且无法再行评估,当事人双方对建筑面积、附属物等亦无异议,从有利于周某某的利益出发,可参照有关规定并按照被拆除农房的重置价格计算涉案房屋的赔偿金,遂判决某经济技术开发区管理委员会赔偿周某某约 49 万元,驳回其他诉讼请求。周某某不服,向最高人民法院申请再审。

最高人民法院经审理认为,为了最大限度地发挥《国家赔偿法》维护和救济受害行政相对人合法权益的功能与作用,对该法第 36 条中关于赔偿损失范围之"直接损失"的理解,不仅包括既得财产利益的损失,还应当包括虽非既得但又必然可得的财产利益损失(如应享有的农房拆迁安置补偿权益等)。本案中,如果没有某经济技术开发区管理委员会违法强拆行为的介入,周某某是可以通过拆迁安置补偿程序依法获得相应补偿的,故这部分利益属于必然可得利益,应当纳入《国家赔偿法》规定的"直接损失"范围。

---

* 最高人民法院(2018)最高法行再 163 号行政赔偿判决书。

> **本案涉及的理论问题**

在本案中主要涉及的是国家赔偿中行政赔偿的问题。

一、如何理解行政赔偿与行政补偿

（一）行政赔偿

行政赔偿是指行政主体及其工作人员违法行使侵犯相对人合法权益造成损害时依法进行赔偿的制度。行政赔偿是国家赔偿的一种类型。有学者指出，从最广义上讲，国家赔偿是指以国家为赔偿主体的侵权损害赔偿，即凡是以国库收入或国家财产进行的赔偿均可称为"国家赔偿"。而国家赔偿法❶上的国家赔偿有广义和狭义之分："广义的国家赔偿"是指所有国家公权力的运用所引起的损害赔偿，无论是合法运用还是违法运用，可见广义的国家赔偿包括"国家补偿"；"狭义的国家赔偿"仅指国家公权力的违法运用所引起的损害赔偿，具体包括立法赔偿、行政赔偿和司法赔偿。❷我国国家赔偿法只规定有行政赔偿和司法赔偿，没有规定立法赔偿。关于国家赔偿的本质，有观点指出应当从两个层面来理解，第一层面为"公法责任与私法责任"之争，第二层面为"代为责任与自己责任"之争。❸就第一层面而言，私法责任是指将国家赔偿纳入私法中，与普通民事侵权一样由侵权法调整，通过民事诉讼程序来要求国家承担私法责任，其中以英美法系国家为典型代表，不过普通法系中也有部分国家将国家赔偿视为私法责任，如比利时和荷兰等国家。公法责任是指国家赔偿系有关公权力致人损害而公权力主体应负担公法上的损害赔偿责任，持此观点的以法国、德国、日本以及我国台湾地区的一些学者为代表。当然，从我国立法和实务来看，我国的国家赔偿责任应属公法责任。❹"国家赔偿责任本质上是国家责任，既不是国家机关的责任，也不是国家机关工作人员的责任。"因

---

❶ 此处的国家赔偿法，不仅包括我国《国家赔偿法》，还包括世界各国的国家赔偿法。
❷ 周佑勇. 行政法原论 [M]. 3 版. 北京：北京大学出版社，2018：398-399.
❸ 《行政法与行政诉讼法学》编写组. 行政法与行政诉讼法学 [M]. 2 版. 北京：高等教育出版社，2018：299.
❹ 江必新，梁凤云. 国家赔偿法教程 [M]. 北京：中国法制出版社，2011：3-4.

此，就第二层面而言，"代位责任说"认为国家承担的责任并不是自己的责任，而是代替公务人员承担的责任，这种方式的考虑在于，为了充分保障受害人的权利和免除公务人员执行职务时的顾虑；"自己责任说"认为国家机关和公务人员的履职过程实质上体现的是国家的意志，公务人员履职的行为效果归属于国家，可视为国家行为，故而国家承担的责任应当属于国家自己责任。❶ 以上述"代位责任说"和"自己责任说"为基础，国家赔偿责任的性质还演变出"合并责任说""中间责任说""折中说"等观点，但无论怎么说都绕不开"代位责任说"和"自己责任说"这两类学说。根据我国现行《国家赔偿法》第 2 条的规定来看，我国实际采纳的是"自己责任说"。❷

行政赔偿的基本特征表现为：第一，行政赔偿的前提是行政主体及其工作人员违法行使职权，这表明主体必须是"行政主体及其工作人员"而不是其他主体或个人，行为必须是"行使职权"的"违法"行为；第二，行政赔偿的对象是相对人因行政主体及其工作人员的违法行为遭受的损害，无损害则无赔偿；第三，行政赔偿的赔偿义务机关是法定的，规定在《国家赔偿法》第 7 条之中，虽然行政机关是法定的行政赔偿义务机关，但行政赔偿的责任主体是国家，这正是因为我国实行的是"国家责任、机关赔偿"制度。❸

（二）行政补偿

行政补偿与行政赔偿极易混淆。行政补偿是指行政主体及其工作人员在合法地行使行政权力或履行行政职能的过程中，对公民、法人或其他组织的合法权益造成损失，由国家给予相应补偿的行为及制度。关于行政补偿的理论基础，即国家对合法的行政行为造成的损失给予补偿的理由或理论依据，这个问题在学界存在很大争论，主要有以下四种学说❹：一是"公共负担平等说"。该学说由法国学者首先提出，主要内容在于"政府的

---

❶ 《行政法与行政诉讼法学》编写组. 行政法与行政诉讼法学 [M]. 2 版. 北京：高等教育出版社，2018：299－300.
❷ 房绍坤，毕可志. 国家赔偿法学 [M]. 2 版. 北京：北京大学出版社，2011：83.
❸ 胡建淼，江利红. 行政法学 [M]. 2 版. 北京：中国人民大学出版社，2014：333－334.
❹ 姜明安. 行政法与行政诉讼法 [M]. 7 版. 北京：北京大学出版社，高等教育出版社，2019：626－627.

活动是为了公共利益而实施,因而其成本或费用应由社会全体成员平等分担",合法的行政行为造成受害人的损失实质上是受害人在一般纳税负担以外的额外负担,这不应当由受害人个人承担,而应当将该份额外负担平等地分配给社会全体成员,即国家以全体纳税人的金钱来补偿受害人的损失。二是"结果责任说",也称为"危险责任说"。相对于传统国家赔偿的过错责任主义关注于行政行为是否存在违法或有过错的因素,结果责任主义下的行政补偿更关注于行政行为导致的损害结果是作用于特定个体身上还是一般社会公众身上,即"无论行政行为合法或违法,以及行为人有无故意或过失,只要行政活动导致的损害为一般社会公众所未有,国家就必须为其承担补偿责任",可见在"结果责任说"中就不再考虑合法或违法以及有无故意或过失的因素了,因此也被称为"无过错责任"❶。三是"社会保险说"。该学说是将民间保险的原理加以引申而已,把国家视为全社会的保险人,社会成员向国家纳税就等于是给保险公司投保,"国家补偿社会成员的损失就等于社会集资填补个人的意外损害","社会成员不管因为什么原因而使其合法权益受损,均可以向国家寻求救济",这种将国家等同于保险公司的学说给人一种自由主义泛滥的感觉,因为国家作为维护公民、法人或其他组织的一种形式,应当具备一定的权威性,倘若纵容社会成员肆无忌惮地向保险公司(或者说"国家")索赔,那国家财力岂不是很难维持正常的运转,所以该学说还是值得商榷。四是"特别牺牲说"。这是德国的一种学说,源于1793年《普鲁士基本法》第75条,即"为了公共利益,在必要时,个人必须牺牲其权益,同时社会必须从其设立的公共资金中对个人予以补偿",后来德国学者奥托·梅耶正式提出特别牺牲理论,即"任何财产权的行使都要受到一定内在的、社会的限制,当财产的征用或限制超出这些内在限制时,即产生补偿问题",而这种所谓的内在限制,是指对所有公民而言都是平等地承受着公权力行使带来的负担,而对特定的个别公民而言则需要作出特别牺牲,故而国家必须就此予以补偿。❷ 实际上这种"特别牺牲说"与前述"公共负担平等说"可谓大同小异,正因为有了个别人为社会利益作出的特别牺牲,所以受益的社会公众

---

❶ 南博方. 日本行政法. [M]. 杨建顺,周作彩,等译. 北京:中国人民大学出版社,1988:107-109.

❷ 周汉华,何峻. 外国国家赔偿制度比较 [M]. 北京:警官教育出版社,1992:189.

应当公平地负担个别人的特别牺牲,也就是通过国库形式补偿特定的受害人,以恢复社会公众负担平等的状态。❶

行政补偿的基本特征表现为:第一,行政补偿是执行或行使国家行政职能、权力的合法行为引起的损失补偿,这表明行政补偿首先是行政行为而不是民事行为,其次是行政补偿适用于行政机关及其工作人员的合法行为而不适用违法行为,在这一点上行政补偿是与行政赔偿具有本质区别的;第二,行政补偿的对象是合法权益遭受特定损失的公民、法人或其他组织,这表明只能针对遭受的特定损失请求行政补偿,而不能针对遭受的所有损失请求赔偿;第三,行政补偿的方式灵活多样,既可以是金钱方式,也可以是非金钱方式,如提供在生产、生活、就业等方面给予妥善的安置。❷

(三) 二者的联系与区别

行政赔偿和行政补偿的联系主要在于,二者都是一种国家的公权力行为,而不是私主体之间的民事行为,行政赔偿或行政补偿的主体都必须存在行政机关及其工作人员,否则就不属于行政赔偿或行政补偿。二者的区别主要在于:第一,起因不同,行政赔偿是由行政机关及其工作人员的违法行为引起的,而行政补偿则是由行政机关及其工作人员的合法行为引起的。第二,范围不同,行政赔偿的赔偿范围大于行政补偿的补偿范围,除了《国家赔偿法》第5条中的"国家不承担赔偿责任"情形外,在行政赔偿中几乎所有损害皆可请求赔偿,但在行政补偿中只能针对特定损失请求行政补偿,而不能针对所有损失请求行政补偿。诚如有人所言,这种差异根本原因在于行政赔偿和行政补偿的适用原则存在不同,即"行政赔偿适用过错责任原则,是对行政主体违法行为的一种经济制裁措施,是一种行政责任,因而按实际的、直接损失计算赔偿额",而行政补偿则是适用无过错责任原则,这是行政主体的一种法定职责,应当在公平合理的基础上尽可能弥补受害人的损失。❸ 第三,方式不同,行政赔偿的方式较为简单,《国家赔偿法》第32条规定金钱赔偿是主要方式,当然也辅以"返还财

---

❶ 《行政法与行政诉讼法学》编写组. 行政法与行政诉讼法学 [M]. 2版. 北京:高等教育出版社,2018:312.

❷ 杨解君,等. 行政法与行政诉讼法 (上) [M]. 北京:清华大学出版社,2009:318-319.

❸ 夏军. 论行政补偿制度 [M]. 北京:中国地质大学出版社,2007:10.

产、恢复原状"等方式，但行政补偿的方式就较为灵活多样，除了金钱补偿方式还存在诸多非金钱的补偿方式。

本案中，最高人民法院认为农房拆迁安置补偿权益是受害人周某某"可以通过拆迁安置补偿程序依法获得相应补偿"，但由于"某经济技术开发区管理委员会违法强拆行为的介入"，导致受害人周某某无法获得该行政赔偿，因此只能在行政赔偿程序中获得农房拆迁安置补偿权益这一合法的行政补偿内容。根据《最高人民法院关于审理行政赔偿案件若干问题的规定》（法释〔2022〕10号）（以下简称2022年《行政赔偿规定》）第29条第3项之规定，"下列损失属于国家赔偿法第三十六条第八项规定的'直接损失'：……（3）通过行政补偿程序依法应当获得的奖励、补贴等……"该规定的内在逻辑在于：行政相对人原本可以基于行政机关以补偿协议等合法手段实施的征收征用等合法行政行为获得相应奖励或补贴等行政补偿，但是由于行政机关以违法强拆等非法手段来实现征收征用的合法目的，相对人的既有财物遭受非法破坏或灭失，并且相对人无法重新通过"行政机关以补偿协议等合法手段"实现行政补偿的内容，因此《行政赔偿规定》将此种情形纳入"直接损失"的范畴，通过行政赔偿程序来获得"原本可以但实际情况下却无法通过行政补偿程序实现的"财产利益。诚如"在集体土地征收中，因行政机关强拆导致房屋及其他财产损失，引发行政补偿与赔偿救济方式的竞合，法院可以在行政赔偿途径中一并解决补偿和赔偿问题"❶。因而可以说，该案中法院判决行政机关对行政相对人予以行政赔偿的做法，与《行政赔偿规定》第29条第3项的内在逻辑基本一致。

二、如何理解行政赔偿中"直接损失"的认定

（一）直接损失的概念与相关规定

直接损失，又称为积极损失、既得利益损失，是指因遭受不法侵害而导致现有财产直接减少或消灭；间接损失，又称为消极损失、可得利益损失或可预期利益损失，是指未来本可以获得但因侵权行为的实施而未获得的利益

---

❶ 张坤世，钟玺波. 集体土地征拆行政案件发改原因考察 [M] //中华人民共和国最高人民法院行政审判庭. 行政执法与行政审判（总第81集）. 北京：中国法制出版社，2021：234.

损失。❶ 但这种理论上的概念并不能给为司法实践带来实际可操作性的价值，因此对直接损失和间接损失的界定还有赖于法律法规的解释或规定。

关于直接损失的相关规定，1994年颁布实施的《国家赔偿法》第28条第7项规定，"对财产权造成其他损害的，按照直接损失给予赔偿"，这是首次在《国家赔偿法》中规定直接损失可以获得行政赔偿的规定。随之在2010年和2012年经过两次修改后，最终现行《国家赔偿法》于第36条第8项继续沿袭了这一规定。但对于"直接损失"具体该如何界定的问题，《国家赔偿法》并没有予以明确，而是在2000年最高人民法院制定的《最高人民法院关于民事、行政诉讼中司法赔偿若干问题的解释》（法释〔2000〕27号）第12条中列举了关于直接损失的具体情形："国家赔偿法第二十八条第（七）项规定的直接损失包括下列情形：（一）保全、执行过程中造成财物灭失、毁损、霉变、腐烂等损坏的；（二）违法使用保全、执行的财物造成损坏的；（三）保全的财产系国家批准的金融机构贷款的，当事人应支付的该贷款借贷状态下的贷款利息。执行上述款项的，贷款本金及当事人应支付的该贷款借贷状态下的贷款利息；（四）保全、执行造成停产停业的，停产停业期间的职工工资、税金、水电费等必要的经常性费用；（五）法律规定的其他直接损失。"可见，该解释对直接损失的界定主要围绕诉讼活动过程中的保全或执行领域涉及的财产损失，包括利息和必要的经常性费用等。而第5项中"法律规定的其他直接损失"这一规定明显是兜底条款，在具体操作上还是存在不明确的问题。2016年《最高人民法院关于审理民事、行政诉讼中司法赔偿案件适用法律若干问题的解释》（法释〔2016〕20号）发布，但遗憾的是，该司法解释并没有对"直接损失"作相关规定。直到2022年《行政赔偿规定》才进一步确定了"直接损失"的合理范围。虽然《国家赔偿法》规定行政赔偿仅赔偿侵犯财产权所造成的直接损失，但是2022年《行政赔偿规定》却根据行政赔偿案件的自身特点，参照司法赔偿案件司法解释相关规定，借鉴民事侵权赔偿的相关规定，适度扩大了直接损失的范围，最大限度实现对当事人合

---

❶ 丁邦开，钱芳. 将间接损失纳入《国家赔偿法》的立法探讨［J］. 上海财经大学学报，2004（1）：68.

法权益的保护。❶ 2022年《行政赔偿规定》第29条规定："下列损失属于国家赔偿法第三十六条第八项规定的'直接损失'：（一）存款利息、贷款利息、现金利息；（二）机动车停运期间的营运损失；（三）通过行政补偿程序依法应当获得的奖励、补贴等；（四）对财产造成的其他实际损失。"可见，这实际上是对直接损失的认定作了一定程度上的扩大解释。

一般而言，我国的行政赔偿是只赔偿直接损失而不赔偿可得利益损失（间接损失）。❷ 有观点认为，在我国现行《国家赔偿法》第36条第7项关于赔偿利息的规定中，"利息"作为现有财产的可得利益，不属于直接损失的范畴，从而认为这"实现了直接损失赔偿原则的有限突破"。❸ 虽然该观点具有一定合理性，但目前按照我国《国家赔偿法》相关规定，依然只对直接损失予以赔偿而对间接损失不予赔偿，将"利息"拟制为直接损失，尚未突破"间接损失不予赔偿"的原则，只能说是对直接损失作了相应的扩张解释。

对于排除间接损失之赔偿责任的缘由，这还得追溯到行政赔偿的赔偿标准问题上。世界各国选择赔偿标准大致有以下三种：一是惩罚性标准，指侵权主体除向受害人补足其实际损失的费用外，还应支付自己侵犯他人合法权益的行为应负责的惩罚性费用，即受害人可获得的赔偿数额大于其实际遭受的损害；二是补偿性原则，侵权主体支付的赔偿金仅仅是填平补齐受害人的实际损失，支付赔偿费用达到受害人在受到损害之前的状态，使受害人可获得的赔偿数额与其实际遭受的损害相等；三是抚慰性原则，这种原则下的行政赔偿不足以弥补受害人的实际损失，仅仅是象征安慰性质，给予一定的补偿，即受害人可获得的赔偿数额小于其实际所遭受的损害。❹ 我国《国家赔偿法》所采用的正是第三种原则。❺ 也正是因为采取了抚慰性原则，我国依法只对受害人的直接损失予以赔偿，对间接损失不

---

❶ 于厚森，等.《最高人民法院关于审理行政赔偿案件若干问题的规定》的理解与适用[J]. 法律适用，2022（4）：29.

❷ 房绍坤，毕可志. 国家赔偿法学[M]. 2版. 北京：北京大学出版社，2011：288.

❸ 陈希国. 国家赔偿法中直接损失的法律解释[J]. 人民司法，2016（13）：98.

❹ 马怀德. 国家赔偿法学[M]. 北京：中国政法大学出版社，2001：254.

❺ 也有观点认为我国现行《国家赔偿法》采取的是补偿性标准和抚慰性标准相结合的方式。《行政法与行政诉讼法学》编写组. 行政法与行政诉讼法学[M]. 2版. 北京：高等教育出版社，2018：310.

予赔偿。诚如学者所言，当时的主要考虑在于：一是我国的国力财力还不雄厚，如果采取全额赔偿或超标准赔偿的话，势必加重国家及公民的负担；二是可预期利益、间接损失都是受害人未实际取得的利益，不能排除意外情况的发生而导致受害人无法实际取得该利益。❶

（二）直接损失与间接损失的区分

关于直接损失和间接损失的区分，主要有以下几种不同观点。第一，"直接因果关系说"。该观点认为应当根据损害与侵权行为之间的直接和间接因果关系来划分，损害与侵权行为之间具有直接因果关系的为直接损失，损害与侵权行为之间具有间接因果关系的为间接损失。❷ 在司法实践中，最高人民检察院就是采用了该种观点，如最高人民检察院1999年发布的《关于人民检察院直接受理立案侦查案件立案标准的规定（试行）》（高检发研字〔1999〕10号）附则（三）规定："本规定中的'直接经济损失'，是指与行为有直接因果关系而造成的财产损毁、减少的实际价值。'间接经济损失'，是指由直接经济损失引起和牵连的其他损失，包括失去的在正常情况下可能获得的利益和为恢复正常的管理活动或者挽回所造成的损失所支付的各种开支、费用等。"第二，"损害标的说"。该观点认为应当以受损标的区分直接损失和间接损失，其中侵权或者违约所直接作用的标的之损失为直接损失；其他损失为间接损失。❸ 在司法实践中，最高人民法院就是采用了该种观点，如前述2000年发布的《最高人民法院关于民事、行政诉讼中司法赔偿若干问题的解释》（法释〔2000〕27号）第12条中列举了关于直接损失的具体情形。有观点也称之为"实际发生的损害"判断标准，即"该规定主要着眼于财物本身实际发生的损害，但也包含某些特定的必然发生的间接损失，如贷款利息损失"❹。第三，"损害形态区分说"。该观点将"直接损失界定为现有财产的损失，间接损失界定为未来可得利益的损失"。有人还提出"取得时点说"对该观点予以优化，即将财产分为财物和财产性利益，前者可再分为"现有财物"和"未来可

---

❶ 马怀德. 国家赔偿法学 [M]. 北京：中国政法大学出版社，2001：261.
❷ 刘海红. 论国家赔偿中的损害赔偿 [J]. 山东审判，2005（1）：39.
❸ 杨江涛. 对国家赔偿法中直接损失的理解 [J]. 人民司法，2015（21）：101.
❹ 王华伟. 国家赔偿财产损害直接与间接损失辨别及完善——暨确立"正常情况下必然损失标准"和引入"直接因果关系说"[J]. 山东行政学院学报，2012（5）：97.

得财物",后者可再分为"既得财产性利益"和"未来可得财产性利益",而"现有和未来的临界点在于侵权行为发生之时",故而侵权行为发生前的具有确定性存在的"现有财物"和"未来可得财物中的既得财产性利益"属于直接损失,侵权行为发生前的仅有存在可能性的"未来可得财物中未来可得财产性利益"则属于间接损失。❶ 此外还存在各类对以上观点的修正学说,如主张摒弃"直接损失和间接损失的区分"而适用"所受损害与所失利益的区分"❷,在此不再一一赘述。笔者认为,应当采纳第三种观点,理由在于"损害形态区分说"兼具"直接因果关系说"和"损害标的说"的优势。一方面"损害形态区分说"中的"现有"和"未来"的两种形态区分较之"间接因果关系"模糊不定的特征而言,更具可操作性,在司法实践中更容易把握;另一方面"损害形态区分说"也比"损害标的说"中"实际发生的损害"判断标准界定的赔偿范围更合理,"实际发生的损害"判断标准在一定程度上排除了"损害形态区分说"所界定的"未来可得财物"中的"既得财产性利益",因此可以说"损害形态区分说"具有一定公平性、合理性,应当予以采纳。

有观点提出,行政赔偿标准还可以采用损益相抵原则,这是赔偿标准中的最高原则,即受害人如果能通过社会保险与个人保险制度取得违法行政行为侵害的补偿时,行政主体在行政赔偿中就可以减少一定的行政赔偿费用。❸ 但此种观点显然与上述补偿性原则殊途同归,都是对受害人所遭受的损害进行等额赔偿。再者,最高人民法院在2000年制定的《关于被限制人身自由期间的工资已由单位补发国家是否还应支付被限制人身自由的赔偿金的批复》与《关于蒋广某申请国家赔偿一案的批复》中已经指出了国家赔偿和企业补偿是两种性质不同的方式,不应混淆。损益相抵原则是"为了防止受害人不当得利,它一般是与'补偿性赔偿'相联系的","而我国国家赔偿法目前确立赔偿仅是慰抚性的,不是'全部赔偿'",不能因为受害人可以从社会保险等别的途径获得收益就减轻了国家的责任,而应当保证受害人在受到国家不法侵害时能得到切实可知的

---

❶ 管君. 论国家赔偿中的"直接损失"[J]. 甘肃政法学院学报, 2015 (1): 102-111.
❷ 丁晓华. 行政赔偿的理论与实务[M]. 北京: 知识产权出版社, 2019: 176.
❸ 关保英. 行政法学[M]. 2版. 北京: 法律出版社, 2018: 770-771.

赔偿。❶

不过，近年来，行政赔偿诉讼中的司法裁量权在不断实现自我突破，特别是"直接损失"的内涵呈现不断扩大的趋势，学界也在极力呼吁将间接损失也纳入国家赔偿的范畴。❷ 有观点认为，为了充分救济受害者的权益，在严格审查的基础上，应当将间接利益损害纳入赔偿范围，这是因为"间接损害虽然是一种预期利益的损害，但这种预期利益并非主观臆造的，而是具有一定的客观性"❸。但这只是学界的建议，具体到司法实践中还是任重道远。

此外，国家赔偿要体现对违法行政行为的惩戒和对被侵权人的关爱与体恤。在行政赔偿诉讼领域赋予法官酌定权，具有克服赔偿诉讼举证规则固有缺陷，促进行政争议实质性解决，提高行政赔偿案件审理效率的重大现实意义。❹

关于行政赔偿诉讼酌定权，《行政诉讼法》第 38 条规定："在起诉被告不履行法定职责的案件中，原告应当提供其向被告提出申请的证据。但有下列情形之一的除外：（一）被告应当依职权主动履行法定职责的；（二）原告因正当理由不能提供证据的。在行政赔偿、补偿的案件中，原告应当对行政行为造成的损害提供证据。因被告的原因导致原告无法举证的，由被告承担举证责任。"2018《行诉解释》第 47 条第 3 款规定："当事人的损失因客观原因无法鉴定的，人民法院应当结合当事人的主张和在案证据，遵循法官职业道德，运用逻辑推理和生活经验、生活常识等，酌情确定赔偿数额。"2022 年《行政赔偿规定》第 11 条第 2 款规定："人民法院对于原告主张的生产和生活所必需物品的合理损失，应当予以支持；对于原告提出的超出生产和生活所必需的其他贵重物品、现金损失，可以结合案件相关证据予以认定。"可见，2022 年《行政赔偿规定》规范了法院确认损害赔偿的酌定标准。

行政侵权行为中的精神损害是指由于行政侵权行为而给当事人造成的

---

❶ 马怀德. 国家赔偿法学 [M]. 北京：中国政法大学出版社，2001：256.

❷ 江悦. 论行政赔偿制度中的司法权边界 [M] //中华人民共和国最高人民法院行政审判庭. 行政执法与行政审判（总第 85 集）. 北京：中国法制出版社，2022：25.

❸ 胡建淼，江利红. 行政法学 [M]. 2 版. 北京：中国人民大学出版社，2014：338.

❹ 于元祝，周丽丽. 行政赔偿诉讼中酌定权的行使规则与风险控制 [M] //中华人民共和国最高人民法院行政审判庭. 行政执法与行政审判（总第 85 集）. 北京：中国法制出版社，2022：30.

精神上的痛苦、心理上的创伤等损害，它一般表现为受害人在权利尤其是人身权遭受侵害之后所产生的愤怒、绝望、屈辱、恐惧等情绪，这往往还影响到了受害人的正常工作和生活，因此，虽说精神损害是无形的，却是客观存在的，有时精神上的损害远远要大于物质上的损害。❶

---

❶ 杨海坤，章志远. 行政法学基本论 [M]. 北京：中国政法大学出版社，2004：293.

十、行政公益诉讼

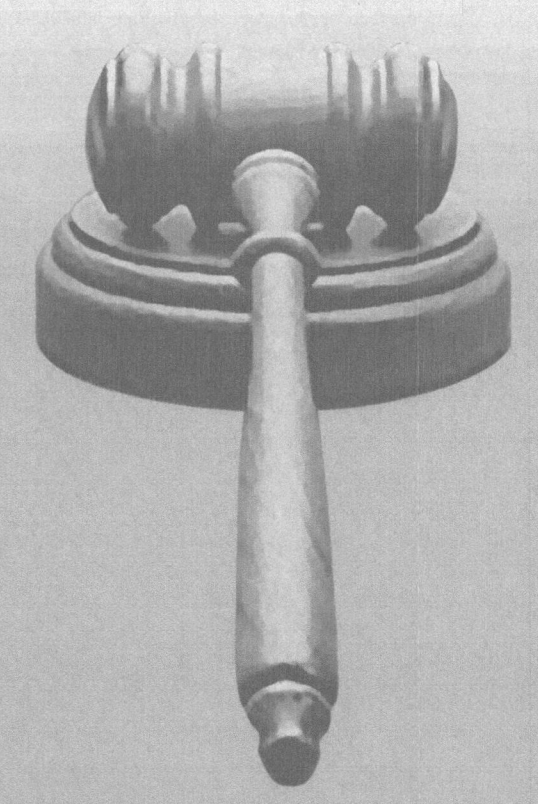

案例 16

海南省人民检察院第一分院督促履行自然保护区监管职责行政公益诉讼起诉案[*]

基本案情

2018年3月，海南省人民检察院针对万泉河流域牛路岭库区生态破坏和水源地安全问题，会同海南省原林业厅开展"万泉河水清又清"专项监督活动。琼海市人民检察院在参加专项活动时摸排到本案线索，于2018年6月11日立案调查。经调查查明：自20世纪90年代开始，会山省级自然保护区范围内牛路岭库区周边长期存在套种槟榔等经济林"蚕食"天然林、天然次生林占用林地等违法行为，人工林面积占比大幅提升，原有天然森林植被部分灭失，生物多样性生态系统功能遭受破坏。2018年6月12日，琼海市人民检察院向琼海市原农林局（2019年3月机构改革后，林业主管部门变更为琼海市自然资源和规划局）发出检察建议，建议其依法履职，及时制止、遏制毁林以及"蚕食""套种"等破坏生态环境资源的违法行为，逐步修复被毁坏的生态环境资源。该局于同年7月30日作出书面回复，称已经作出相应整改措施。但检察机关在后续多次跟进调查中发现，琼海市原农林局及现林业监管部门琼海市自然资源和规划局发放的通告只是宣传性质的法条罗列，不具有法律效力，且一直没有作出要求违法行为人停止违法行为的决定，始终没有采取实质性的遏制措施。尤其是对已查明违法行为人的26宗被侵占林地，未依法作出行政处理，库区周边森

---

[*] 参见2021年9月15日最高人民检察院发布的检察公益诉讼起诉典型案例第15号："海南省人民检察院第一分院督促履行自然保护区监管职责行政公益诉讼起诉案"。

林资源和生态被大面积破坏的局面未得到有效遏制。2019年12月2日，海南省人民检察院第一分院（以下简称"海南一分院"）向海南省第一中级人民法院（以下简称"海南一中院"）提起行政公益诉讼。

海南一中院认为，被告没有处理好依法生态保护与现实履职的关系，履职不尽责是保护区占地毁林破坏生态资源违法行为长期存在的根本原因。其履职方式仅为文来文往，相关工作停留在表面，没有依法采取切实有效措施，更没有具体效果，保护区违法占地行为一直处于持续状态，其怠于履职行为明显违法，判决：确认被告琼海市自然资源和规划局怠于履行监管职责，对海南会山省级自然保护区内牛路岭库区已发现的违法占用林地的人员未依法作出行政处理的行为违法；限被告在判决生效之日起一个月内对会山省级自然保护区牛路岭库区已发现的7宗违法占用林地的人员依法作出行政处理，履行法定监管职责。被告未上诉，判决生效。

本案涉及的理论问题

一、如何理解行政公益诉讼的形成

（一）行政公益诉讼概述

行政公益诉讼是我国现行法律制度中一项重要的公益诉讼制度。一般而言，我国公益诉讼按照法律部门的不同可分为民事公益诉讼和行政公益诉讼；按照起诉主体的不同可分为检察公益诉讼和非检察公益诉讼。在行政公益诉讼中只能是检察公益诉讼，即检察机关提起行政公益诉讼。2017年《行政诉讼法》第25条第4款规定："人民检察院在履行职责中发现生态环境和资源保护、食品药品安全、国有财产保护、国有土地使用权出让等领域负有监督管理职责的行政机关违法行使职权或者不作为，致使国家利益或者社会公共利益受到侵害的，应当向行政机关提出检察建议，督促其依法履行职责。行政机关不依法履行职责的，人民检察院依法向人民法院提起诉讼。"行政公益诉讼是指检察机关为了监督行政机关依法行使职权，在特定领域内对于与公民、法人或者其他组织没有直接利害关系但是关系到公共利益的事项，依法向人民法院提起行政诉讼的制度，这种制度突破了中国传统的"民告官"诉讼模式。❶ 由此可知，行政公益诉讼的特征表现在：一是起诉主体仅限于检察机关，这不同于民事公益诉讼中还包括社会公益组织，行政公益诉讼实际上体现了"以权力制约权力"的理念。二是受案范围仅限于特定领域，具体是指"生态环境和资源保护、食品药品安全、国有财产保护、国有土地使用权出让等领域"。有观点认为"为了更好地保障国家和社会公共利益，行政公益诉讼的受案范围应当更加广泛"❷，故而此处的"等"应当理解为"等外等"。三是行政公益诉讼中存在诉前程序，即检察机关提起行政公益诉讼前必须向行政机关提出检察建议，否则不能直接提起行政公益诉讼，这与民事公益诉讼是不同的，民事公益诉讼中检察机关只需要诉前公告即可。

建立行政公益诉讼制度的必要性体现在三个方面：一是保护环境公共利益的需要，二是保护资源公共利益的需要，三是保护公共设施等公共财产利益的需要。从学理上来看，"当作为公共利益的代表人的行政机关侵害公共利益时，我们必须找到另一个公益代表人进行追诉和矫正违法行政活动，以维护公共利益"，这不仅是宪法所传达出的"对行政诉讼应当保护公共利益和公共秩序的立法精神"，而且也是行政诉讼目的既在于保护公民、法人或者其他组织的合法权益，又在于促进行政机关依法行政、维护公共秩序的原因之所在。❸ 就诉讼范围而言，检察机关最核心的公益诉讼目的就是保护公益，最基本的出发点是回应社会各界特别是人民群众对侵害公共利益行为的关切。❹

《自然保护区条例》第 26 条规定，"禁止在自然保护区内进行砍伐、放牧、狩猎、捕捞、采药、开垦、烧荒、开矿、采石、挖沙等活动"；第 18 条还规定，"自然保护区可以分为核心区、缓冲区和实验区"；第 27~28 条进一步规定，"禁止任何人进入自然保护区的核心区"，"禁止在自然保护区的缓冲区开展旅游和生产经营活动"。可见国家对自然保护区的保

---

❶ 梁凤云. 行政诉讼讲义（上）[M]. 北京：人民法院出版社，2022：306.

❷ 温辉. 行政公益诉讼"等外"刍议 [J]. 河北法学，2020（9）：101；潘威伟，张戈跃，罗江. 检察行政公益诉讼"等"外领域探索 [J]. 广西政法管理干部学院学报，2021（1）：63；解志勇. 公益诉讼受案范围不宜过窄 [J]. 人民检察，2015（14）：48.

❸ 解志勇. 论公益诉讼 [J]. 行政法学研究，2002（2）：42-43.

❹ 姜明安. 行政法与行政诉讼法 [M]. 7 版. 北京：北京大学出版社，高等教育出版社，2019：452.

护力度之大，原则上都是禁止人们进入自然保护区的核心区和缓冲区，更别提在自然保护区内进行砍伐、开荒、采矿等违法行为。本案中的海南省琼海市人民检察院调查查明，"自20世纪90年代开始，会山省级自然保护区范围内牛路岭库区周边长期存在套种槟榔等经济林'蚕食'天然林、天然次生林占用林地等违法行为，人工林面积占比大幅提升，原有天然森林植被部分灭失，生物多样性生态系统功能遭受破坏"。可想而知，本案中涉及的不少村民已经严重违反了国家对自然保护区的管理制度。自然环境与资源是人类的共同福祉，事实上保护了自然环境资源这一公共利益也就是保护了我们自己。如果任由部分人对自然环境资源的攫取、破坏，放任行政机关对违法行为视而不见的不作为行为，那么全体人类将为此买单，必将遭受自然灾害的反噬。因此，对于环境公益提起的诉讼，是必要的，也是必然的。

（二）行政公益诉讼的模式选择

行政公益诉讼的模式选择是指行政公益诉讼应当按照何种模式启动行政公益诉讼的问题。大体上讲，存在以下几种模式。

第一，行政公诉模式。该模式是指由承担维护公益职责的人民检察院对行政机关的违法行政行为提起公益诉讼，至于公民、法人或其他组织则享有请求权或建议权，当其认为行政机关的行政行为侵害公益时就可以请求或建议检察机关向法院提起诉讼。❶ 支持行政公诉模式的观点一般认为，行政公诉制度的价值在于有利于完善中国权利监督制约体系，维护客观法律秩序，实现司法权对行政权的监督制约，"如果没有检察机关提起公诉（本文注：行政公诉），那么将有相当大数量的行政违法行为没有适格原告提起行政诉讼"，从而导致行政机关的侵害公共利益的违法行政行为得不到预防、制止与纠正。❷ 当然，也有观点认为普通民众也能向法院提起行政公诉。❸ 对于环保协会、消费者协会、妇女联合会等公益性社会组织或团体而言，法律应赋予它们提起行政诉讼的权利，这是因为"这类组织和团体代表某一方面的公共利益，为维护这些公共利益，它们应该有权运用

---

❶ 钱佰华. 论行政公诉制度 [J]. 法学, 1998 (4).
❷ 孙谦. 设置行政公诉的价值目标与制度构想 [J]. 中国社会科学, 2011 (1): 152.
❸ 李顺江, 孙德显. 论行政公诉制度 [J]. 四川师范大学学报（社会科学版）, 2002 (1): 57.

司法救济手段"❶。实际上，这种由普通民众提起的行政公诉就类似于美国行政法上的"私人检察总长理论"，即"国会为了保护公共利益，可以授权检察总长对行政机关的行为申请司法审查，国会也有权以法律指定其他当事人作为私人检察总长，主张公共利益"❷。该理论是美国法官在1943年的纽约州工业联合会诉伊科斯案件中提出的，这是在1940年联邦电讯委员诉桑德斯兄弟无线电广播站案件的基础上得以应用和发挥的结果。❸

第二，民众诉讼模式。这里的民众是指包括公民、法人或其他组织等在内的私权主体。这种情形下的民众作为起诉主体模式，类似于国外的"民众诉讼"。在日本，民众诉讼作为《日本行政事件诉讼法》上的一种诉讼类型，是指"以选举人资格或者其他无关于法律上利益的资格提起的，请求纠正国家或者公共团体的机关不符合法规的行为的诉讼"。由于是客观诉讼，民众诉讼的提起必须要有法律的明确规定，具体而言包括《日本公职选举法》上的选举诉讼和《日本地方自治法》上的居民诉讼。❹ 除了民众诉讼之外，《日本行政事件诉讼法》对行政诉讼类型的划分还有抗告诉讼、当事人诉讼和机关诉讼，其中抗告诉讼与当事人诉讼是为了救济私人权益的诉讼，故称为"主观诉讼"；而民众诉讼与机关诉讼则是为了救济与私人权益无关的"行政法律规范的客观合法性产生争议"的诉讼，故称为"客观诉讼"。❺ 虽然"排除航空机噪声"和"阻止原子能发电设施建设"的抗告诉讼等环境行政诉讼，保护对象不限于特定个人，存在主观诉讼客观化的现象，但"至今所考察的、作为行政案件诉讼类型的抗告诉讼、当事人诉讼，依然是应该作为主观性诉讼来理解"，这与客观诉讼作为一种立法政策，为了维持客观的法秩序或者保护公共利益而利用争讼程序是有所不同的。❻ 我国也有观点支持这类由民众提起行政公益诉讼的模式，"以过程视角进行观察，在行政公益诉讼的受理阶段，社团组织作为原告推进行政公益诉讼审判程序已不是问题"，况且在司法实践中也存在

---

❶ 张晓玲. 建立我国行政公益诉讼制度的思考［J］. 华中科技大学学报（社会科学版），2005（4）：38.
❷ 王名扬. 美国行政法（下）［M］. 北京：北京大学出版社，2016：463.
❸ 王名扬. 美国行政法（下）［M］. 北京：北京大学出版社，2016：463.
❹ 中西又三. 日本行政法［M］. 江利红，译. 北京：北京大学出版社，2020：213.
❺ 中西又三. 日本行政法［M］. 江利红，译. 北京：北京大学出版社，2020：212.
❻ 盐野宏. 行政法［M］. 杨建顺，译. 北京：法律出版社，1999：180.

一些实例，如自 2009 年 5 月起，中华环保联合会以环保社团组织的身份作为原告就环境污染侵权问题提起了公益诉讼，其中就包括对贵州省清镇市国土资源局提起的行政公益诉讼。❶

第三，"民众诉讼为主、行政公诉为辅"的模式。这是因为"公益诉讼是以私权力制约公权力的最好方式"。若采用以行政公诉为主，将回到"以公权力制约公权力的旧思维"；若仅仅依赖于民众诉讼，对于某些特别重大复杂、专业性强的案件则束手无策，"公民个人、社会团体等没有足够的力量来与之抗衡"，此时就需要国家机关来起到兜底保障的作用，因此应当将民众诉讼与行政公诉结合起来。❷

2017 年《行政诉讼法》新增加检察机关提起行政公益诉讼的规定。该规定实质上是不同于前述"行政公诉模式"和"民众诉讼模式"的另一种模式，即公益诉讼模式，检察机关的诉讼身份显然是公益代表人。❸ 2018 年《解释》中明确了检察机关是以"公益诉讼起诉人"的身份提起公益诉讼，这体现了检察机关的诉讼地位具有特殊性。从性质上来讲，检察机关是行使公权力的国家机关；从功能上来讲，检察机关办理公益诉讼案件属于履行法律监督职责的职权行为。

（三）我国行政公益诉讼的确立

行政公益诉讼并不是随着《行政诉讼法》的颁布就一并确立的，而是在司法实践中极有必要通过建立行政公益诉讼制度来解决公共利益保障的治理难题。总体上，行政公益诉讼在我国的形成和发展经历了以下三个阶段。

第一阶段，"方城经验"的兴起与终结。20 世纪 90 年代，在当时企业改制的大背景下，大量国有资产被廉价变卖，国家利益受损。河南省方城县检察机关为了防止行政机关低价变卖国家资产，遂以原告身份提起民事

---

❶ 朱新力，黄娟. 以社团组织为原告的行政公益诉讼的制度进路 [J]. 浙江大学学报（人文社会科学版），2016（1）：162-163.

❷ 蒋银华，毛忠强. 建设我国行政公益诉讼制度的思考 [J]. 华南理工大学学报（社会科学版），2004（5）：42.

❸ 对于检察机关的诉讼主体地位还存在原告人说、行政公诉人说、公益代表人说、双重身份说和法律监督说等争论. 唐震. 行政公益诉讼中检察监督的定位与走向 [J]. 学术界，2018（1）：151-152.

诉讼并获得胜诉，于是这一"方城经验"也很快在全国得到大力推广。此时，检察院的诉讼地位却是原告身份，因而检察院提起的诉讼仍是民事诉讼，而不是所谓的民事公益诉讼。❶ 但2004年，由于法律依据不足，最高人民法院和最高人民检察院先后下发司法文件，暂时中止了公益诉讼的相关探索。❷ 最高人民法院在《关于恩施市人民检察院诉张某某返还国有资产一案的复函》（〔2004〕民立他字第53号）中指出，"检察机关以保护国有资产和公共利益为由，以原告身份代表国家提起民事诉讼，没有法律依据，此案件不应受理，如已受理，应当驳回起诉"。最高人民检察院在《关于严格依法履行法律监督职责推进检察改革若干问题的通知》（最高检发〔2004〕14号）中也强调，"检察机关不得对民事纠纷案件提起诉讼。近年来一些地方检察机关试行了提起民事行政诉讼，鉴于这一做法没有法律依据，尚需进一步研究、探索，今后，未经最高人民检察院批准，不得再行试点"。

第二阶段，民事督促起诉的讨论。随着"方城经验"被最高人民法院和最高人民检察院叫停，地方检察机关开始探索"民事督促起诉"的方式督促行政机关履职。有人指出，所谓民事督促起诉，就是指检察机关不宜提起民事公诉，其介入公益诉讼应当通过检察建议的方式督促有关部门行使诉权，防止国有资产损失；对于行政机关怠于履行法定职责的，应当依法追究其失职、渎职的责任。❸ 有观点则进一步阐述，在属性上，民事督促起诉是检察权对国家利益、公共利益监管部门的一种直接监督，体现了检察权对国有资产、公共利益监管权的有限监督，属于对特殊民事领域的国家干预。❹

第三阶段，行政公益诉讼的确立。该阶段又分为"部分试点"阶段和"全面实施"阶段。（1）"部分试点"阶段。2014年10月23日，党的十八届四中全会通过了《关于全面推进依法治国若干重大问题的决定》，其中明确提出："检察机关在履行职责中发现行政机关违法行使职权或者不

---

❶ 刘艺. 检察公益诉讼的司法实践与理论探索［J］. 国家检察官学院学报，2017（2）：4.

❷ 梁凤云. 行政公益诉讼制度若干重大问题解析［M］//中华人民共和国最高人民法院行政审判庭. 行政执法与行政审判（总第76集）. 北京：中国法制出版社，2019：1.

❸ 张利钊. 督促起诉——检察机关介入民事公益诉讼途径探究［J］. 浙江检察，2003（8）：4.

❹ 傅国云. 论民事督促起诉——对国家利益、公共利益监管权的监督［J］. 浙江大学学报（人文社会科学版），2008（1）.

行使职权的行为，应当督促其纠正。""探索建立检察机关提起公益诉讼制度"，于是"检察机关提起行政公益诉讼"试点工作便如火如荼地拉开序幕。2015 年 7 月 1 日，全国人大常委会通过《关于授权最高人民检察院在部分地区开展公益诉讼试点工作的决定》，这为"两高"司法机关在推进行政公益诉讼中奠定了法理基础。随之而来的便是"两高"司法机关相继出台了具体实施的方案或办法：2015 年 7 月 2 日，最高人民检察院发布《检察机关提起公益诉讼改革试点方案》；2016 年 2 月 25 日，最高人民法院印发《人民法院审理人民检察院提起公益诉讼案件试点工作实施办法》。两个关于检察公益诉讼的文件的出台，为试点期间的司法实践提供了直接依据。在检察公益诉讼"部分试点"阶段，检察机关提起行政公益诉讼成效卓著，充分维护了国家利益和公共利益。（2）"全面实施"阶段。2017 年 6 月 27 日，《行政诉讼法》进行修改，增加了"检察机关提起行政公益诉讼"作为第 25 条第 4 款的内容，这标志着我国行政公益诉讼制度正式确立，迎来了行政公益诉讼"全面实施"的阶段。之后，为了进一步增强检察公益诉讼的可操作性，2018 年 3 月 2 日，"两高"司法机关对前述"部分试点"阶段的两个关于检察公益诉讼的文件进行整合与补充，并联合发布《关于检察公益诉讼案件适用法律若干问题的解释》（法释〔2018〕6 号，以下简称《公益诉讼解释》，2020 年 12 月 23 日修正）。

二、如何理解行政公益诉讼的诉前程序

所谓行政公益诉讼的诉前程序，是指检察机关正式向法院提起行政公益诉讼之前而向行政机关提起检察建议，督促有关行政机关依法履行职责的程序。❶ 2017 年《行政诉讼法》第 25 条第 4 款规定："人民检察院……应当向行政机关提出检察建议，督促其依法履行职责……"这是行政公益诉讼诉前程序的直接法律依据。2018 年《公益诉讼解释》第 21 条第 2 款还规定了行政公益诉讼诉前程序中行政机关对检察建议的履职期限和回复义务，即"行政机关应当在收到检察建议书之日起两个月内依法履行职责，并书面回复人民检察院。出现国家利益或者社会公共利益损害继续扩

---

❶ 沈开举，邢昕. 检察机关提起行政公益诉讼诉前程序实证研究 [J]. 行政法学研究，2017（5）：40.

大等紧急情形的,行政机关应当在十五日内书面回复"。

(一)诉前程序中的检察建议阶段

其中检察建议是诉前程序的核心内容。最高人民检察院2019年2月26日公布的《人民检察院检察建议工作规定》第2条规定:"检察建议是人民检察院依法履行法律监督职责,参与社会治理,维护司法公正,促进依法行政,预防和减少违法犯罪,保护国家利益和社会公共利益,维护个人和组织合法权益,保障法律统一正确实施的重要方式。"第5条还规定了检察建议的类型,主要包括再审检察建议、纠正违法检察建议、公益诉讼检察建议、社会治理检察建议和其他检察建议。显然,本案所涉及的检察建议应属公益诉讼检察建议。学理上还以检察建议强制性的高低和实现程度的不同,将其分为强制型检察建议和非强制型检察建议,前者如行政公益诉讼型检察建议,后者如诉讼监督型和社会治理型检察建议。❶ 本案中的海南省琼海市人民检察院于2018年6月11日开始对牛路岭库区周边存在的破坏森林资源的违法违规行为展开立案调查,并于2018年6月12日向林业主管部门原琼海市农业局发出了检察建议,主要内容就是"建议其依法履职,及时制止、遏制毁林、'蚕食'、'套种'等破坏生态环境资源的违法行为,逐步修复被毁坏的生态环境资源",收到检察建议的林业主管部门原琼海市农业局在2018年7月30日就此作了回复。由此可见,检察建议在本案中起到督促行政机关积极、主动依法履职的功能。诚如有观点指出,行政公益诉讼检察建议具有"诉前程序性"和"法律监督性":前者即为"依托检察机关向审判机关提起诉讼这一最终环节的威慑力,诉前检察建议在督促依法行政、实现案件分流,为司法减压方面发挥着重要的作用";后者则为以诉前检察建议搭建起检察权、行政权与审判权之间的桥梁与纽带,充分重视诉前检察建议相对独立的法律监督性,通过检察建议行使对行政执法等行为的法律监督职能以体现其独立的价值。❷ 这也是2017年《行政诉讼法》第25条第4款会采用"应当"一词来限制检察机关直接提起行政公益诉讼的原因之所在。"应当"这一强制性规范体现的是立法者对行政公益诉讼诉前程序中检察建议具备双重功能的充分肯

---

❶ 魏鹏. 检察建议制度研究 [D]. 长春:吉林大学,2020.
❷ 封蔚然. 行政公益诉讼检察建议的制度完善 [J]. 江西社会科学,2020 (8):147.

定,可以很确切地说,"这是必须履行的法定职责,而不再是可有可无的监督手段"❶。上述反映的是诉前程序检察建议与行政公益诉讼的关系问题,即两者之间的顺位问题。总体而言,不论是从法律制度层面还是司法实践层面来看,都应当肯定诉前程序的检察建议在检察机关正式提起行政公益诉讼前的正向积极作用。

也有观点批判认为检察建议制度还存在一些未明确的地方,比如说检察建议的详略度和建议对象存在争议的问题。❷ 类似于对人民法院向行政机关发出司法建议的讨论,检察建议是否应当做到"事实证据清楚、观点清晰明确、建议合理可行"呢?❸ 同样地,也有批判的观点认为,检察建议的具体建议内容详略不统一,是检察机关对其在诉前程序中所承担的功能认识不清的体现,一方面影响了检察机关深入开展诉前程序,另一方面可能易误导行政机关自我追责。❹ 但笔者认为,检察建议的建议内容应当秉持"以笼统方式为原则,以具体详细为例外"的做法。就检察建议对于行政机关而言也只是倡导性的建议,尚且不具有法院判决、裁定那样的强制力,更别说在检察建议中如果提出过于苛刻的建议内容反而会让行政机关陷入一种司法代替行政的窘境。事实上,为了充分尊重行政机关的首次判断权,体现出司法兼抑性的原则和司法尊让的理念,仅就肯定检察建议的督促、引导、辅助的功能即可,除非出现检察机关必须向行政机关作出具体详尽的建议内容之特定情形,否则不必要在检察建议中过于细究行政机关该如何具体贯彻执行的方式、步骤等。

如前所述,行政公益诉讼的诉前程序并非检察机关的"独角戏",诉前程序一定程度上还需要在行政机关的积极参与下才能发挥作用,一般表现为行政机关对收到的检察建议及时回复,当然也存在一些行政机关会直接无视检察机关向其提出的检察建议,此时检察机关就可以向法院提起行政公益诉讼,要求行政机关履行相关法定职责。

---

❶ 孙佑海. 如何用行政公益诉讼检察建议督促纠正政府违法行为? ——海南省检察院一分院行政公益诉讼检察建议案评析 [J]. 中国法律评论, 2020 (5): 133.

❷ 王春业. 行政公益诉讼'诉前程序'检视 [J]. 社会科学, 2018 (6): 97.

❸ 韩耀元. 准确把握诉前程序基本特征 科学构筑诉前程序工作机制 [J]. 人民检察, 2015 (14).

❹ 胡婧,朱福惠. 论行政公益诉讼诉前程序之优化 [J]. 浙江学刊, 2020 (2): 121.

（二）诉前程序的最终处理阶段

设立诉前程序的目的在于提高检察监督的效力，督促行政机关主动履职，并节约司法资源。❶ 其作用则主要在于督促行政机关对其"不依法履行职责"的行为进行积极主动地整改。"截至 2018 年 1 月，各地检察机关共办理诉前程序案件 9497 件，提起诉讼 272 件；行政公益诉讼诉前程序中，行政机关主动整改比例比试点期间明显提高，如山东达 91.7%，安徽达 89.4%。"❷ 可见，近千件的诉前程序案件最终能够进入诉讼程序的也就 200 余件，这表明了公益诉讼的诉前程序对公益诉讼起着很大程度的过滤功能，涉及公益的矛盾问题能在诉前得以化解，在一定程度上节约了司法资源。对于行政公益诉讼中行政机关在诉前程序中就能积极主动整改，减少了不必要的诉累。诉前程序的最终处理阶段，就是检察机关决定是否应当向法院提起行政公益诉讼的阶段。在该阶段中，对"不依法履行职责"的准确理解和把握是关键。2018 年《公益诉讼解释》第 21 条第 3 款规定："行政机关不依法履行职责的，人民检察院依法向人民法院提起诉讼。"

该案中，海南省人民检察院第一分院对提起行政公益诉讼采取的启动标准是："行政机关对行政公益诉讼诉前检察建议仅采取部分整改措施或未采取实质性措施，国家利益或者社会公共利益仍持续受到侵害。"❸ 可见该启动标准体现在两个方面：一是行政机关的消极履职行为，即"仅采取部分整改措施或未采取实质性措施"；二是公益仍持续受到侵害。

2018 年《公益诉讼解释》第 22 条规定，人民检察院提起行政公益诉讼应当提交下列材料：（1）行政公益诉讼起诉书，并按照被告人数提出副本；（2）被告违法行使职权或者不作为，致使国家利益或者社会公共利益受到侵害的证明材料；（3）检察机关已经履行诉前程序，行政机关仍不依法履行职责或者纠正违法行为的证明材料。

---

❶ 姜明安. 行政法与行政诉讼法［M］. 7 版. 北京：北京大学出版社，高等教育出版社，2019：452.

❷ 2018 年 3 月 2 日，最高人民法院、最高人民检察院联合召开主题为"公益诉讼，为了您的美好生活"的新闻发布会，其中最高人民检察院副检察长张雪樵通报了"人民检察院开展公益诉讼工作情况"。

❸ 参见 2021 年 9 月 15 日最高人民检察院发布的检察公益诉讼起诉典型案例第 15 号："海南省人民检察院第一分院督促履行自然保护区监管职责行政公益诉讼起诉案"。

然而，在行政公益诉讼启动标准中，学界对于"不依法履行职责"的认定标准存在行为标准、结果标准和复合标准之争。所谓行为标准，是指"行政机关将法定职责落到实处，在法律所规定的监管措施已经穷尽的情况下，国家利益或社会公共利益受到侵害的状态即使未消除，也应被认定为'依法履职'"，可见在行为标准中并不关注国家或社会公共利益的受侵害状态，而只关注行政机关是否已经履行了职责。❶ 所谓结果标准，是指不仅要看行政机关是否积极全面地履行了法定职责，还要看相对人的违法行为是否已经被及时制止，国家和社会公共利益是否仍处于受侵害的潜在威胁状态；❷ 有观点也认为结果标准"疏远规范主义，亲近功能主义"，应当采用谋求公益受损状态"有效消除"的结果标准。❸ 所谓复合标准，是指不仅限于单一的标准认定，而是综合运用多种标准对行政机关"不依法履行职责"予以认定。一般而言，复合标准就是指"结果标准+行为标准"，即不仅要全流程持续关注公益受损情况，同时还要全面审查行政机关的行政行为。❹ 当然也有观点认为"结果标准或者行为标准双重标准都只是对行为标准的递进，本质上仍是行为标准"，并进而提出应以"结果+责任"的递进方式对行政机关的是否"不依法履行职责"进行评价。❺ 对此，笔者认为还是应当坚持"结果+行为"的复合标准，这种既关注行为层面上行政机关是否履职又关注结果层面上公益是否得到有效保护的复合标准，完全适合现阶段检察机关对是否需要提起行政公益诉讼的判断。

---

❶ 李瑰华. 行政公益诉讼中行政机关"依法履职"的认定［J］. 行政法学研究，2021（5）：34.

❷ 沈开举，邢昕. 检察机关提起行政公益诉讼诉前程序实证研究［J］. 行政法学研究，2017（5）：49.

❸ 刘加良. 行政公益诉讼中被告依法履行职责的判断标准及其程序应对［J］. 国家检察官学院学报，2022（2）：148－152.

❹ 王燕，谭乐鹏. 行政机关不依法履行职责的认定标准［J］. 中国检察官，2021（21）：66.

❺ 卢彦汝. 行政公益诉讼中'依法履行职责'的认定标准［J］. 人民检察，2020（16）：58－60.

案例 17

云南省剑川县人民检察院诉剑川县森林公安局怠于履行法定职责环境行政公益诉讼案*

基本案情

2013年1月，剑川县居民王某某受玉鑫公司的委托在国有林区开挖公路，被剑川县红旗林业局护林人员发现并制止，剑川县林业局接报后交剑川县森林公安局（当时的剑川县森林公安局为剑川县林业局所属的正科级机构，是具有行政执法主体资格和执法权限的单位之一）进行查处。剑川县森林公安局于2013年2月20日向王某某送达了林业行政处罚听证权利告知书，并于27日向王某某送达了剑川县林业局剑林罚书字（2013）第（288）号林业行政处罚决定书。行政处罚决定书载明：玉鑫公司在未取得合法的林地征占用手续的情况下，委托王某某于2013年1月13—19日期间，在13林班21、22小班之间用挖掘机开挖公路长度为494.8米、平均宽度为4.5米、面积为2226.6平方米，共计3.34亩。根据《中华人民共和国森林法实施条例》第43条第1款之规定，决定对王某某及玉鑫公司给予如下行政处罚：（1）责令限期恢复原状；（2）处非法改变用途林地每平方米10元的罚款，即22 266.00元。2013年3月29日玉鑫公司缴纳了罚款后，剑川县森林公安局即对该案予以结案。其后直到2016年11月9日，剑川县森林公安局没有督促玉鑫公司和王某某履行"限期恢复原状"的行政义务，所破坏的森林植被至今没有得到恢复。

2016年11月9日，剑川县人民检察院向剑川县森林公安局发出检察

* 指导案例137号（最高人民法院审判委员会讨论通过2019年12月26日发布）。

建议，建议依法履行职责，认真落实行政处罚决定，采取有效措施，恢复森林植被。2016年12月8日，剑川县森林公安局回复称自接到《检察建议书》后，即刻进行认真研究，采取了积极的措施，并派民警到王某某家对剑林罚书字（2013）第（288）号处罚决定第一项责令限期恢复原状进行催告，鉴于王某某死亡，执行终止。对玉鑫公司，剑川县森林公安局没有向其发出催告书。

云南省剑川县人民法院于2017年6月19日作出（2017）云2931行初1号行政判决：（1）确认被告剑川县森林公安局怠于履行剑林罚书字（2013）第（288）号处罚决定第一项内容的行为违法；（2）责令被告剑川县森林公安局继续履行法定职责。宣判后，当事人服判息诉，均未提起上诉，判决已发生法律效力，剑川县森林公安局也积极履行了判决。

本案涉及的理论问题

本案中，法院通过对"相对人的违法行为是否得到有效制止"、"行政机关是否充分、及时、有效采取法定监管措施"以及"国家利益或者社会公共利益是否得到有效保护"三个方面的司法审查，从而认定行政机关构成"不履行法定职责"，而这三个方面的内容也构成了在行政公益诉讼司法实践中对行政机关"不履行法定职责"的审查标准。因此，有必要对"不履行法定职责"的内涵及审查标准展开深入分析。

一、如何理解行政公益诉讼中不履行法定职责

2018年《公益诉讼解释》第25条第1款第3项规定，人民法院对被诉行政机关不履行法定职责的情形作出行政公益诉讼判决，判决在一定期限内履行。其中的"不履行法定职责"是行政机关在行政公益诉讼中导致败诉的一类法定情形。何谓"不履行法定职责"？有人直接将不履行法定职责与行政不作为相等同，即行政不作为即为"行政机关不履行法定职责行为"。[1] 但事实上，这种观点是经不起推敲的，这是由于行政不作为本属于学理上的概念，其范围很广泛，因此也长期在范围界定上存有争论；相

---

[1] 黄曙海. 行政诉讼法100问 [M]. 北京：法律出版社，1989：79.

比之下，不履行法定职责则属于司法实践中形成的概念，范围较窄，可操作性强。此外，2018年《公益诉讼解释》第21条第3款关于经过诉前程序后检察机关提起行政公益诉讼的启动标准，即"不依法履行职责"，与本案中的"不履行法定职责"也存在理解误区，有必要加以解释说明。

（一）"行政不作为"与"不履行法定职责"的辨析

对于行政不作为的概念，有观点认为行政不作为是指"行政主体及其工作人员负有某种作为的法定义务，由于其程序上消极地不为一定动作或动作系列而使该义务在能够履行的情况下没有得以履行的一种行政行为"❶。也有观点认为行政不作为是指"行政主体（通过其工作人员）有积极实施法定行政作为的义务，并且能够履行而未履行（包括没有正确履行）的状态"❷。还有观点认为行政不作为是指"行政主体在负有某种法定的作为义务，在应当为之且可能为之的情况下，却拒绝履行或拖延履行的一种行为形式"❸。从上述观点可以看出，对于行政不作为的界定一般涵盖以下几个方面：第一，必须是特定的主体，即行政主体及其工作人员。第二，必须负有某种作为的法定义务，即行政不作为以行政主体具有法定义务为前提，而且这种法定义务必须是作为的义务。这是因为法定义务可以分为作为义务和不作为义务两种类别，只有对于作为义务的不履行才是行政不作为，而对于不作为义务的不履行则"表现为积极地去作为，即属于一种违法的行政行为"，此时便不再是行政不作为。❹ 第三，必须具有履行的可能性。第四，必须是由于行政主体不为的行为而最终导致其未履行法定义务。因此，行政不作为一般是指负有法定作为义务的行政主体及其工作人员在具有履行可能性的情况下的不作为行为。此外，在法理学上以行为的外部表现形式为标准，可以将法律行为分为积极行为与消极行为，其中积极行为又称作为，而消极行为又称不作为，对于后者又可分为"合法的不作为"和"违法的不作为"。❺ 同理，行政不作为是否也可分为"合法的行政不作为"和"违法的行为不作为"呢？持肯定论者认为，行政不

---

❶ 周佑勇．行政不作为的理论界定［J］．江苏社会科学，1999（2）：48．
❷ 朱新力．论行政不作为违法［J］．法学研究，1998（2）：121．
❸ 石佑启．行政不作为引起的国家赔偿责任探讨［J］．行政法学研究，1998（4）：55．
❹ 周佑勇．行政不作为的理论界定［J］．江苏社会科学，1999（2）：47．
❺ 《法理学》编写组．法理学［M］．北京：人民出版社、高等教育出版社，2010：138．

作为就是指行政主体"维持现有法律状态不变的一种行政行为"❶,"行政不作为根据其性质又可分为合法行政不作为和违法行政不作为"❷。持否定论者则认为,行政不作为皆为违法,不存在"合法的行政不作为"。

笔者认为,应当赞同肯定论者的观点,这是因为:是否"不作为"并不是判定有无违法的主要依据。判断违法行政不作为的标准还包括结果因素,即行政机关不作为必须达到一定危害结果,如致使国家利益、社会公共利益遭受严重损失,如此才能将行政机关的不作为认定为违法行政不作为。如果行政机关的不作为并未达到一定的危害结果,那么即使行政机关不作为也无法产生违法行政不作为的效果。

(二)"不依法履行职责"与"不履行法定职责"的辨析

2018年《公益诉讼解释》第21条第3款规定:"行政机关不依法履行职责的,人民检察院依法向人民法院提起诉讼。"第25条第1款第3项规定,对"被诉行政机关不履行法定职责的"情形,人民法院作出"判决在一定期限内履行"的行政公益诉讼判决。前一规定是针对检察机关在提起行政公益诉讼时对行政机关的行为定性,表述为"不依法履行职责";后一规定是针对审判机关在行政公益诉讼最终裁判时对行政机关的行为定性,表述为"不履行法定职责"。有观点认为,"不依法履行职责"与"不履行法定职责"是包含关系,后者是以不作为方式实施的,包含在前者范畴之内,是前者的形式之一。❸"不依法履行职责"除了"不履行法定职责",还有其他的类型,如拖延履行等。《最高人民法院印发〈关于行政案件案由的暂行规定〉的通知》(法发〔2020〕44号)中也明确指出:"'不履行法定职责'是指负有法定职责的行政机关在依法应当履职的情况下消极不作为,从而使得行政相对人权益得不到保护或者无法实现的违法状态。未依法履行职责、不完全履责、履责不当和迟延履责等以作为方式实施的违法履责行为,均不属于不履行法定职责。"由此可知,"不依法履行职责"按照是否以作为方式实施的标准来分类,可以划分成两种形态:

---

❶ 叶必丰. 行政不作为略论 [J]. 法制与社会发展, 1996 (5): 12.
❷ 张劲松. 行政不作为的性质探究 [J]. 鄂州大学学报, 2001 (3): 71.
❸ 谢玲, 车恒科. 环境行政公益诉讼中"不依法履行职责"认定的三重维度 [J]. 中国地质大学学报(社会科学版), 2022 (4): 28.

一类是以不作为方式存在的"不履行法定职责"的行为,另一类则是以作为方式存在的"未依法履行职责、不完全履责、履责不当和迟延履责等违法履责"的行为,实际上这也就是将检察机关提起行政公益诉讼的范围扩充,让更多的行政机关存在不依法履行职责的情形进入司法审查的范畴中,对行政机关的依法行政形成强有力的司法监督。因此,不能将检察机关提起行政公益诉讼的"不依法履行职责"标准与审判机关最终裁判认定行政机关违法的"不履行法定职责"标准相混淆,应当对二者予以区分。

二、如何理解行政公益诉讼中不履行法定职责的审查标准

对行政公益诉讼中"不履行法定职责"的审查标准存在很大争议。但一般而言,可以从行政机关"有无法定职责""是否具有履行的可能性"以及"是否已经履行完毕"三个子标准来判定行政机关是否构成"不履行法定职责"。[1] 这些子标准应当置于动态过程视角下来审视,即行政机关必须首先具有法定职责,其次才是存在履行法定职责的可能性,最后则是已经全面履行完毕其法定职责,否则行政机关就构成"不履行法定职责"。

(一) 有无法定职责

法定职责是指根据法律法规的规定,行政机关应当履行的维护国家利益或者社会公共利益使其免受不法行为所侵害的义务。法定职责具有双重性,既是权力,又是责任。[2] 这种法定职责的义务,一般都源自法律法规的相关规定。但有观点认为,仅从成文法角度定义"法定"略显机械主义,实际上构成法定职责的原因有很多,包括法律规范、先前行为、行政承诺以及行政合同等。[3] 最高人民法院对法定职责的范围也作了类似解释。[4] 具体而言,法定职责包括:第一,法律、法规以及合法规章、规范性文件规定的职责义务;第二,根据上级行政机关指令产生的义务;第三,先前行为引起的附随义务,例如行政机关在限制当事人的人身自由后

---

[1] 陈德敏,谢忠洲. 论行政公益诉讼中"不履行法定职责"之认定 [J]. 湖南师范大学社会科学学报,2020 (1):56.

[2] 蔡小雪. 行政行为的合法性审查 [M]. 北京:中国民主法制出版社,2020:208.

[3] 江勇. 审理不履行法定职责行政案件的十大问题 [J]. 人民司法,2018 (4):101.

[4] 最高人民法院行政审判庭. 最高人民法院行政诉讼法司法解释理解与适用 [J]. 人民法院出版社,2018:425.

即负有保障其人身权不受他人非法侵犯的义务，又如行政机关扣押财物期间即负有保障财物的义务；第四，行政协议约定的义务。对此，值得肯定的是，在行政机关维护国家利益或者社会公共利益等公益的过程中，行政机关法定职责的义务来源除了法律法规的明文规定，还应当包括先前行为、行政承诺以及行政合同等其他义务来源。

本案中，剑川县森林公安局具有法定职责。由于案件发生在2019年以前，因此适用2009年《森林法》而不适用2019年《森林法》。2009年《森林法》第10条规定："国务院林业主管部门主管全国林业工作。县级以上地方人民政府林业主管部门，主管本地区的林业工作。乡级人民政府设专职或者兼职人员负责林业工作。"该法第13条规定："各级林业主管部门依照本法规定，对森林资源的保护、利用、更新，实行管理和监督。"这两条实际上是规定了各级林业行政机关对森林资源的管理和监督职责。本案的王某某受玉鑫公司委托在国有林区开挖公路，但他没有取得合法的林地征占用手续。根据《森林法实施条例》（2018年已修订）第43条第1款规定，"未经县级以上人民政府林业主管部门审核同意，擅自改变林地用途的，由县级以上人民政府林业主管部门责令限期恢复原状，并处非法改变用途林地每平方米10元至30元的罚款"。可见对王某某的违法行为予以查处的权限显然专属于林业行政主管部门，即本案的剑川县林业局。

但实际上对于王某某的违法行为，剑川县林业局在接报后就交由剑川县森林公安局进行查处了，对王某某的行政处罚决定书也是由剑川县森林公安局作出的，因此本案中需要对剑川县森林公安局是否具有法定职责予以考察。2009年《森林法》第20条第1款规定："依照国家有关规定在林区设立的森林公安机关，负责维护辖区社会治安秩序，保护辖区内的森林资源，并可以依照本法规定，在国务院林业主管部门授权的范围内，代行本法第三十九条、第四十二条、第四十三条、第四十四条规定的行政处罚权。"可见，该条明确了森林公安机关必须是"依照国家有关规定在林区设立的"，而此处的"国家有关规定"，应当包括行政规范性文件在内的法规范。

（二）是否具有履行的可能性

本案中行政相对人的行为是"擅自改变林地用途"（现行《森林法》

第 73 条）。

行政机关是否有履行的可能性也是"不履行法定职责"司法审查的一项重要标准。当发生行政机关意志以外的情况或条件而导致了行政机关不能履行其应当履行的职责时，就可以说行政机关不具有履行的可能性。这种阻却行政机关履行法定职责的事由一般而言，包括不可抗力和行政不能行为。

（三）是否已经履行完毕

法院对行政机关是否已经履行完毕的认定一般存在"行为标准"、"结果标准"以及"复合标准"等审查标准。[1]

1. 行为标准

行为标准是指在制止或消除侵害公益的违法行为中，以行政机关是否已经"穷尽履职手段"来作为行政机关"不履行法定职责"的认定标准。行为标准所关注的是在一定履职期限内行政机关的履职行为本身的积极性、主动性，在于行政机关已然穷尽了法定职责范围内的一切手段或措施，而不在于行政机关的最终履职结果是否能够阻止国家利益或社会公共利益受侵害的状态，更不在于期待行政机关的最终履职结果可以确保国家利益或社会公共利益能够恢复到"受侵害之前的状态"。例如，在"吉林省白河林区人民检察院诉延边朝鲜族自治州林业管理局、第三人吉林省白河林业局不履行法定职责一案"[2] 中，被告对行政相对人任某非法占用和擅自改变林地用途的行为没有采取确实有效的监管措施，甚至在检察机关发出检察建议后采取推诿扯皮的态度而始终未履行其监管职责，最终法院判决被告未履行监管职责的行为违法，并责令被告继续履行法定职责。行为标准的优势就在于形式上能够准确把握行政机关是否已经履行了法定职责。最高人民法院也认为，2018 年《行诉解释》第 91 条规定的"被告违法拒绝履行或者无正当理由逾期不予答复"，并非全面列举相关情形，对于行政机关不履行法定职责的五种主要表现情形，即"拒绝履行、不予答复、拖延履行、不完全履行和不适当履行"都应当可以适用 2018 年《行

---

[1] 唐绍均，李历. 论环境行政公益诉讼中不履行法定职责的认定标准 [J]. 山东警察学院学报，2021（6）：5.

[2] 吉林省白河林区基层法院（2017）吉 7503 行初 10 号行政判决书。

诉解释》第 91 条的规定。❶ 由此可见，通过判断行政机关是否存在"拒绝履行、不予答复、拖延履行、不完全履行和不适当履行"的情形，即可在行为标准上准确判定其是否构成"不履行法定职责"。

但是，若以该种标准作为行政机关"不履行法定职责"的认定标准，也存在一定缺陷。行为标准过于强调行政机关形式上的履职行为，即使行政机关通过"形式作为而实质不作为"的方式也会被认为已经履行了法定职责，从而逃避司法审查的监督，导致《行政诉讼法》中关于行政机关"不履行法定职责"的条款流于形式，对行政机关的不作为行为形成不了实质上的震慑力，无法实现监督行政的立法目的。

2. 结果标准

结果标准是指在对国家利益或社会公共利益的保护中，以行政机关采取的措施是否"有效保护"来作为行政机关"不履行法定职责"的认定标准。结果标准关注的是行政机关履职结果的"有效保护"功能，而不是关注行政机关对侵害国家利益或社会公共利益的违法行为所采取的手段或措施，这种"有效保护"是指在实质上能够使国家利益或社会公共利益遭受不法侵害的局面得到有效控制或者恢复到原本未受侵害时的状态，以达到维护公益的目的。例如，在"湖北省十堰市郧阳区人民检察院诉郧阳区林业局未履行法定职责一案"❷ 中，被告虽然对"吴某等人在十堰市郧阳区杨溪铺镇杨溪铺村大沟违法占用林地开采石料、擅自改变林地用途的违法行为"作出过责令停止违法行为、限期恢复原状以及罚款的行政处罚决定，但在后续执行中被告并没有严格履行收缴罚款和督促相对人限期恢复原状的职责，对行政相对人的罚款实际上并未完全缴清，行政相对人也没有对林地遭受破坏的现状及时予以恢复原状，最终法院判决被告未履行后续监督、管理和执行职责的行为违法，并责令被告继续履行相应的法定职责。可见，正是"行政机关未履行后续的监督、管理和执行的职责"，才导致在对侵害公益的违法行为处罚后，公益仍处于一种未得到"有效保护"的状态之中，因此，结果标准的核心内容即为"国家利益或者社会公

---

❶ 最高人民法院行政审判庭. 最高人民法院行政诉讼法司法解释理解与适用 [M]. 北京：人民法院出版社，2018：424.

❷ 湖北省十堰市郧阳区人民法院（2016）鄂 0321 行初 6 号行政判决书.

共利益遭受不法侵害的局面持续存在",而在一定程度上结果标准的外化形式则表现为"行政机关未履行后续的监督、管理和执行的职责"。结果标准的优势就在于尽可能将更多的行政机关不履行法定职责行为纳入司法监督之中,有助于从实质上维护国家利益或社会公共利益。

当然,结果标准的不足之处就在于大开行政公益诉讼的闸门,这体现在检察机关不管行政机关在事前是否已经作出过行政处罚决定,也不管行政机关在行政公益诉讼诉前程序中是否按照检察建议的内容积极履行了职责,都一律以公益仍处于持续侵害状态为由提起行政公益诉讼,导致的不良后果就是出现行政公益诉讼的滥诉现象。

3. 复合标准

复合标准就是不仅要以行为标准为审查标准,还要以结果标准为审查标准。复合标准中对于行为标准和结果标准的关系一般是"且"的关系,而不是"或"的关系。具体而言,复合标准既关注行政机关是否对侵害国家利益或社会公共利益的违法行为采取了相应制止或处罚措施,又关注行政机关的制止或处罚措施是否实际有效地保护了国家利益或社会公共利益,使得国家利益或社会公共利益受侵害的状态能够停止以及能够恢复到未受侵害时的状态。若采用"或"的关系,即在行为标准或结果标准的复合标准模式下,该复合标准也吸收了行为标准和结果标准的不足之处,这体现在一方面没有秉持行政优先的原则,没有尊重行政机关的首次判断权,这对行政机关是不公平的;另一方面则容易造成行政公益诉讼滥诉的现象。因此采用"且"的关系则能扬长避短,构成具有一定合理性的复合标准。

(四)本案中的审查标准

本案中,法院在裁判要旨中指出"环境行政公益诉讼中,人民法院应当以相对人的违法行为是否得到有效制止,行政机关是否充分、及时、有效采取法定监管措施,以及国家利益或者社会公共利益是否得到有效保护,作为审查行政机关是否履行法定职责的标准"。由此可知,法院从三个方面来审查认定行政机关是否构成"不履行法定职责":一是"相对人的违法行为是否得到有效制止",这是从行政相对人的角度出发,关键就在于是否"有效制止";二是"行政机关是否充分、及时、有效采取法定监管措施",这是从行政机关的角度出发,"充分"是指是否已经穷尽行政手段,"及时"是指在履职期限内履行了法定职责,"有效"是指行政机关采取的措施是否能够发挥实际作用;三是"国家利益或者社会公共利益是否得到有效保护",这是从公益保护的角度出发,即行政相对人应当负有对受损的国家利益或者社会公共利益恢复原状的法定义务。

笔者认为,第一个标准实际上已包含在第三个标准之中。"国家利益或者社会公共利益是否得到有效保护",既包括行政相对人积极主动地恢复公益受损的状态,也包括行政机关消极被动地停止侵害公益的行为。因此,笔者主张采用复合标准。